COLETÂNEA
N. 3

AIRTON KWITKO
Coordenador.

COLETÂNEA
N. 3

EPIs AUDITIVOS, A IRREALIDADE DO NRR E NRR-SF, ESCOLHA INDIVIDUAL, TEMPO DE VIDA ÚTIL, EPIs PARA MOTORISTAS

e outros tópicos
sobre audiologia ocupacional

Dados Internacionais de Catalogação na Publicação (CIP)
(Câmara Brasileira do Livro, SP, Brasil)

Coletânea n. 3: EPIs auditivos, a irrealidade do NRR e NRR-SF, escolha individual, tempo de vida útil... / Airton Kwitko, coordenador. — São Paulo : LTr, 2006.

Bibliografia

ISBN 85-361-0876-2

1. Audição — Distúrbios 2. Audiologia ocupacional 3. Doenças profissionais 4. Medicina do trabalho I. Kwitko, Airton.

06-6218   CDD-363.11

Índice para catálogo sistemático:
1. Audição : Distúrbios : Riscos : Bem-estar social   363.11

(Cód. 3315.0)

© Todos os direitos reservados

EDITORA LTDA.

Rua Apa, 165 — CEP 01201-904 — Fone (11) 3826-2788 — Fax (11) 3826-9180

São Paulo, SP — Brasil — www.ltr.com.br

Outubro, 2006

Dedico esse livro à minha mãe, Dona Paulina (in memoriam).
E também aos meus filhos: Fernando, Alex e Julia.

COLABORADORES

Airton Kwitko — Médico Médico ORL – Consultor e Assessor de Empresas. Coordenador da Coletânea 3.

Alessandra Pedroso Martins — Fonoaudióloga.

Alexandre S. Ribeiro — Engenheiro — Pesquisador da PUC/RJ.

Ana Lucia Braga Silveira — Fonoaudióloga.

Andrelina Pereira Ferreira — Fonoaudióloga.

Ariane Bocolli Minari — Enfermeira — Hospital e Maternidade São Camilo — Ipiranga, SP.

Arthur M. B. Braga — Engenheiro — Professor da PUC/RJ.

Claudio Veloso Barreto — Engenheiro — Pesquisador da PUC/RJ.

Cristiane Pereira do Carmo — Fonoaudióloga.

Cristiane Yonezari — Discente Curso Fonoaudiologia — Centro Universitário São Camilo, SP.

Débora A. Salami — Fonoaudióloga.

Diogo M. Kenupp Bastos — Técnico de Medição Ambiental — 3R Brasil Tec. Ambiental, RJ.

Edenir Sartorelli — Enfermeira Especialista em UTI — Hospital e Maternidade São Camilo-Ipiranga, SP.

Elza Maria Sartorelli — Fonoaudióloga — UNIFESP e Centro Universitário São Camilo, SP.

Everton Quintino Freitas — Técnico de Segurança do Trabalho — 3R Brasil Tec. Ambiental, RJ.

Fellipe M. Fassarella — Técnico em Eletrônica CCR — PUC/RJ.

Giovanni Moraes — Engenheiro de Seg. e Meio Ambiente — Diretor da Green Managerment.

Itamar Soares de Souza — Técnico de Segurança do Trabalho.

Kerly Maire Servilieri — Farmacêutica — UNIFESP e Centro Universitário São Camilo, SP.

Leonardo Bernardes Lima — Discente Curso Farmácia — Centro Universitário São Camilo, SP.

Ludmila Grazielle A. M. Lima Rodrigues — Fonoaudióloga.

Ludmila Martins Haddad — Fonoaudióloga.

Luiza Cristina Aurora — Fonoaudióloga.

Maria de Lourdes Barreto Gomes — Engenheira, Engenharia de Produção, Universidade Federal da Paraíba.

Maria Lúcia Gondim da Rosa Oiticica — Arquiteta, Curso de Arquitetura e Urbanismo, Universidade Federal de Alagoas, Maceió — Brasil.

Pedro Martins Arezes — Prof. Auxiliar — Laboratório de Ergonomia do Departamento de Produção e Sistemas — Escola de Engenharia da Universidade do Minho — Guimarães, Portugal.

Ricardo Dias Rego — Operações — 3R Brasil Tec. Ambiental, RJ.

Rogério Regazzi — Professor/Pesquisador da PUC/RJ — Diretor 3R Brasil Tec. Ambiental, RJ.

Rosane da Cunha Fagundes — Técnico de Segurança do Trabalho.

Sônia Regina Valentin Santos Bastos — Discente Curso Farmácia — Centro Universitário São Camilo, SP.

Valter Bastos — Docente Curso Farmácia — Centro Universitário São Camilo, SP.

ÍNDICE

Apresentação 13

Proteção auditiva em pílulas! 15
Airton Kwitko

O estresse do professor acentuado pela precariedade das condições acústicas das salas de aula 22
Maria Lúcia Gondim da Rosa Oiticica e Maria de Lourdes Barreto Gomes

EPIs auditivos: a falácia dos NRRs 34

EPIs auditivos 43

    Parte 1 — A escolha realmente individual e adequada em cabina audiométrica 43
    Airton Kwitko

    Parte 2 — A escolha realmente individual do EPI auditivo: comparação entre grupos de trabalhadores 48
    Airton Kwitko

A deterioração de EPIs auditivos de inserção 58
Airton Kwitko, Ana Lucia Braga Silveira, Débora A. Salami, Alessandra Pedroso Martins e Rosane da Cunha Fagundes

EPIs auditivos confeccionados em silicone grau farmacêutico: avaliação da durabilidade durante um ano linear de uso 72
Airton Kwitko

EPI auditivo tipo plugue: um trabalho de escolha individual adequada 82
Airton Kwitko, Cristiane Pereira do Carmo, Ludmila Martins Haddad, Andrelina Pereira Ferreira, Luiza Cristina Aurora e Ludmila Grazielle A. M. Lima Rodrigues

Teste de atenuação auditiva para equipamentos de proteção auditiva tipo concha 92
Airton Kwitko, Cristiane Pereira do Carmo e Itamar Soares de Souza

Análise do conforto e eficiência de protectores auditivos 98
Pedro Martins Arezes

Percepção do ruído e a utilização da protecção auditiva 108
Pedro Martins Arezes

INs da previdência e avaliação da exposição ao ruído: tempo de medição 123
Airton Kwitko

Perícia e avaliação de ruído em atividades com fone de ouvido (Telefonistas): Dosimetria de Ruído com Cabeça Artificial 126
Alexandre S. Ribeiro, Arthur M. B. Braga, Claudio Veloso Barreto, Giovanni Moraes de Araújo, Rogério Dias Regazzi e Fellipe M. Fassarella

Medição de ruído em casas noturnas 134
Rogério Dias Regazzi, Kerly Maire Servilieri, Everton Quintino Freitas, Diogo M. Kenupp Bastos, Ricardo Dias Rego e Elza Maria Sartorelli

Avaliação do ruído em consultório de dentista 141
Rogério Dias Regazzi, Kerly Maire Servilieri, Everton Quintino Freitas, Diogo M. Kenupp Bastos, Ricardo Dias Rego e Elza Maria Sartorelli

Avaliação do ruído em celular 144
Rogério Dias Regazzi, Kerly Maire Servilieri, Everton Quintino Freitas, Diogo M. Kenupp Bastos, Ricardo Dias Rego e Elza Maria Sartorelli

Audiometria ocupacional: a melhora audiométrica 146
Airton Kwitko

Gestão audiométrica ocupacional: LTCAT, EPI/EPC, GFIP e evidências médicas 152
Airton Kwitko

Como eu faço: avaliação do PCA por meio do relatório anual do PCMSO 163
Airton Kwitko

Relação dos medicamentos ototóxicos e atividades laborais 168
Kerly Maire Servilieri, Rogério Dias Regazzi, Elza Maria Sartorelli, Ariane Bocolli Minari, Edenir Sartorelli, Leonardo Bernardes Lima, Sônia Regina Valentin Santos Bastos, Valter Costa e Cristiane Yonezari

Deficiente auditivo e Decreto n. 5.296/04: caracterização mais adequada 184
Airton Kwitko

Metodologia de avaliação das alterações auditivas ocupacionais: atividade médica no PPCA 193
Airton Kwitko

Estudo de gerenciamento de risco físico ruído 206
Airton Kwitko

Análise seqüencial da audiometria ocupacional: desventuras e frustrações 230
Airton Kwitko

APRESENTAÇÃO

"Saber não é suficiente, temos que aplicar o conhecimento. Vontade não é suficiente, temos que agir".
(Goethe)

São coisas que se deve fazer em vida, antes de morrer: Ter um filho, plantar uma árvore, escrever um livro.

Tenho filhos.

Plantei árvores.

Escrevi livros, e agora mais um: esse que você está lendo.

Isso não significa que me considere um ser humano completo e que já paguei minha dívida com a vida. Simplesmente porque a vida — com suas perdas e ganhos — está acima da dívida.

PROTEÇÃO AUDITIVA EM PÍLULAS!

Airton Kwitko

Foi lançada nos Estados Unidos uma pílula destinada a prevenir perdas auditivas agudas causadas pela exposição ao ruído elevado[1].

A repercussão desse fato é grande, e em praticamente todas as entidades ligadas a aspectos de audição, linguagem, perda auditiva e divulgação de informação no setor encontramos referências ao fato:

Na *American Speech-Languade Hearing Association* — ASHA — (http://www.asha.org/about/publications/leader-online/archives/2004/040511/040511b.htm): "A Otoprotective Agents Sought for Noise-Induced Hearing Loss".

No NewScientist (http://www.newscientist.com/news/news.jsp?id=ns99992666): *"Popping pill may prevent hearing loss".*

Até na CNN (http://www.cnn.com/2003/HEALTH/10/19/toxic.noise.ap/): *"Pill* sought to cut hearing loss from noise".

Já em 2000 no Simpósio Internacional *Noise Protection Health Effects Reduction*[2] o pesquisador Cel. Médico *Richard Kopke* comunicava que apesar dos esforços da comunidade de audiologistas das forças armadas em implementar os programas de conservação auditiva e reduzir as perdas auditivas, os EPIs tinham suas limitações. Por exemplo — citava ele — os níveis de ruído na cabina de aviões e o ruído de impacto produzido por artilharia pesada são tão elevados que mesmo a dupla proteção não pode prevenir a perda auditiva em todos os casos. Alguns dados do Exército e da Marinha sugerem que os EPIs podem não estar protegendo suficientemente o pessoal do ruído de impacto produzido pelos rifles M-16. E aqui então há o tópico da real atenuação do EPI não sendo efetiva como indicam os dados de laboratório. Dessa forma, as forças armadas estavam pesquisando outras formas de proteção da orelha interna contra o ruído excessivo, e entre essas pesquisas estavam utilizando anti-oxidantes.

---

(1) As referências se encontram no final do Capítulo, p. 20.

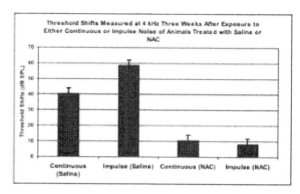

Efeitos do Ruído nos Limiares Auditivos

Limiares auditivos medidos três semanas pós-exposição ao ruído contínuo ou de impulso, em chinchilas (pré-tratadas com uma solução salina ou NAC). O ruído contínuo foi de uma banda de oitava centrada em 4 KHz, gerado em 105 dB SPL por 6 horas. O ruído de impulso foi composto por 75 pares de impulsos de 150 dB SPL gerados em dois por segundo.

Os limiares auditivos foram medidos pelo BERA em 4 KHz. A alteração do limiar foi significativamente menor no grupo de animais tratados com NAC, quando comparado com o grupo que recebeu a solução salina.

Estudos em animais[3][4][5] mostraram que ouvidos expostos ao ruído produzem enzimas anti-oxidantes. Essas são importantes para tornar o ouvido resistente aos danos causados pelo ruído. Experimentos mostraram que se fosse disponível um aumento dos antioxidantes, o ouvido se tornaria mais resistente tanto ao ruído de impacto como ao contínuo.

As pesquisas indicaram que originando um aumento dos níveis de antioxidantes no ouvido através da dieta ocorria uma prevenção e/ou tratamento da perda auditiva causada pela exposição ao ruído.

Na Conferência anual da *National Hearing Conservation Association* (NHCA), em fevereiro de 2003, ocorreu uma apresentação do Cel. *R. Kopke*, pesquisador militar na área da otorrinolaringologia, e co-diretor do *Department of Defense Spatial Orientation Center at the San Diego Naval Medical Center*, a respeito de antioxidantes[6]. O autor estudou a N-acetylcysteine (NAC) como um suplemento alimentar para fornecer antioxidantes ao ouvido. NAC foi selecionada como droga experimental, pois é aprovada pelo FDA, tem excelente relação de segurança/pára-efeitos e há décadas tem se mostrado segura quando administrada em altas doses (0,2-0,8 gramas) em administrações prolongadas. É utilizada clinicamente por mais de 30 anos, custa relativamente pouco e não necessita de prescrição médica.

Pesquisas realizadas no *Naval Medical Center* de San Diego, CA[7], constataram que o NAC é também útil para prevenir perdas auditivas permanentes causadas pelo ruído. O NAC neutraliza radicais livres, que são moléculas nocivas produzidas na orelha interna quando exposta ao ruído excessivo. Esses radicais livres podem lesar ou matar as células ciliadas, causando permanente perda auditiva. Em adição, o NAC reforça as defesas antioxidantes da orelha interna, assim como auxilia na recuperação da perda auditiva, se a pílula é ingerida imediatamente após a exposição ao ruído.

A pílula é para ser utilizada conjuntamente — e não ao invés de — com proteção externa da audição em ambientes ruidosos. E também não regenera células ciliadas mortas.

O FDA aprovou o NAC como seguro e efetivo para outros usos (não para essa finalidade de proteção da audição!), incluindo tratamento de doença crônica pulmonar, e como protetor do fígado contra o abuso na utilização de acetaminofem.

Notícia extraída do site da *Medicine Net*[8] informa que em dezembro de 2003, 600 marinheiros americanos, que participavam de treinamento de guerra, testaram a nova droga, destinada a proteger a audição no excessivo ruído da batalha, ao mesmo tempo em que usavam EPI auditivo. Durante as duas semanas de treinamento os marinheiros ingeriram um copo de chá contendo o NAC em cada refeição. Os marinheiros foram distribuídos em grupos, sob a direção do Coronel *Richard Kopke*. Os marinheiros realizaram testes audiométricos antes do treinamento e no final do estudo. O teste consistiu de audiometria com tons puros, incluindo a pesquisa de limiares nas altas freqüências de 8-16 kHz, para examinar a suscetibilidade da região basal da cóclea ao dano pelo ruído, e ainda foram realizados testes através da otoemissão acústica. Esses testes serão comparados com os de outros marinheiros que não receberam a droga.

A pesquisa realizada pela marinha americana é "o primeiro sério esforço cientificamente baseado para testar a utilidade da droga", afirma *Brenda Lonsbury-Martin*, diretora de pesquisa da ASHA, noticiando que os resultados serão publicados.

No site do respeitável *Council for Accreditation in Occupational Hearing Conservation* — CAOHC[9], em 2003, está publicado o artigo "*Antioxidantes: bom para sua saúde, bom para sua audição*", de autoria de *Richard D. Kopke*, MD e *Richard W. Danielson*, PhD. No artigo os autores abordam que as novas perspectivas indicam poder ser a perda auditiva permanente reduzida com o aumento de defesas da orelha interna, fornecidas por enzimas anti-oxidantes (Referências do artigo: 10,11,12). Em adição, o artigo sugere que a vulnerabilidade do ouvido ao ruído e toxinas na região basal da cóclea ocorre devido à relativa deficiência de defesas antioxidantes nessa região (Referência citada pelo artigo: 13). Pesquisas sugerem que a produção de glutadiona (GSH) é provavelmente a chave para a defesa molecular de anti-oxidantes na orelha interna (Referências do artigo: 14, 15). A GSH não é bem absorvida pelas células e é degradada no fígado. Entretanto, estratégias para elevar os níveis de GSH na orelha interna têm sido testadas usando-se uma variedade de drogas, que são aprovadas pelo FDA para outras aplicações. A NAC é um agente que pode ser utilizado pela orelha interna para sintetizar GSH em maior quantidade. Irá retirar a toxicidade dos radicais livres, e inibir a programada morte celular, se for utilizada antes e depois da exposição. A Figura 1 mostra uma dramática redução da perda auditiva permanente obtida quando NAC é administrado antes da exposição ao ruído contínuo ou de impulso.

O interesse militar americano pela perda auditiva e sua proteção se devem ao fato de que a lesão causada pela exposição ao ruído é a mais comum doença ocupacional nas forças armadas (22.000 novos casos a cada ano), que gastam entre US$ 200 e US$ 300 milhões anualmente em reparações!

No site do *Advance News Magazine*, na página do *Advance for Audiologists*[16] tomamos conhecimento de que ocorreu um encontro promovido pela *Association for Research in Otolaryngology* (ARO) em Daytona Beach, FL, entre 23-27 de fevereiro de 2004 e, nele, houve uma apresentação de pôster pelo Cel. *Richard D. Kopke* e outros pesquisadores do *Department of Defense Spatial Orientation Center, Naval Medical Center,* San Diego e do *Center for Hearing and Deafness* no *State University of New York* em Buffalo.

Nessa apresentação dados pré-clínicos foram apresentados demonstrando que a administração do NAC diminuiu a perda auditiva aguda devido à exposição ao ruído de impulso, e novos dados indicam que o NAC é protetor também contra ruído contínuo.

No estudo, NAC foi administrado antes e após a exposição a tiros disparados por um rifle M-16, numa exposição que consistiu de 150 tiros em 175 segundos. As pesquisas indicaram que o NAC reduziu a perda auditiva em mais de 70% dos casos.

Uma vez que a pesquisa básica está demonstrando resultados promissores em animais de estudo, o próximo passo é desenvolver essa tecnologia para efetuar experiências em humanos, e especialmente em ambientes ocupacionais, onde alguma perda auditiva ocorre, apesar do uso apropriado de EPIs auditivos. Dessa forma, trabalhadores expostos ao ruído poderiam ingerir NAC em adição ao uso de EPIs. Esses são claramente úteis, mas nem sempre são eficazes. Alguns sons de alta intensidade os ultrapassam; algumas pessoas não os utilizam como deveriam; alguns EPIs não são adequados a todos os indivíduos (EPIs tamanho único para todos os tamanhos de condutos...!) e, mesmo, algumas pessoas são muito suscetíveis até mesmo a exposições a um ruído não muito elevado.

Em algumas situações militares isso também poderia ocorrer, principalmente quando a exposição ocorre em ruído muito elevado, que exceda a capacidade de proteção do EPI.

O benefício poderia ser obtido não apenas em situações ocupacionais: *hobbies* como tiro recreacional e uso de motocicletas podem ser melhor administrados com o uso da droga. Com isso, as empresas que controlam a proteção auditiva intramuros, mas não podem, é claro, a ter gerenciada fora dos seus olhos e do tempo de atividade do trabalhador na empresa, teriam uma maior segurança de que a perda auditiva não iria se desenvolver em atividades extra-ocupacionais, com grande repercussão legal. Também *Henderson*[17] assinala que prévios estudos da perda auditiva relacionada com a idade (presbiacusia) mostram que tratamentos com antioxidantes podem prevenir ou diminuir o crescimento da perda que ocorre com a idade.

Dessa forma, o uso potencial do NAC poderia incluir:

• Prevenção de perda auditiva em ambientes onde existem altos níveis de ruído;

• Prevenção de perda auditiva onde existe combinação de ruído e toxinas;

• Proteção contra ruído recreacional, como uso de arma de fogo, motocicleta, bailões, etc.;

• Tratamento para agressão acústica aguda;

• Tratamento para perda auditiva causada pela presbiacusia.

Uma Nota de "Atenção"

Todos que têm alguma vinculação com a exposição a altos níveis de ruído (comunidade prevencionista/os próprios expostos) devem ter muita cautela antes de esperar milagres de uma droga que evite a perda auditiva.

Ainda e sempre a prevenção será o melhor tratamento contra a perda auditiva ocupacional.

Ou, como afirma *R. Kopke* no final de seu artigo[9]: "Enquanto medidas de engenharia e EPIs têm sido, e continuarão a ser, as bases da prevenção da perda auditiva de causa ocupacional, há muita expectativa de que moléculas antioxidantes possam ter no futuro um importante papel em conjunto com essas outras providências de conservação auditiva".

Apêndice

Produtos comerciais: Nos Estados Unidos o NAC pode ser visto nos sites http://www.thehearingpill.com, http://www.vitacost.com/Store/Products/ProductsList.cfm?cid=88&scid=2947&CFID=21579474&CFTOKEN=29456407 e http://store.yahoo.com/iherb/nac1.html .

Referências Bibliográficas e Web Sites

1. *The Hearing Journal,* January 2004, Vol. 57, 1.
2. http://www.militaryaudiology.org/newsletter04/nopher.html
3. HENDERSON, D. *Noise Induced Hearing Loss Part A; Part B, Video Tape Transcripts,* University Florida, AuD Distance Learning Program, 2002.
4. KOPKE, R. D.; WEISSKOPF, P. A., BOONE, J. L.; JACKSON, R. L.; WESTER, D. C.; HOFFER, M. E.; LAMBERT, D. C.; CHARON, C. C.; DING, D.; MCBRIDE, D. (2000). *Reduction of noise-induced hearing loss using L-NAC and salicylate in the chinchilla.* Hearing Research, 149 (1-2), 138-46.
5. HEAR RES. 2003 May;179(1-2):21-32: *Noise-induced hearing loss in chinchillas pre-treated with glutathione monoethylester and R-PIA.* Autores: HIGHT, N. G.; MCFADDEN, S. L.; HENDERSON, D.; BURKARD, R. F.; NICOTERA, T. (http://www.ncbi.nlm.nih.gov/entrez/query.fcgi?cmd=Retrieve&db=pubmed&dopt=Abstract&list_uids=12742235)
6. KOPKE, R. "Otoprotectants: the Role of Antioxidants". *Proceeding of 28th NHCA Hearing Conservation Conference,* Feb. 20-22, 2003, Dallas, TX.

7. http://www.ear-responsible.com/noise.html

8. http://www.medicinenet.com/script/main/art.asp?articlekey=30580

9. http://www.caohc.org/updatearticles/winter2003/antioxidants.html

10. OHINATA, Y.; MILLER, J. M.; ALTSCHULER, R. A. and SCHACHT, J. (2000). *Intense noise induces formation of vasoactive lipid peroxidation products in the cochlea.* Brain Research 878, 163-73.

11. HU, B. H.; ZHENG, X. Y.; MCFADDEN, S. L.; KOPKE, R. D. and HENDERSON, D. (1997), *R-phenylisopropyladenosine attenuates noise-induced hearing loss in the chinchilla.* Hearing Research, 113, 198-206.

12. HENDERSON, D.; MCFADDEN, S. L.; LIU, C.; HIGHT, N. and ZHENG, X. Y. (1999). "The role of antioxidants in protection from impulse noise," *in Ototoxicity: Basic Sciences and Clinical Applications*, ed. *D. Henderson, R. Salvi, A. Quaranta, S. McFadden, and R. Buckard,* Vol. 884, Annals of the New York Academy of Sciences, New York.

13. SHA, S. H.; TAYLOR, R.; FORGE, A. and SCHACHT, J. (2001). *Differential vulnerability of basal and apical hair cells is based on intrinsic susceptibility to free radicals.* Hearing Research 155, 1-8.

14. KOPKE, R. D.; COLEMAN, J. K. M.; Liu, K.; CAMPBELL, K.; RIFFENBURGH, R. H. (2002). *Enhancing Intrinsic Cochlear Stress Defenses to Reduce Noise-Induced Hearing Loss.* The Laryngoscope 112(9), 1515-1532.

15. HEAR RES. 2004 Jun;192(1-2):1-9: *Dose and time-dependent protection of the antioxidant N-l-acetylcysteine against impulse noise trauma.* Autores: Duan M., Qiu J., Laurell G., Olofsson A., Allen Counter S., Borg E.

16. http://www.advanceforaud.com/common/editorial/editorial.aspx?CC=11535

17. http://www.scienceblog.com/community/article-print-2124.html

O ESTRESSE DO PROFESSOR ACENTUADO PELA PRECARIEDADE DAS CONDIÇÕES ACÚSTICAS DAS SALAS DE AULA

Maria Lúcia Gondim da Rosa Oiticica
Maria de Lourdes Barreto Gomes

1. Introdução

As relações entre o trabalho e a saúde dos trabalhadores vêm ganhando uma nova dimensão nos últimos anos dentro do processo de globalização ou mundialização que, segundo alguns autores, se inicia no século XXI ou no terceiro milênio da Era Cristã.

As condições dessa nova ordem mundial, desse novo modo de produzir e comercializar, aparecem refletidas sobre o trabalho em si, nos níveis de emprego, no meio ambiente e nos níveis de saúde das populações e dos trabalhadores, em particular.

Entre alguns impactos sobre o mundo de trabalho podem ser destacados: a introdução de tecnologias, particularmente da automação e da robótica substituindo o trabalho do homem; o declínio da atividade de manufactura e o crescimento do setor de serviços; a introdução de novos processos produtivos de produção e gestão do trabalho, gerando novos riscos para a saúde e o meio ambiente; as proliferações de pequenas unidades de produção com maior dificuldade para sua organização; aumento da intensidade e duração do trabalho, levando ao aumento de estresse e das doenças dele decorrentes; aumento do trabalho realizado no domicílio, do trabalho em tempo parcial e sazonal, levando à precarização do trabalho; diminuição dos níveis de remuneração e pagamento pelo trabalho realizado.

Com isto, pode-se observar uma verdadeira revolução na natureza do trabalho e na percepção de seu papel onde a difusão das novas tecnologias de produção, associadas às novas técnicas de gestão provocam e exigem a recuperação da inteligência da produção.

Portanto, torna-se mais acentuada a exigência de uma maior qualificação da força do trabalho, maior escolaridade dos trabalhadores, como também exigem alternativas ou estratégias de gestão que levem à cooperação por parte dos trabalhadores.

Neste cenário, a responsabilidade pela formação das pessoas desde a educação básica torna-se uma tarefa de maior relevância, uma vez que se constitui o primeiro passo para a formação das pessoas, que no futuro atuarão no mercado de trabalho. Mesmo com o grande avanço da tecnologia e as mudanças que vêm se processando nas atividades gerenciais, a presença do professor em sala de aula é uma prática essencial para conduzir o processo de ensino e aprendizagem para a formação do educando.

Considerando as exigências do mundo competitivo em que as escolas estão inseridas, do professor é cobrado conhecimento em constante atualização, rápida adaptação aos valores sociais que se renovam a cada dia, entre outros. Entretanto, a realidade das escolas, particulares ou públicas, majoritariamente, não oferece condições suficientes para as práticas educacionais e formacionais exigidas, quer seja em termos de materiais didáticos, recursos audiovisuais e sobretudo o ambiente físico das salas de aulas. Além disso, o salário que não é condizente com a responsabilidade do educador, contribuindo para a insatisfação, atuando também no nível de estresse.

Desta forma, pode-se dizer que o professor encontra-se entre os profissionais que mais estão imbuídos pelo estresse. Segundo pesquisa feita nos USA, por MORACCO, D'Ariengo (*apud* REINOLD, 1995), o absenteísmo do professor é devido, em grande parte, ao estresse ocupacional; 52% declararam que não escolheriam essa carreira novamente.

No caso brasileiro, segundo *Codo, W. & Sampaio*, "o estresse do professor parece estar relacionado ao salario não digno, à precariedade das condições de trabalho, ao alto volume de atribuições burocráticas, ao elevado número de turmas assumidas e de alunos por sala, ao mau comportamento desses alunos, ao treinamento inadequado do professor diante de novas situações e emergências da época. O professor sofre, ainda, com pressões de tempo, pressões dos pais dos alunos e de suas preocupações pessoais extra-escola.

Em estudo mencionado por *Reinhold*, através do depoimento de professores, seis foram as fontes desse estresse:

a) Ter classes com muitos alunos;

b) Trabalhar com alunos desinteressados pelas atividades de classe;

c) Achar que alguns alunos indisciplinados ocupam demais tempo em prejuízo de outro;

d) Ter alunos na classe que conversam e/ou brincam o tempo todo;

e) Trabalhar com uma classe onde as capacidades dos alunos são muito diferentes entre si;

f) Sentir que há falta de apoio dos pais para resolver problemas de indisciplina.

Pode-se observar que, dentre estas fontes de estresse do professor, as condições acústicas do ambiente de trabalho podem ser coautoras de tamanha variedade de estresse. Neste contexto, este trabalho apresenta os resultados de uma avaliação realizada numa escola pública e privada, comprovando que o estresse do professor no atual mundo do trabalho é intensificado diante das condições acústicas do espaço físico de trabalho. Para tal, procurou-se verificar que a interferência dos ruídos externos em sala de aula provenientes do desenvolvimento das cidades, tornaram certas escolas, que no passado encontravam-se com implantações urbanísticas aceitáveis dos seus serviços, passaram a ser mero palco de insalubridade para o desenvolvimento das atividades acadêmicas, uma vez que o tráfego intenso tomou conta da sua circunvizinhança. Isto comprova que as nossas escolas públicas e privadas, onde a climatização é essencialmente natural, necessitam que seu espaço físico seja repensado, uma vez que é comum a interferência do tráfego nestes espaços, acentuando ainda mais o nível de estresse do professor em sala de aula, inibindo o aproveitamento e o rendimento de professores e alunos.

2. Condições acústicas em sala de aula

A acústica é uma área da física extremamente abrangente e atua em diversas áreas da ciência.

A acústica arquitetônica ocupa-se de duas áreas que, apesar de bastante próximas, merecem ser referenciadas separadamente:

a) Defesa do ruído:

Consiste no estudo das condições acústicas aceitáveis nas construções, ocupando-se em isolar o ruído externo e promovendo o conforto do usuário.

b) Controle dos sons nos recintos:

Sua função é melhorar as condições de cada sala, considerando-a isenta do barulho externo.

Estuda a forma e tratamento dos ambientes de modo a torná-lo acusticamente satisfatório.

A necessidade de avaliar salas de aula cujos ambientes são relativamente simples do ponto de vista de sua volumetria e espacialidade, muito embora a sua função seja de extrema importância, pois é nesses espaços que são transmitidos conhecimentos, onde alunos e professores estão inseridos.

O ideal das salas de aula, ou qualquer construção, é evitar os possíveis problemas acústicos. Salas com desfavoráveis condições acústicas colaboram com uma série de problemas. Pode-se dizer que dentre eles, está inserido o estresse do professor em sala de aula. A comunicação entre professor e aluno é a principal característica de uma sala de aula, no entanto, esse é um dos problemas que mais afetam as escolas, prejudicando e dificultando de diversas formas o aprendizado.

Segundo *Picard* e *Bradley* (1999), referindo-se a uma pesquisa realizada nos Estados Unidos, as salas de aula são consideradas locais extremamente barulhentos, onde os estudantes com audição normal conseguem entender apenas 66% das palavras pronuciadas pelos professores.

Erdreich e *Moran* (1999) afirmam que as crianças nos EUA apresentam problemas de audição ou de aprendizado, além de estarem enfrentando dificuldades para conseguir ouvir seus professores devido à baixa qualidade acústica das salas de aula.

Percebe-se que os problemas nas escolas são os mesmos, independente de sua localização. O elevado nível de ruído externo, materiais, equipamentos e aberturas inadequadas em salas de aula colaboram para que níveis de estresse de alunos e/ou professores sejam encontrados.

A Norma Brasileira 10152 (ABNT) estabelece os níveis máximos de ruído para cada ambiente. Esta norma estabelece critérios e métodos para avaliar conforto acústico, quanto ao ruído ambiente, em recinto de uma edificação. Sabendo-se que o nível de ruído em uma sala de aula deve ser de até 45 db(A), o nível da voz humana é de 65 db(A) e uma voz alta (sem gritar) chega a 75 db(A), essa diferença entre o nível da fala e o ruído da sala é responsável pela inteligibilidade das palavras em sala de aula. Quanto maior esta diferença, melhor a compreensão do aluno e menor o nível de estresse do professor, uma vez que sua preocupação e esforço físico em transmitir seu conhecimento tambem são reduzidos. Esta relação que é chamada de relação Sinal/Ruído deve ter valores mínimos entre 10 e 15 db(A). Uma sala de aula com estes valores, pode-se dizer que as condições acústicas de compreensão (inteligibilidade) já não são tão satisfatórias.

3. Reações fisiológicas correlacionadas com níveis de ruído ambiente

A psicoacústica é uma ciência relativamente antiga que associa a psicologia com a percepção auditiva em busca do que, no jargão da engenharia, se chama de qualidade sonora. Como a capacidade para ouvir sons (ruídos) varia bastante de pessoa para pessoa, a psicoacústica quantifica as sensações auditivas de volume, som (mais ou menos agudo) e aspereza, para torná-lo mais agradável.

Segundo *Spoendlin* (1976), o ruído atinge diferentemente as estruturas do orgão de corti, que é a estrutura receptora auditiva. Aqueles que são intensos de impacto tendem a produzir lesões mecânicas, com conseqüente processo degenerativo. Os ruídos contínuos e prolongados originam alterações mais para exaustão metabólica das células sensoriais e seus cílios. A psicoacústica estuda as sensações auditivas para estímulos sonoros.

Como efeitos extra-auditivos, *Kitamura* (1995) destaca as reações generalizadas ao estresse, reações físicas tais como: alterações da função intestinal e cardiovascular, alterações mentais e emocionais, que podem se manifestar por irritabilidade, ansiedade, excitabilidade, insônia etc. e problemas específicos.

Os ambientes acústicos, ao receberem certos níveis de ruído, db(A), fazem com que existam reações fisiológicas em seus usuários. O limite de ruído a ser avaliado nos ambientes é baseado na NRB

10152 em função da tarefa desenvolvida neste ambiente. De acordo com este limite pode-se classificar as reações fisiológicas em três categorias:

a) Categoria SAUDÁVEL

A tabela 1, abaixo, descrimina que o ruído ainda é considerável saudável quando seu nível de pressão sonora não ultrapasse a recomendação da NRB 10152 para determinado ambiente. No caso em estudo, podemos considerar uma sala de aula com níveis de ruído saudáveis quando a mesma não ultrapassa índices acima de 45 db(A). As reações fisiológicas nesta escala de ruído não indicam maiores pertubações nos ambientes sendo os mesmos consideráveis salubres.

Ruído dB(A)	Ambiente acústico - Limites	Ambiente acústico - Exemplos	Reações Fisiológicas
SAUDÁVEL 35	Limite de conforto para hospitais, apartamentos, dormitórios, bibliotecas, cinemas, salas de conferência, sala de projetos (NRB10152).	Sussurro da voz humana	Início do incômodo do sono, com mudanças (aumentos) dos estágios superficiais do sono. Nível de bem-estar noturno (WHO). Início das reações vegetativas.
SAUDÁVEL 40	Indicado para salas de aula, para sala de hospitais. Limite de conforto para salas de aula, laboratórios, restaurantes, salas de estar, igrejas e templos (NBR10152). Nível máximo de ruído diurno indicado para residências.	Música suave Ambiente tranquilo	Ambiente próprio para comunicação e ensino, com alto grau de compreensão.
SAUDÁVEL 45	Nível máximo de ruído diurno indicado para residências (NRB10151). Limite de conforto para áreas de serviços, circulação, corredores, portarias, recepção, salas de computadores (NRB10152).	Ruído de um refrigerador, voz humana em baixo volume, sala de estar tranquila.	Nível que causa diminuição no tempo total do sono, grande estágio V do sono.

Tabela 1. Reações fisiológicas correlacionadas com níveis de ruído ambiente — SAUDÁVEL

b) Categoria TOLERÁVEL

Nesta tabela 2 abaixo pode-se observar que os valores de ruídos dão início no limite de conforto acústico e vão até o nível da voz humana alterada. Seus valores vão entre 50 a 65 db(A). Pode-se observar que nesta faixa algumas reações fisiológicas como perda de concentração, início de estresse leve e aumento da freqüência cardiaca já se apresentam.

Quanto aos limites de ruído, convém ressaltar que os níveis de pressão sonora já se encontram fora dos padrões desejáveis em salas de aula. Estes índices já dizem respeito a ambientes urbanos comerciais.

Ruído dB(A)	Ambiente acústico — Limites	Ambiente acústico — Exemplos	Reações Fisiológicas
50	Limite para sala de música de fundo. Limite de conforto para salas de impressão, xerox, impressoras (NRB10152).	Ruas tranquilas sem tráfego, canto alto de pássaros, ruído de ventilador.	Limite de conforto auditivo, nível limite para o bem-estar diurno.
55	Limite indicado para pátios escolares, limite para regiões residenciais urbanas (NRB10151).	Nível da voz humana (baixa), pequena loja tranquila.	Início do estresse leve que excita o SNC autônomo simpático, produzindo desconforto auditivo, maior vigilância e agitação, início da perda de concentração.
60		Restaurante tranquilo. Nível da voz humana normal.	Aumenta 25% a probabilidade de uma pessoa acordar. Aumento da frequência cardíaca. Aumento da taxa de excreção da adrenalina. Início da perda da capacidade de cálculo. Perda de concentração. Retardo nas respostas e conclusões. Início da mudança do limiar auditivo para pessoas muito sensíveis.
65	Limite de ruído para regiões urbanas comerciais (NRB10151)	Nível da voz humana alterada.	Início da liberação de noradrenalina. Início da insensibilização das pessoas pelo efeito anestésico. Pessoas barulho-dependentes pela liberação de drogas psicotrópicas pelo cérebro.

Tabela 2. Reações fisiológicas correlacionadas com níveis de ruído ambiente — TOLERÁVEL

c) Categoria INSALUBRE

Nesta categoria pode-se encontrar índices máximos de ruído para áreas industriais. Sua escala de pressão sonora encontra-se acima de 70 db(A). Pode-se encontrar a presença de reações fisiológicas como estresse degenerativo, infarto, perdas de audição e problemas relacionados com a voz humana prejudicando as cordas vocais. Todas estas reações são acarretadas pela grande intensidade de ruído. A tabela 3 abaixo esclarece os limites de ruído, correlacionando-os.

Ruído dB(A)	Ambiente acústico		Reações Fisiológicas
	Limites	Exemplos	
INSALUBRE 70	Nível máximo de áreas industriais (NRB10151)	Voz de professor ministrando aulas. Ruas de tráfego bem intenso até 1000veículos/hora. Nível de fala poluída por ruído. Inteligibilidade limite.	Estresse degenerativa. Infarto e anestesia por endorfina. Início de problemas nas cordas vocais.
75		Ruído de uma máquina de escrever e automóveis.	Limite para início de problemas auditivos permanentes.
80	Limite de esposição de trabalhadores sem proteção em alguns países (Europa)	Ruído de ruas de trânsito intenso, ambientes industriais e arredores de aeroportos.	
85	Limite do Ministério do Trabalho para jornada de 8h	Nível de aspirador de pó, toque do telefone e do metrô.	Início da perda de audição induzida por ruído (PAIR), segundo o MTB.
90	Limite do Ministério do Trabalho para jornada de 4h	Nível médio em discotecas.	Nível limite para atividade de lazer com exposição de 4h.

Tabela 3 – Reações fisiológicas correlacionadas com níveis de ruído ambiente - INSALUBRE

4. Metodologia

Visando a averiguar as condições acústicas em sala de aula e tendo como objetivo avaliar a reação fisiológica de estresse do professor, o presente trabalho foi realizado em duas escolas:

• pública e privada localizadas na cidade de Maceió-AL. A escolha destas escolas procedeu-se devido a ambas serem próximas (situavam-se em rua comum) e tinham características espaciais das salas de aula semelhantes.

Para avaliação das condições acústicas das salas de aula foram realizadas medições com a utilização de um analisador sonoro (decibelímetro) da Marca Lutron, código 5L-400I digital, para serem mensurados os níveis de pressão sonora. Procurou-se levantar várias medições, para obter o nível de pressão equivalente dentro da sala de aula, cujo ambiente era considerado crítico. As medições foram feitas com as salas de aula cheias, porém com alunos supostamente em silêncio.

4.1. Características das escolas

4.1.1. Escola Pública

As escolas públicas, geralmente, são construções simples, onde os recursos acústicos para melhoria dos espaços físicos das salas de aula são praticamente inexistentes. A escola em questão foi construída na década de 40, sendo alvo de algumas reformas no decorrer dos anos, tais como: mudança de revestimento, altura do pé-direito, entre outras, para adequação aos padrões dos demais projetos mais recentes desenvolvidos pelas Secretárias de Educação Municipal e Estadual, muito embora nenhuma preocupação tenha sido dada referenciando uma melhora nas suas condições acústicas. O terreno onde está situada a escola encontra-se em uma área com grande influência do ruído externo, principalmente tráfego de veículos. Esta escola se apresenta configurada como uma "ilha", pois está cercada de vias, hoje, de trânsito rápido e de grande fluxo. O ruído externo em salas de aulas está presente e foi considerado como o maior causador de desconforto, prejudicando a audibilidade das palavras, desviando a atenção dos alunos durante atividades e causando esforço mental excessivo pelos professores ao cumprimento de suas atividades de ensino.

4.1.2. Escola Privada

As escolas privadas, por serem instituições independentes, cujos recursos financeiros podem ser facilitadores para obtenção da qualidade dos seus espaços físicos, fazendo com que as mesmas possam fazer investimentos, se assim o quiserem, a fim de evitar possíveis problemas acústicos. A escola avaliada possui características arquitetônicas simples, semelhantes quanto à espacialidade e volumetria com a escola pública, já que ambas obedecem à legislação das Secretarias de Educação Municipal e Estadual. Esta escola foi construída na década de 60, passando também por várias reformas, mas nenhuma com maiores preocupações em combater os problemas acústicos de suas salas de aula. Esta escola, em sua distribuição física espacial, encontra-se com suas salas de aulas voltadas para uma via secundária, de tráfego não muito intenso e sua área administrativa voltada para uma rua de tráfego intenso. Convém ressaltar que nesta mesma rua de tráfego intenso também está localizada a escola pública investigada.

4.2. Levantamento e análise dos dados

Com o objetivo de verificar as condições acústicas nas salas de aula em dois estabelecimentos de ensino: escola pública e privada, buscou-se assim mensurar os níveis de pressão sonora nestes ambientes. Como as salas de aula são locais onde as atividades profissionais dos professores são desenvolvidas, medições foram feitas em ambas as escolas com janelas abertas em hórario considerado de tráfego normal (fora do horário de pico) e com as salas de aula com 100% de ocupação. No momento das medições, as salas de aula, apesar de ocupadas, encontravam-se com o professor em silêncio, apenas observando os alunos.

Os dados de níveis de pressão sonora mensurados nesta pesquisa podem ser observados na tabela 4 abaixo:

Nível de pressão sonora - db(A)	Ruído db(A)		Sinal db(A)	Relação Sinal/ruído	
	Escola pública	Escola privada	Nível voz humana	Escola Pública	Privada
	80	68	65 a 75	-5	7

Tabela 4 – Medições do níveis de pressão sonora: db(A) e a comparação da relação sinal/ruído

De acordo com a tabela 4 acima, dos dados mensurados em sala de aula em ambas as escolas, pode-se observar que:

— Tanto as escolas públicas e privadas encontram-se com elevados índices de níveis de pressão sonora, db(A), indíces de ruído insalubres;

— Que os professores convivem com elevados índices de pressão sonora, os quais os conduzem à apresentação do ínicio de estresse leve e estresse degenerativo;

— Para o cumprimento do bom desempenho de suas atividades, o nível de estresse do professor é acentuado pelas dificuldades encontradas em sala de aula, originados pelos elevados índices de ruído, provenientes da baixa relação sinal/ruído;

— Presença de outras reações fisiológicas provenientes do alto índice de ruído, tais como: retardo de respostas e conclusões, início da insensibilização das pessoas pelo efeito anestésico e perda de concentração. Reações estas que podem acentuar o nível de estresse do professor;

— Desgaste das cordas vocais do professor por conta do alto índice de ruído, provocando a preocupação da transmissão dos seus conhecimentos, tendo como conseqüência o estresse.

Diante da tamanha quantidade de problemas acarretados pelo impacto do ruído dentro das salas de aula, pode-se dizer que o ruído é, sem sombra de dúvidas, um grande causador de desconforto nas salas de aula. Desta forma, as salas de aula mereceriam ser melhor avaliadas nos projetos educacionais, com a necessidade da melhora das condições acústicas, pois ao se combater o ruído, dar-se-ia melhores condições de trabalho para os professores, e conseqüentemente o seu nível de estresse poderia ser amenizado.

5. Conclusão

Através das medições realizadas, pode-se observar que o professor está inserido dentro de ambientes estressantes e insalubres. A profissão do magistério é uma atividade onde costuma-se encontrar pessoas apaixonadas pela arte de ensinar. Esta paixão, imbuída pelas insalubres condições acústicas dos ambientes de trabalho, levam o professor a cada vez mais ser pressionado ao cumprimento de suas tarefas e com isto exigindo um esforço sobre-humano para serem desenvolvidas suas atividades profissionais. O estresse é a condição adaptativa do organismo e do psíquico humano funcionando à sua maneira, onde possíveis doenças psicossomáticas podem ser desenvolvidas como conseqüência de um modo errado de viver.

Para tal, maior atenção deve ser dada aos espaços educacionais, exigindo-se um melhor controle das condições acústicas das salas de aula, colaborando para a redução do nível de estresse do professor, pois a redução dos níveis de pressão sonora possibilitam uma melhor assimilação de professores e alunos e, conseqüentemente, melhor desempenho das atividades de ensino-aprendizagem desenvolvidas na sala de aula.

Referências Bibliográficas

ASSOCIAÇÃO BRASILEIRA DE NORMAS TÉCNICAS; ABNT; Norma NBR 10152; Níveis de Ruído para conforto acústico (NB 95); 1990.

CODO W.; SAMPAIO, J. J. *O sofrimento psíquico nas organizações*. São Paulo: Martins Fontes, 1995.

DUARTE, E. de A. C. *Avaliação das condições acústicas em salas de aula em função da variação de revestimentos e de aberturas*. Maceió-AL: UFAL, 2003. Trabalho Final de Graduação, 2003.

FERNANDES, J. C. *Acústica e ruído*. Bauru-SP: UNESP. Apostila. 1999.

GRANDJEAN, E. *Manual de Ergonomia*: adaptando o trabalho ao homem. Porto Alegre: Bookman, 1998.

LIMA, R. de. "O professor e o estresse". *Revista Universidade e Sociedade*, ano 13, n. 17, p. 35-39.

MOURA, M. B. *Acústica: condições acústicas das salas de aula da Escola Estadual Tavares Bastos*. Maceió-AL: UFAL, 2004. Trabalho Final de Graduação, 2004.

REINHOLD, H. D. "Fontes e sintomas do estresse ocupacional do professor". *Revista de Psicologia I*. PUCCAMP, n. 02 e 03, ago/dez., 1995

EPIs AUDITIVOS: A FALÁCIA DOS NRRs

Airton Kwitko

O tema EPI auditivo é sempre apaixonante, pois como é frequentemente a única proteção oferecida pela empresa ao trabalhador exposto ao ruído, e é um equipamento cujos resultados em termos de atenuação proporcionada são sempre duvidosos e incertos, traz muitos questionamentos tanto para usuários como para profissionais da área. Por mais que as estimativas de atenuação sejam calculadas através de métodos "científicos", a dúvida quanto ao nível de ruído que atinge a cóclea do trabalhador que usa um EPI sempre persiste.

É tão grande essa incerteza e tão significativa a desconfiança com os métodos "científicos" que geram os valores de atenuação, informados pelos fabricantes, que diversas entidades americanas (OSHA e NIOSH) preconizam correções dessa atenuação.

Lembrem que a OSHA preconiza a diminuição de 7 dB do NRR quando o cálculo da atenuação irá considerar a exposição em dBA. E recordem também que a NIOSH estabeleceu correções diferenciadas para os EPIS:

- Para concha, multiplicar o NRR por 0.75%
- Para plugues moldáveis, multiplicar por 50%
- Para plugues pré-moldáveis, multiplicar por 0.30%

Um simples exercício matemático demonstra o absurdo dessas correções empíricas:

Um plugue pré-moldado que tenha um NRR de 21 (existem diversos no mercado...!) e que tenha considerada a atenuação como apenas 30% desses 21 (como preconizado pela NIOSH), irá oferecer ao usuário uma redução ao ruído de 6.3. Se ainda desse valor tirarmos os 7 dB (preconizados pela OSHA) teremos uma atenuação de — 0.7 dB. Ou seja: quem estiver usando esse EPI terá mais ruído atingindo sua cóclea do que sem ele....!!!

Em 1997, *John P. Barry*, da OSHA, em encontro promovido pela *Acoustical Society of América*, apresentou o tema "Como nós deveríamos medir a atenuação do EPI auditivo?"[1]. Eis o sumário de sua apresentação:

> Há uma controvérsia relativa à efetividade dos EPIs auditivos. A ANSI define parâmetros para medir a atenuação dos EPIs (desde a S3.19-1974 até a S12.6-1990). Começando com Padilla em 1976, estudos de campo têm consistentemente mostrado que os dados de laboratório superestimam a atenuação típica recebida no local de trabalho. O ubíquo NRR também exagera na atenuação porque é derivado de dados de laboratório. Isso ocorre porque: (a) O uso ocupacional é usualmente pior do que no laboratório; (b) EPIs reutilizáveis deterioram devido ao uso repetido e com o envelhecimento do material; e (c) A interação com outros equipamentos pode reduzir a atenuação do EPI. Tanto a OSHA como a NIOSH têm proposto fatores de correção para o NRR. Entretanto, o desenvolvimento de procedimentos para testar o EPI no empregado, de forma análoga ao que se faz com o protetor respiratório, juntamente com um mais eficiente programa de conservação auditiva, será a única resposta eficaz para essa questão.

É bem verdade que após 1997 surgiu a norma ANSI S12.6-1997(A) que preconiza outro método para estimar a atenuação dos EPIs auditivos, e que dá origem ao NRR-SF. Supostamente ele seria um método mais apropriado, e que poderia oferecer valores de atenuação mais próximos da realidade observada no chão-de-fábrica, pois os indivíduos que participam dos testes no laboratório não têm experiência prévia, tanto de testes como do uso de EPIs, e nem são supervisionados na sua colocação. Toda a informação que recebem é apenas a que pode ser lida na bula que acompanha o EPI.

Essa "adequação" à realidade do uso pelo trabalhador é apresentada pelo fato de que para um mesmo EPI o teste com o NRR-SF informa um valor de atenuação menor do que o observado com o NRR. Por exemplo, um EPI com um NRR de 21 tem agora um NRR-SF de 15 ou 16.

Para complementar os "avanços" do NRR-SF, é informado ao usuário que as reduções acima citadas (OSHA + NIOSH) não devem ser aplicadas caso o NRR-SF seja utilizado.

---

(1) As referências se encontram na p. 41.

Primeiro: O que é saudado como um avanço não passa de mais um teste de laboratório, e o que é avaliado pela nova sistemática não é o EPI e sim a capacidade que têm os indivíduos de ler as bulas e entendê-las. Ou seja: é um teste que avalia a capacidade intelectual de quem é testado, nunca o equipamento em si.

Segundo: Para a indústria que fabrica EPIs auditivos a mágica do NRR-SF é uma "salvação da lavoura". Isso porque com os fatores de atenuação preconizados tanto pela OSHA como pela NIOSH alguns fabricantes estavam com produtos "mortos" do ponto de vista de mercado...! Agora eles reviveram. Por exemplo, a passagem do 21 (NRR) para o 16 (NRR-SF) não significou uma perda de 5, e sim um ganho de 16,6...! Lembre-se que esse EPI estava oferecendo uma atenuação negativa pelas correções sugeridas.

Com isso, eu afirmo:

As medições realizadas em laboratório para estimar a atenuação dos EPIs auditivos são absolutamente irreais.

Os esforços continuados dos fabricantes de EPIs auditivos para obter maiores e mais "reais" valores de atenuação são puramente exercícios de marketing, e não têm nada que ver com a prevenção da perda auditiva.

Diante dessa triste realidade, o usuário (leia-se tanto quem compra EPI auditivo como quem o utiliza) continua sem saber o que fazer. O padrão de avaliação da atenuação, que começou em 1979 foi considerado como "cientificamente" adequado até 1997, isso é: durou 18 anos e não contribuiu para proteger a audição de um grande número de indivíduos. O novo padrão, que "casualmente" surgiu na mesma ocasião em que a NIOSH detonou a sua bomba exterminadora, irá durar quanto tempo?

O primeiro padrão (NRR) afirmava que os valores informados, pela metodologia aplicada, seriam adequados para 98% dos trabalhadores; o segundo (NRR-SF) é mais modesto, e promete atenuação adequada para 84%. De quem irá se cobrar a conta pela perda auditiva que poderá se desenvolver nos 16% dos excluídos? Da ANSI? Do fabricante do EPI? De quem fez o teste no laboratório?

Quer queiram quer não, a escolha do EPI auditivo adequado ao indivíduo só pode ser feita após escolha do EPI adequado ao indivíduo! Acaciano? Redundante? Óbvio?

Exatamente isso!

O "I" do EPI significa "individual". Não há como se escolher alguma coisa para alguém utilizar que não respeite a individualidade. Somente as jogadas de marketing e o comodismo de quem compra o equipamento, ou um completo desconhecimento de mínimos dados anatômicos, é que pode aceitar como "verdade" que um equipamento para ser usado dentro do meato acústico externo seja fornecido em tamanho único!!!

Experimente comprar camisas, camisetas ou seja lá o que for para seus empregados em um único tamanho, entregue a eles e exija que usem....! Ah! Experimentem com sapatos...! Comprem um tamanho único, digamos número 40, e vejam se todos conseguem usar. Se a compreensão de que o "tamanho único" não serve para todos no exemplo do sapato, porque imaginar que o EPI auditivo "tamanho único" vai se adequar aos meatos acústicos externos de todos empregados?

Entretanto é isso o que ocorre com mais freqüência do que o desejado: é comprado um EPI em "tamanho único" que deveria servir para os ouvidos pequenos, médios e grandes.

E mais: Considerando que o teste para se conhecer o NRR-SF é realizado com indivíduos que nunca usaram qualquer equipamento e é feito sem nenhuma supervisão, como se pode explicar que um NRR-SF de EPIs que são tamanho único e outro, do mesmo material mas que é produzido em três tamanhos, tenham aproximadamente o mesmo NRR-SF?

Terá sido um acaso do destino que resolveu reunir para aqueles testes indivíduos que tinham exatamente o mesmo tamanho de meatos acústicos externos, e para os quais o EPI se adaptou muito bem?

EPI E LINK	CA	NRR-SF
PROTETOR AUDITIVO, CONFECCIONADO EM SILICONE GRAU FARMACÊUTICO, DE ALTA DURABILIDADE, CONSTA DE 3 ABAS CURVAS, *TAMANHO UNIVERSAL*, DISPONÍVEL TAMBÉM NOS TAMANHOS PEQUENO E GRANDE. FORNECIDO COM CORDÃO DE POLIPROLIPENO OU SILICONE. http://www.mte.gov.br/Temas/SegSau/Pesquisa/CA_DET.asp?vNRCAProc=11882&vdefault=CA	11882	16

EPI E LINK	CA	NRR-SF
PROTETOR AUDITIVO, CONFECCIONADO EM SILICONE, *TAMANHO ÚNICO*, COM CORDÃO DE ALGODÃO, PLÁSTICO OU SILICONE. http://www.mte.gov.br/Temas/SegSau/Pesquisa/CA_DET.asp?vNRCAProc=5745&vdefault=CA	5745	17
PROTETOR AUDITIVO, CONFECCIONADO EM SILICONE GRAU FARMACÊUTICO, DE ALTA DURABILIDADE, 3 FLANGES RETAS, TAMANHOS P, M E G. (FORNECIDO COM CORDÃO DE POLIPROPILENO OU SILICONE). http://www.mte.gov.br/Temas/SegSau/Pesquisa/CA_DET.asp?vNRCAProc=2271&vdefault=CA	2271	16

Qualquer atividade que esteja sendo realizada com EPI auditivo, e que visa à proteção do trabalhador, deve deixar de lado completamente os cálculos baseados em NRR ou NRR-SF. A escolha do EPI adequado precisa ser feita para cada indivíduo. Nada contra o NRR e o NRR-SF, mas também nada a favor deles. O argumento de que a escolha individual não é padronizada não tem fundamento, pois os "métodos científicos" que conduzem aos NRRs também não o são.

Basta ver a estatística de casos que apresentam desencadeamento e/ou agravamento de perda auditiva mesmo usando EPIs que foram matematicamente muito bem "escolhidos". Entretanto, se essa estatística não é conhecida, seja porque os testes audiométricos são tão divergentes que não possibilitam uma análise, ou porque a comparação pura e simplesmente não é feita, é outra história. Aí, nesse caso do "vôo às cegas" nas audiometrias, qualquer EPI vai ser útil, pois nunca se estará fazendo qualquer auditoria para saber o que é bom e o que deixa a desejar.

A escolha realmente individual do EPI auditivo para o trabalhador (*não confundam com testes de laboratório para determinação de qualquer NRR*) é feita em cabina audiométrica convencional, dessas que as empresas ou os serviços de audiometria possuem, e com o audiômetro convencional.

Esse método foi bem definido por *Alice Suter* em 1986 no *Hearing Conservation Manual*[2], quando preconizava a determinação da atenuação individual em cabina audiométrica: "O audiologista conduz o trabalhador à cabine audiométrica e procede o teste da sua audição com o plugue inserido. Após, o instrutor solicita que o trabalhador o remova e faz outro teste audiométrico. A diferença entre os dois audiogramas representa a quantidade de atenuação que o trabalhador está recebendo em cada freqüência. Se bem que este procedimento possa não ser exatamente como o teste de laboratório, oferece tanto ao encarregado pela proteção como ao trabalhador uma boa idéia de quanto o indivíduo está recebendo de proteção pelos plugs utilizados".

John Franks[3], pesquisador da NIOSH, avaliou métodos alternativos de medir o desempenho de EPIs auditivos. No estudo comparou os resultados de uma sistemática como a acima preconizada e a oriunda de teste através da ANSI S12.6-1997. Os resultados de seu trabalho sugerem que ambos os métodos oferecem resultados semelhantes.

Ou seja: se ambos os testes são coerentes entre si, e um (o que conduz ao NRR-SF) é uma incógnita e o outro (a escolha realmente individual) é uma certeza, porque não adotar definitivamente o segundo?

Exatamente isso é o que a NIOSH está fazendo!

Em artigo publicado recentemente (2002), *David Byrne*[4], pesquisador da NIOSH, reporta uma experiência realizada com audiometria e escolha individual de EPI em grupos de trabalhadores (mineiros), em uma unidade móvel. Nessa unidade há uma cabina capaz de avaliar 4 indivíduos de forma simultânea, e um computador que controla tanto a audiometria como a escolha do EPI através do método desenvolvido por *Michael & Associates, Inc (Nota do Autor: Método que considera a individualidade, cuja variante adotamos e realizamos trabalho semelhante).* Ainda, nessa unidade é possível apresentar aos participantes vídeos de treinamento ou arquivos computadorizados sobre perda auditiva, ruídos excessivos, etc, Alguns outros projetos da NIOSH estão utilizando esse sistema e avaliando sua utilidade nos esforços da prevenção da perda auditiva.

Há um grupo de trabalho constituído pela ANSI, o ANSI S12/WG35[5], que está trabalhando para elaborar uma sistemática denominada de "Método para seleção do protetor auditivo que optimize a comunicação".

Entre as premissas já desenvolvidas pelo grupo existe uma que estabelece a necessidade de que o algoritmo do método considere a atenuação do EPI, que não é, claro, necessariamente igual à informada pelo fabricante. Um substituto para esses dados da bula poderia ser a avaliação da proteção observada para um específico usuário do

EPI, em um sistema de monitorização individual. Assim, esse grupo está trabalhando para a padronização do sistema de escolha de EPI que se afaste completamente dos empíricos NRs.

Finalmente, quero comentar uma afirmativa do artigo escrito pelo Prof. *Samir Gerges*, na Revista CIPA n. 24, pp. 78-85. Inicialmente, recomendo a leitura do artigo referido, pois o Prof. *Gerges* é uma autoridade internacionalmente reconhecida, e que tem, pelas suas atividades acadêmicas e profissionais, uma vivência muito grande do assunto "proteção auditiva", seja a coletiva, seja a individual.

Se por um lado concordo com o Prof. *Gerges* que enfatiza ser a atenuação medida no laboratório, por qualquer método de avaliação, geralmente maior do que a atenuação conseguida pelo trabalhador no campo, não posso aceitar sua argumentação expressa na folha 80, final da coluna do meio, quando comenta uma pergunta sobre "Como escolher o protetor auditivo".

Diz o Prof. *Gerges* que "os trabalhadores do primeiro mundo e outros expostos ao ruído usam os protetores auditivos corretamente e durante todo o tempo de exposição. (...) são disciplinados, pois conhecem o efeito irreversível do ruído no sistema auditivo".

Essa afirmativa do Prof. apresenta uma realidade que não é confirmada pelos estudos atuais de uso de EPI auditivo no primeiro mundo. Eis algumas informações coletadas em minutos na Internet:

O uso regular do EPI variou de 49 a 76% em seis empresas pesquisadas em 1988. O uso melhorou em 1997 para 64 a 94%.[6]

• Só 20 a 60% dos trabalhadores usam EPIs e não durante toda a jornada de trabalho;[7]

• O uso relatado de EPI auditivo é baixo;[8]

• Muito trabalhadores não querem usar o EPI;[9]

• Os trabalhadores conhecem os problemas causados pelo ruído mas muito não usam o EPI;[10]

• Muitos trabalhadores não usam o EPI mesmo que ele esteja disponível.[11]

Além de não corresponder à realidade do tal primeiro mundo a afirmativa de que lá os EPIs são usados, o texto poderia induzir o leitor a supor que o objetivo seria transferir a responsabilidade da perda auditiva para a vítima — o que não deve ter sido certamente a intenção do autor do artigo. Pode-se supor que haveria no texto a afirmativa implícita de que aqui tudo é feito e oferecido para que a proteção seja eficiente, mas que — nesse terceiro ou quarto mundo — o comportamento dos trabalhadores é irresponsável. Assim, a perda seria culpa deles...!

Esse é o denominado Ato Inseguro.

Sobre o Ato Inseguro, afirma *Palasio*[12]: "Por detrás deste termo se oculta um universo de situações registradas obscuramente e quase sempre com o objetivo de definir e transferir a culpa para o acidentado. Do ponto de vista ético o uso inadequado do ATO INSEGURO é uma lacuna vergonhosa na história da prevenção de acidentes e que contribuiu demais para que muitos segmentos sociais vejam o SESMT com maus olhos. Não bastasse isso um outro grande problema gerado pelo mau uso diz respeito à impossibilidade de gerarmos — a partir da caracterização errônea das causas dos acidentes — programas capazes de fazer frente as reais causas dos acidentes. Claramente falando fica evidente que as medidas tomadas para evitar novos acidentes — a partir das clássicas investigações — não são mais do que panacéias visto que não sabendo a real causa certamente tudo que fizermos para corrigi-la será inócuo".

Assim, a qualquer questionamento sobre o valor de atenuação do EPI auditivo, sobre o seu NRR ou NRR-SF, a resposta é:

TANTO FAZ......
SÃO ORIGINADOS DE MÉTODOS NÃO-CIENTÍFICOS, COM CORREÇÕES EMPÍRICAS......

O que realmente desejamos é monitorar a eficiência do EPI nos ouvidos de cada indivíduo e treiná-lo e motivá-lo para o uso. Com isso, uma alternativa é proceder à escolha realmente individual.

O resto é silêncio (obra de *Érico Veríssimo*, também poema de *J. G. de Araújo Jorge*).

Referências Bibliográficas e na Web

1. John P. Barry, OSHA. *How should we measure hearing protector attenuation?* ASA 133rd meeting — Penn State, June 1997.

2. SUTER, A. H. (1986). "Hearing Conservation," in *Noise & Hearing Conservation Manual*, 4th edition, edited by E. H. Berger, W. D. Ward, J. C. Morrill, and L. H. Royster, Am. Ind. Hyg. Assoc., Akron, OH, 1-18.

3. FRANKS, J. R., HARRIS, D. A.; JOHNSON, J. L.; Murphy, W. J. (1999). "Alternative field methods of measuring hearing protector performance". 1999 ARO MidWinter Meeting, Abstract #686, date 2.16.99, Session R6, Poster (B186).

4. BYRNE, C.D. Group Audiometric and Earplug Fit-Testing in a Mobile Unit (NIOSH's) NHCA. Spectrum, Volume 19, Supplement 1, 2002.

5. MICHAEL, K. Status of ANSI S12/WG35: Method for Selecting Hearing Protection to Optimize Communication http://www.michaelassociates.com/

6. GILLIS, H e HARRISON, C. *Hearing Levels and Hearing Protection Use in the British Columbia Construction Industry* — 1988-1997. http://www.healthandsafetycentre.org/pdfs/hearing/nhcatalk.pdf.

7. HALL, K. *Hear this: How to communicate with workers about hearing protection Universidade de Washington.* www.stc.org/48thConf/postconf/noiseslides6.ppt

8. LUSK. S. *UM Nursing Professor Aims to Prevent Noise-Induced Hearing Loss.* http://www.research.umich.edu/news/front/lusk.noise.html

9. *Hazard Alert — Construction Noise*, 2003, The Center to Protect Workers' Rights. http://www.cdc.gov/niosh/elcosh/docs/d0100/d000020/d000020.html.

10. *Hearing Loss Expected by Carpenters, but Study Finds Workers Fear Tinnitus More.*

11. (Extraído do *Occupational Health and Safety Reporter*, published by Bureau of National Affairs, 5 April 2001, pp 303-305). http://www.cdc.gov/niosh/elcosh/docs/d0400/d000452/d000452.html.

12. *Hearing Protection.* http://www.nccabuildingpros.com/safety/tailgate hearing.html.

13. MORAES JR. C. P. *Ato Inseguro: O Que Há Por Detrás Disso?*. http://www.seguranca-la.com.br/noticias/arquivo/070.htm.

EPIs AUDITIVOS

PARTE 1

A ESCOLHA REALMENTE INDIVIDUAL E ADEQUADA EM CABINA AUDIOMÉTRICA

Airton Kwitko

No CONASENT de 2001 participei de uma atividade na qual mostrei a escolha individual de EPI auditivo feita em cabina audiométrica, um teste simples, rápido, barato e eficiente, que pode ser feito em todo ambiente audiométrico usualmente encontrado seja em empresas, seja em serviços de audiometria.

Existem algumas opiniões a respeito desse trabalho de escolha de EPI que consideram as medições obtidas pouco representativas, e que inexistem normas ou recomendações em nível internacional ou nacional para medição de atenuação de ruído dos protetores tipo plugue de inserção em cabine audiométrica.

Enfatizo, como sempre faço, que não se trata de um teste para competir comercialmente com laboratórios de acústica credenciados pelo Ministério do Trabalho, os quais visam a estabelecer o NRR (ou o seu sucedâneo NRR-SF) para fins de obtenção de CA. Deixo bem claro que é um teste para identificar de forma aproximada o EPI de inserção que melhor se adapta aos ouvidos direito e esquerdo (temos dois ouvidos!) do trabalhador, considerando o seu nível de exposição ao ruído. E que é uma excelente abordagem de treinamento e motivação.

Considero no trabalho proposto as dificuldades em se estimar os valores de atenuação dos EPIs, pelas inúmeras variáveis que existem. Qualquer tentativa de quantificar a atenuação do protetor auditivo no laboratório não é válida por ter variações relacionadas não só ao usuário (anatomia, treinamento, motivação), mas também com a colocação e tipo de protetor, entre outros. Isso porque a inconsistência da atenuação fornecida pelo NRR é muito grande, mesmo sendo o NRR oriundo de norma "científica" internacional. É tão grande a diferença entre o que é avaliado em laboratório e o observado no "mundo real" da utilização dos EPIs que a NIOSH sugeriu as "correções" violentas, que chegam a retirar do NRR de plugues pré-moldados 70%. Ou seja: a tal da norma internacional que é usada para estimar o NRR não é tão confiável assim!

Ou seja: Estamos atravessando terreno instável e imprevisível, que é o oferecido pelas técnicas de avaliação da atenuação ditas normatizadas. Com isso é válida a adoção de novas técnicas, mesmo sem que tenham normas pré-estabelecidas mas que podem proporcionar resultados satisfatórios.

Sempre se pode argumentar que agora temos o NRR-SF mas sabe-se que a norma desta forma de avaliação diz que variações de ± 3 dB entre diversos NRRs-SF são considerados como aceitáveis. Ora, se admitirmos que uma variação de 3dB pode significar o dobro da exposição, ± 3 dB significam um intervalo de 6 dB. Com isso um NRR-SF de, por exemplo, 14 poderia ser 11 ou 17, e esse intervalo representa uma diferença de 200%! Que ciência é essa que convive com essa diferença? Falsa ou verdadeira?

Ainda, a norma ANSI S12-1997 (B) que disciplina a obtenção do NRR-SF afirma: "Não é possível usar estes dados (de atenuação expressos pelo NRR-SF) para prever com confiabilidade os níveis de proteção obtidos por um dado indivíduo num determinado ambiente". Ora, se com o NRR-SF não é possível prever a atenuação para um dado indivíduo, ele irá servir para que? Que ciência é essa que se faz tão escorregadia? Falsa ou verdadeira?

Pretendo demonstrar, citando opiniões de respeitáveis *experts* internacionais no assunto, que as contestações quanto ao uso dessa técnica não tem fundamentos consistentes.

No EarLog 21 intitulado "Hearing Protector Testing — Let's Get Real [Using the new ANSI Method-B Data and the NRR(SF)]", de 1999), (http://www.cabotsafety.com/html/industrial/earlog21.htm) o Dr. *Elliott Berger*, engenheiro chefe do setor de pesquisa da Aearo e grande autoridade, e uma das pessoas que colaboraram para o desenvolvimento da nova ANSI, comenta sobre todas as dificuldades que conhecemos e propõe duas soluções. Na 1ª, que ele denomina de Teste de Escolha Individual, enfatiza tratar-se da *melhor abordagem* para escolher o EPI com a própria atenuação para cada indivíduo. Diz ele que é um teste que consome tempo mas que o esforço compensa. Continua *Berger*: "Não só ele oferece a mais acurada avaliação como também proporciona uma excelente oportunidade de treinar e motivar o trabalhador". Aqui, *Berger* afirma que o método mais prático é o uso de grandes conchas com alto-falantes internos (as *ear cups*) para conduzir uma avaliação real e evitar o contato do plugue com a concha. Mesmo que esse contato ocorra, o resultado de atenuação obtida1234 sempre será menor do que o esperado, pela transmissão do som através dos sólidos (plugue/concha). Dessa forma, nunca se terá um resultado equivocado. O método citado e referenciado no texto é o desenvolvido por *Kevin Michael*[1] e que fundamenta nossa planilha para escolha de EPI em cabines audiométricas: o EPI-Plus.

A 2ª solução, que ele chama de "Alternativa", é a de melhorar os testes de laboratório.

Berger acha que a 1ª solução é escolher o EPI para o trabalhador, e depois usar os métodos de laboratório. *Berger* estará errado? É falsa sua afirmativa? E porque será que *Berger* nesse EarLog 21 afirma que no futuro o mesmo grupo que elaborou a nova ANSI para determinar o NRR-SF (*American National Standards Institute* (ANSI) *Accredited Standards Working Group,* S12/WG11 (*Hearing Protector Attenuation and Performance*)) irá providenciar uma padronização dessa abordagem? Ele a supõe tão descabida assim? Tão falsa?

Concordo que inexistem normas internacionais para avaliar a atenuação do EPI em cabine audiométrica. Mas isso não impede *Alice Suter*, no *Hearing Conservation Manual*[2], de preconizar a determinação da atenuação individual em cabine audiométrica: "O audiologista conduz o trabalhador à cabine audiométrica e procede o teste da sua audição com o plugue inserido. Após, o instrutor solicita que o trabalhador o remova e faz outro teste audiométrico. A diferença entre os dois audiogramas representa a quantidade de atenuação que o trabalhador está recebendo em cada freqüência. Se bem que este procedimento possa não ser exatamente como o teste de laboratório, oferece tanto ao encarregado pela proteção como ao trabalhador uma boa idéia de quanto o indivíduo está recebendo de proteção pelos plugues utilizados".

Também *J. R. Franks*, pesquisador da NIOSH, avaliou métodos alternativos de medir o desempenho de EPIs auditivos[3]. No estudo comparou os resultados de uma sistemática como preconizada por *Kevin Michael* e por nós utilizada, e a oriunda de teste através da ANSI S12.6-1997. Os resultados de seu trabalho sugerem que ambos os métodos oferecem resultados semelhantes.

Por isso penso que os apegos acadêmicos a procedimentos "normatizados", como se os mesmos fossem realmente científicos e imunes a críticas, não faz muito sentido.

Existem normas para estimar o NRR e o NRR-SF mas os resultados obtidos com esses procedimentos são confiáveis e representativos da realidade? Acessem o site http://www.elvex.com/index.htm, cliquem em "Articles" e leiam o "Facts About Noise #5" (Aproveitem e leiam também o "Facts About Noise #6"que trata dos problemas com o NRR). A Elvex é uma multinacional gigante que fabrica EPIs. Vejam o que o artigo conclui sobre o NRR-SF: "Em nossa modesta opinião o protocolo (do NRR-SF) tem pouco sentido. Nós caminhamos um passo para a frente e dois para trás". Segundo eles, este método avalia mais a capacidade do indivíduo em ler o manual de instruções do EPI do que a atenuação do mesmo. O que dizer dessa nova norma? É falsa? É verdadeira?

A contestação a uma técnica inofensiva de escolha realmente individual de EPI só encontra apoio na ênfase, talvez maior, que pretende a adoção pelo Brasil do NRR-SF em detrimento do NRR, numa intempestividade que considero prematura. Novamente cito *Berger* no EarLog 21: "A regulamentação que especifica as etiquetas dos EPIs não reconhece o novo padrão (o NRR-SF) e exige mais testes, (.....) enquanto que nos escritórios da EPA, a agência responsável pela promulgação e manutenção da regulamentação, nada está sendo feito para revisar a regra atualmente existente (a do NRR)".

Não sei por que mas me veio à lembrança agora as histórias das mulheres-cobaias do terceiro e quarto mundos que tomaram quilos de hormônios, para testar as pílulas anticoncepcionais que seriam usadas depois, com relativa segurança, pelas mulheres do primeiro mundo, até se certificarem de qual seria a menor dose possível para inibir a ovulação. Lá, no berço da nova ANSI, o governo não adota integralmente o NRR-SF. Aqui, querem que ela seja imediatamente adotada.

Afirma-se que o problema de quantificar o abrandamento de ruído do protetor auditivo envolve grande número de variáveis e, portanto, deve ser tratado de forma estatística. Ora, a estatística aplicada aos métodos "normatizados" de quantificação da atenuação dos EPIs oferece uma proteção "assumida" para 98% dos usuários (pelo NRR) e para 84% (pelo NRR-SF, o "avanço"). "Assumidamente" ao menos 16% dos trabalhadores que usam EPI auditivo, cuja atenuação é calculada pelo NRR-SF deixarão de receber uma atenuação "adequada".

Existem milhões de trabalhadores que têm perda auditiva; ou que estão agravando a perda; ou que são preteridos na admissão por apresentarem perda; ou que não recebem auxílio acidentário do INSS por não serem incapazes mas não podem trabalhar porque têm perda e então se tornam incapazes, num raciocínio perverso e surreal; ou que têm zumbidos que não os deixam dormir depois de um dia de trabalho ou depois de um dia em que procuraram trabalho; ou, ou, ou ....

Não sei quantos desses milhões têm seus problemas causados/agravados pela discussão em torno de qual método utilizar para escolher o seu EPI: se o "adequado" matematicamente ao nível de ruído pelo método longo/curto da NIOSH, ou pelo cálculo através do NRR/NRR-SF. Mas sei que se pudermos fazer mais pelo indivíduo estaremos fazendo um trabalho personalizado e humano, no qual a estatística e a matemática e o cálculo e o método terão seu espaço mas não reinarão soberanos.

Por isso não entendo as dificuldades em se adotar procedimentos que façam a escolha realmente individual do EPI auditivo, ainda mais que sabemos ser a proteção coletiva historicamente pouco realizada em nosso meio. O número de postos de trabalho com exposição ao ruído é muito alto e seria uma utopia imaginar que todos fossem estudados em detalhes e analisados em profundidade para realizar a proteção coletiva. É preciso, para essa atividade, identificar e quantificar a contribuição de cada fonte de ruído, usar técnicas de isolamento de fontes, separação e subtração, aquisição de dispositivos de CR, modificações de fontes, previsão de atenuação de ruído esperado por meio de experiências e/ou modelos físicos ou computacionais (de elementos finitos, elementos de contornos, raios acústicos, previsão de ruídos em salas)[4].

Diante dessa dificuldade, entende-se (o que é diferente de "aceita-se tacitamente") a opção pelo EPI. Entretanto, se a atenuação proporcionada pelo equipamento não é confiável por uma série de razões, se está fazendo muito pouca proteção coletiva e a individual realizada às cegas. E isso é muito ruim para o trabalhador e a empresa.

Por isso é que, pragmaticamente, todas as atividades que possam oferecer alguma alternativa viável, seja ela normatizada ou não, devem ser utilizadas. O que está em jogo é a saúde do trabalhador e a segurança da empresa.

Finalmente, é preciso enfatizar que assim como a escolha de EPI em cabine audiométrica não pretende competir com os laboratórios de acústica especializados na determinação dos NRRs/NRR-SFs para obtenção de CA, também o método não tem pretensões de eliminar as escolhas de EPIs feitas nas empresas através desses métodos. Apesar do teste de escolha do EPI em cabine audiométrica demorar aproximadamente 15 minutos, para muitas empresas isso pode ser um tempo demasiado. Para essas, sempre será possível escolher o EPI através do NRR/NRR-SF.

Quem acredita que as informações dos CAs são confiáveis, seja para informações em demandas trabalhistas ou elaborar documentos previdenciários, que utilize as técnicas matemáticas dos NRRs/NRR-SFs; quem quiser um "algo mais" para implementar as ações de saúde e segurança no trabalho, que opte pelo teste individual.

Como esse assunto é polêmico, e de toda discussão alguma luz deve surgir, estou abertamente propondo um fórum de discussão em nível elevado onde, em réplicas e tréplicas, se defenderão teses. Os leitores da Revista CIPA é que sairão lucrando, pois terão a oportunidade de tomar conhecimento de detalhes e de argumentações que nem sempre chegam ao grande público.

Referências Bibliográficas

1. MICHAEL, K. (1999). *Measurement of Insert-Type Hearing Protector Attenuation on the End-user: A Practical Alternative to the NRR.* Spectrum 16(4), 13-17.

2. SUTER, A. *Hearing Conservation Manula.* Ed. CAOHC. Third Ed, Chapter W: Hearing Protectors, p. 93-94, 1993.

3. Alternative field methods of measuring hearing protector performance. NIOSH, 1999. Unpublished paper presented at 137th Acoustical Society Meeting, Berlin, Germany, March 15-19.

4. GERGES, S. *Controle de ruído — por onde começar e como fazer.* Rev. CIPA 2001: 256; 30.

PARTE 2
ESCOLHA REALMENTE INDIVIDUAL DO EPI AUDITIVO: COMPARAÇÃO ENTRE GRUPOS DE TRABALHADORES

Airton Kwitko

"A melhor maneira de dizer é fazer" — José Marti.

A perda auditiva induzida pelo ruído ocupacional (PAIRO) é uma doença infelizmente muito comum.

A proteção contra ela é feita por medidas coletivas e/ou individuais. Apenas nos restringindo à proteção individual (EPI), observa-se que segundo a NR-6, pela redação dada através da Portaria n. 25 de 15.10.2001, no parágrafo 6.3, "A empresa é obrigada a fornecer aos empregados, gratuitamente, EPI adequado ao risco, em perfeito estado de conservação e funcionamento, nas seguintes circunstâncias:

a) sempre que as medidas de ordem geral não ofereçam completa proteção contra os riscos de acidentes do trabalho ou de doenças profissionais e do trabalho;

b) enquanto as medidas de proteção coletiva estiverem sendo implantadas; e,

c) para atender a situações de emergência."

Ainda esta Norma prevê no parágrafo 6.5 que "Compete ao Serviço Especializado em Engenharia de Segurança e em Medicina do Trabalho — SESMT, ou à Comissão Interna de Prevenção de Acidentes — CIPA, nas empresas desobrigadas de manter o SESMT, recomendar ao empregador o EPI adequado ao risco existente em determinada atividade."

Em artigo denominado "Estudo criterioso: EPIs auditivos", publicado na Revista PROTEÇÃO (n. 102: 66-75, 2000) analisamos os métodos do que eufemisticamente se denominam de "escolha adequada de EPI auditivo". Na ocasião criticamos os critérios matemáticos, tão ao gosto atual, e agora novamente demonstraremos logo a seguir. e pelo qual se procede a uma escolha que definitivamente ignora o usuário do EPI, o trabalhador.

Mesmo que a informação da atenuação do EPI seja dada pelo NRR ou pelo NRR-SF, que se adotem fórmulas e percentuais fantasiosos de "correção" dos valores de atenuação (pelo que então os métodos de obtenção tanto do NRR como do NRR-SF não são tão científicos assim!), a falta do trabalhador no processo de escolha individual do EPI auditivo será sempre um fator de dúvida sobre a adequada proteção que o equipamento está a oferecer.

A falta de credibilidade da real e aproximada (ao menos) atenuação do EPI, quando escolhido através da simples matemática, é paradigmaticamente simbolizada pelo incrível e surreal resultado observado no cálculo final da atenuação de um EPI auditivo do tipo plugue pré-moldado, quando utilizado o NRR e a sua correção proposta pela NIOSH (*Criteria for a recommended standard*, june/1998). Demonstraremos que alguns resultados obtidos ampliam em vez de reduzir a intensidade do ruído quando protegemos o trabalhador, o que é um absurdo como veremos. A recomendação, e vejam que se trata de apenas uma recomendação, não uma determinação, da NIOSH é de retirar 70% do NRR informado pelo fabricante, quando o plugue é pré-moldado, e a OSHA (*Hearing Conservation Amendment*) exige que seja retirado 7 dB do NRR quando o nível de ruído é informado em dB(A), sendo o equivalente em dB(C) desconhecido.

Através destas fórmulas matemáticas um EPI tipo plugue pré-moldado que tenha o NRR de 21, ao ser retirado 70% ficará com 6.3, e com menos 7 dB existente na fórmula terá um NRR de (-) 0.7. Isso mesmo! *Menos* 0.7 !! Esse valor poderia significar que o trabalhador ao usar esse EPI estará sujeito a receber mais ruído com ele do que sem, o que obviamente é um absurdo.

Como a recomendação para o empregador adquirir o EPI adequado compete ao SESMT ou à CIPA, resta a incógnita: qual é o EPI auditivo adequado para cada trabalhador?

No já citado artigo, publicado na Revista PROTEÇÃO, apresentamos uma sistemática nova de escolha realmente individual do EPI (afinal o "I" significa isso mesmo: individual").

Por ela, o trabalhador passa por uma série de testes audiométricos em ambientes habitualmente encontrados em clínicas e/ou empresas, durante os quais a sua audição é analisada com e sem o EPI. Através de um *software* (EPI Plus) é conhecida a atenuação do EPI para o nível de ruído em que o trabalhador exerce suas funções.

Depois ocorre uma sessão de treinamento para o uso do EPI, que inclui noções de anatomia, fisiologia e patologia, explicadas em linguagem acessível e ilustrada com figuras. A motivação é inerente a esse processo pois o trabalhador não apenas acompanha seus testes audiométricos que lhe indicam o EPI adequado como observa o genuíno interesse na sua saúde e segurança no trabalho.

Pretendemos apresentar uma experiência na escolha individual adequada de EPIs auditivos de inserção, relacionando essa escolha com a análise audiométrica seqüencial.

A Experiência

Em uma empresa de grande porte (aproximadamente 1.200 trabalhadores) procede-se à escolha individual adequada de EPI auditivo conforme o método acima apresentado.

A empresa, antes do início dos trabalhos de escolha individual, fornecia aos trabalhadores EPIs tipo plugues confeccionados em silicone tamanho único (NRR-21), em espuma moldável (NRR-29), espuma pré-moldada (NRR-24) e em copolímeros (NRR-21). A escolha de qual o EPI utilizar ficava por conta do trabalhador.

Uma avaliação do tempo de vida útil do EPI, apresentada no nosso artigo "A Deterioração de EPIs Auditivos de Inserção", publicada na Revista CIPA 262: 40-47, 2000, possibilitou que se definissem quais os EPIs que seriam utilizados no processo de escolha individual.

Devido ao longo tempo de vida útil (no artigo, com mais de 6 meses sem deterioração), EPIs confeccionados em silicone foram preferidos aos demais produtos.

Entre os EPIs de silicone, estabeleceu-se que seriam testados os tamanhos pequenos, médios e grandes, sendo que como tamanho médio optou-se pelo modelo "plus", que oferece mais conforto.

Esse trabalho de escolha está ocorrendo na empresa há 1 ano e 4 meses, razão pela qual nem todos os trabalhadores tiveram oportunidade de realizar a escolha correta. Desta forma, os trabalhadores que participaram do processo de escolha passaram a utilizar apenas o EPI de silicone, no tamanho definido pelo *software*. Os trabalhadores que ainda não passaram pelo processo continuam a usar o EPI que optaram, que pode até mesmo incluir o confeccionado em silicone, mas sem que o tamanho tenha sido estabelecido.

É importante salientar que todos os EPIs têm sua adequação matemática ao ruído a que o trabalhador está exposto. Essa adequação foi realizada através do método recomendado pela OSHA, no Apêndice B, para quando o nível de exposição ao ruído é conhecido em dB(A):

Ouvido protegido = Nível de exposição ao ruído (em dB(A) — [NRR — 7].

Não se efetuou nenhuma correção matemática como a proposta pela NIOSH (no caso, de retirar 70% do NRR dos plugues pré-moldados) pois essa correção leva a resultados negativos e sem sentido. Senão vejamos:

Ouvido protegido = Nível de exposição ao ruído (em dB(A) — [(NRR — 70%) — 7].

Como exemplo prático desta "correção" sugerida, observe-se que um plugue com NRR de 21 oferecerá uma atenuação negativa de 0,7. Ou seja, teoricamente, o trabalhador com o uso do EPI tem proteção pior do que sem ele.

Independente da escolha ou não do EPI auditivo adequado, todos os trabalhadores utilizam o equipamento, havendo uma auditoria mensal realizada pelos técnicos de segurança do trabalho nas áreas produtivas. Essa auditoria comprova o uso em 100% dos casos em praticamente todos os setores, e também avalia o uso adequado. Também, todos os trabalhadores participam de sessões anuais de treinamento para o uso dos EPIs.

No ano de 2000 foram realizados, através de fonoaudióloga, os testes audiométricos periódicos, efetuados para 1.019 trabalhadores. Estes testes foram analisados seqüencialmente através de *software* de gerenciamento dos dados audiométricos.

O critério adotado pelo *software* para a análise seqüencial foi o estabelecido pela Portaria n. 19 de 9.4.1998:

4.2.2. São considerados, também, sugestivos de desencadeamento de perda auditiva induzida por níveis de pressão sonora elevados, os casos em que apenas o exame audiométrico de referência apresenta limiares auditivos em todas as freqüências testadas menores ou iguais a 25dB(NA), e a comparação do audiograma seqüencial com o de referência mostra uma evolução dentro dos moldes definidos no item 2.1 desta norma, e preenche um dos critérios abaixo:

a. a diferença entre as médias aritméticas dos limiares auditivos no grupo de freqüência de 3.000, 4.000 e 6.000 Hz iguala ou ultrapassa 10dB(NA);

b. a piora em pelo menos uma das freqüências de 3.000, 4.000 ou 6.000 Hz iguala ou ultrapassa 15 dB(NA).

4.2.3. São considerados sugestivos de agravamento da perda auditiva induzida por níveis de pressão sonora elevados, os casos já confirmados em exame audiométrico de referência, conforme item 4.1.2, e nos quais a comparação de exame audiométrico seqüencial com o de referência mostra uma evolução dentro dos moldes definidos no item 2.1 desta norma, e preenche um dos critérios abaixo:

a. a diferença entre as médias aritméticas dos limiares auditivos no grupo de freqüência de 500, 1000, e 2.000 Hz, ou no grupo de freqüências de 3.000, 4.000 e 6.000 Hz iguala ou ultrapassa 10dB(NA);

b. a piora em uma freqüência isolada iguala ou ultrapassa 15 dB(Na).

Os casos considerados como desencadeamento e/ou agravamento foram retestados, conforme exigência da Portaria n. 19:

4.2.4. Para fins desta norma técnica, o exame audiométrico de referência permanece o mesmo até o momento em que algum dos exames audiométricos seqüenciais preencher algum dos critérios apresentados em 4.2.1, 4.2.2 ou 4.2.3. Uma vez preenchido algum destes critérios, deve-se realizar um novo exame audiométrico, dentro dos moldes previstos no item 3.6.1 desta norma técnica, que será, a partir de então, o novo exame audiométrico de referência.

Os exames anteriores passam a constituir o histórico evolutivo da audição do trabalhador.

Dos 1.019 testes, após o reteste, identificaram-se 32 (3.1%) casos de desencadeamento, definidos como trabalhadores que não apresentavam perda auditiva antes de 2001 e que a apresentam agora, e 47 (4.6%) casos de agravamento.

Dos 1.019 trabalhadores testados audiometricamente, 483 (47.4%) passaram pelo processo de escolha individual do EPI, enquanto que 536 (52.6%) ainda não participaram.

Dos 32 casos de desencadeamento, 29 (91%) não participaram do processo de escolha, enquanto que apenas 3 (9%) tiveram o EPI escolhido.

Dos 47 casos de agravamento, 39 (83%) não participaram do processo de escolha, enquanto que 8 (17%) tiveram o EPI escolhido.

Considerando-se dois grupos, um formado por trabalhadores que participaram do processo de escolha de EPI e outro pelos que não participaram, pode-se observar na Tabela 1 que:

TABELA 1

ESCOLHA DE EPI	DESENCADEAMENTO	AGRAVAMENTO
SIM (483 = 47.4%)	3 (0.6%)	8 (1.6%)
NÃO (536 = 52.6%)	29 (5.4%)	39 (7.3%)

• Quanto aos desencadeamentos: no grupo dos participantes (483 indivíduos = 47,4%) ocorreram 3 (0,6%) enquanto que no grupo dos não-participantes (536 = 52,6%) ocorreram 29 (5,4%).

• Quanto aos agravamentos: no grupo dos participantes ocorreram 8 (1,6%) e no grupo dos não-participantes 39 (7,3%).

Para análise de significância estatística dos resultados utilizou-se o teste de significância estatística não-paramétrico do qui-quadrado (c^2) e de Kruskall-Wallis (H), com nível de significância de 0,05 (P = 0,05).

O desencadeamento e agravamento no grupo dos trabalhadores não-participantes mostraram diferenças estatisticamente significativas em ambos os testes.

Comentários

A efetividade de um PCA pode ser avaliada em termos das perdas auditivas prevenidas. Essas são identificadas através do monitoramento audiométrico. Cada audiograma é um marco da efetividade da prevenção para um trabalhador, sendo analisado de forma individual.

Para que o audiograma tenha valor, sua confiabilidade precisa ser verificada. A melhor maneira de verificar a confiabilidade do audiograma é comparar imediatamente os limiares auditivos obtidos com aqueles que constituem a série histórica do mesmo trabalhador. Qualquer alteração evidenciada justifica a necessidade de um reteste.

Para avaliar a efetividade de um PCA, do ponto de vista programático, é necessário contar com um método de avaliação que possa monitorar a tendência auditiva da população envolvida, e assim indicar se o programa é efetivo antes que muitas alterações individuais ocorram.

Essa avaliação tem dois componentes:

O primeiro avalia a integridade interna dos dados audiométricos. Esta integridade é estabelecida por um método definido pela Draft ANSI S12.13-1991: "Evaluating the Effectiveness of Hearing Conservation Programs" [ANSI 1991]. Este padrão é baseado na assunção de que a variabilidade ano-a-ano dos limiares auditivos de uma população reflete a adequação do monitoramento audiométrico. Alta variabilidade em limiares seqüenciais é vista como um indicativo de inadequados controles de testes audiométricos, diferenças na calibração de audiômetros, realização em ambientes distintos ou outras variáveis. Baixa variabilidade em limiares seqüenciais é vista como um indicativo de programas bem-controlados, que produzem resultados que podem ser considerados como confiáveis.

O segundo componente do programa de avaliação envolve a comparação de taxas de alteração de limiares entre trabalhadores expostos ao ruído ocupacional com pessoas não expostas. *Melnick* (1984) avaliou a eficácia de diferentes métodos de avaliação. Entre os métodos avaliados para comprovar a eficácia do PCA está o que adota como base o percentual de trabalhadores que mostram alteração do limiar auditivo. Idealmente, o critério de percentagem deveria ser baseado em um grupo controle (trabalhadores não expostos ao ruído), de preferência na mesma empresa. Por esse critério percentual, alguns investigadores admitem a possibilidade de um percentual entre 3-6% (*Morrill* 1981), ou 5% (*Franks et al.* 1989; *Simpson et al.* 1994). Quando os percentuais excedem esses valores o PCA pode ser considerado como deficiente.

Os resultados obtidos comprovam que o grupo de trabalhadores que participou da escolha individual do EPI auditivo mostra índices percentuais menores de desencadeamento e/ou agravamento de perda auditiva, estatisticamente significativos quando comparados com o grupo dos não-participantes.

Os trabalhadores constantes do grupo que não teve o EPI escolhido individualmente mostraram percentuais de desencadeamento (5,9%) e de agravamento (7,3%) que podem significar um PCA para eles inadequado.

Os trabalhadores constantes do grupo que teve o EPI escolhido individualmente mostraram percentuais de desencadeamento (0,6%) e de agravamento (1,6%) que podem significar um PCA para eles plenamente adequado.

Todos os trabalhadores utilizam EPIs auditivos matematicamente "adequados" para os níveis de exposição ao ruído, uso comprovado pela auditoria mensal realizada, assim como todos participam de sessões anuais de treinamento para o uso dos EPIs.

O que basicamente distingue um grupo do outro é a escolha individual do EPI auditivo.

No momento em que esse artigo era escrito apenas se tinha a identificação dos casos de desencadeamento e/ou agravamento, sem que se tivesse realizado um trabalho de análise de cada caso. Esta atividade, quando realizada, irá eventualmente proporcionar informações detalhadas sobre a possível relação entre a perda e a exposição ao ruído ocupacional. Assim, pode-se agora apenas afirmar que existem os percentuais de desencadeamento e/ou agravamento observados, mas não podemos afirmar se eles são ou não causados pela exposição ao ruído ocupacional.

De qualquer forma, nossos achados comprovam que não basta fornecer o equipamento para que o trabalhador o utilize. É necessário que o mesmo seja adequado ao indivíduo e ao nível de ruído em que ele trabalha. Ainda, são fundamentais o treinamento individual e a motivação para o uso.

Os resultados obtidos mostram que a prática de permitir ao trabalhador a escolha do EPI que usará não é correta, pois o desconhecimento da atenuação oferecida pelo equipamento faz com que o critério de escolha por parte do trabalhador seja apenas o conforto.

A prática de "escolher" o EPI baseando-se apenas nos valores de atenuação fornecidos pelos fabricantes também é insatisfatória. O NRR, e agora o seu proposto sucessor, o NRR-SF, são números de laboratórios que mostram grandes divergências com os valores de atenuação obtidos no mundo real. As causas variam desde procedimentos incorretos de colocação, escolhas equivocadas de tamanhos até atenuações distintas para exposições a ruídos com preponderâncias de freqüências altas e/ou baixas.

A "escolha" do EPI através dos cálculos matemáticos é uma atividade simplificatória que pretende mostrar uma "realidade" irreal. Sintomaticamente, uma questão que sempre é perguntada por ocasião de cursos e/ou palestras em que mostramos a técnica da escolha individual do EPI auditivos é: ".... mas isso é feito para cada empregado?" O tom de surpresa da pergunta mostra como uma prática equivocada se perpetua sem questionamento. Ou seja: a dificuldade em assumir que o EPI é um Equipamento de Proteção *Individual* e como tal deve ser administrado.

A nossa resposta é sempre a mesma: "E não se fazem testes audiométricos para cada empregado, ou exames radiológicos, ou quaisquer outros exames médicos que são necessários? Porque botas são distribuídas conforme o número que calça o trabalhador, e não em tamanho único ou médio?"

A duração do teste de escolha individual (aproximadamente 15 minutos) e os benefícios que ele produz não justificam a manutenção de práticas matemáticas para "escolher" EPIs que serão usados pelos trabalhadores. Também os achados deste trabalho, assim como as vantagens para empresas e trabalhadores da escolha realmente individual, desautorizam na prática os cálculos baseados em NRRs, NRRs-SF e correções conforme NIOSH.

A "adequação" do EPI obtida por meio de qualquer cálculo matemático é uma presunção otimista, que poderá não se comprovar na prática, e que não possibilita qualquer correção posterior, pois a perda auditiva já se instalou e/ou agravou-se.

O trabalho que fazemos de escolher o EPI auditivo é uma atividade que considera o trabalhador como um indivíduo, e não apenas como um percentual que poderá receber o benefício de uma ciência desacreditada, haja vista as correções propostas e agora o NRR-SF, que cautelosamente informa ser possível que 84% dos trabalhadores se beneficiem da atenuação informada, o que significa que 16% assumidamente terão chances de perder a audição.

O método por nós proposto não é um procedimento para avaliar a atenuação de um determinado EPI com finalidades de indicação de NRR ou NRR-SF para obtenção de CA, nem uma atividade que pretende competir com laboratórios credenciados para avaliações comerciais de produtos através de grupos de ouvintes, mas de uma prática que informa a atenuação do equipamento para o indivíduo.

Pelo contrário, é um método bem definido por *Alice Suter* no *Hearing Conservation Manual*, quando preconiza a determinação da atenuação individual em cabina audiométrica (método apresentado na p. 45).

A DETERIORAÇÃO DE EPIs AUDITIVOS DE INSERÇÃO

Airton Kwitko
Ana Lucia Braga Silveira
Débora A. Salami
Alessandra Pedroso Martins
Rosane da Cunha Fagundes

Introdução

Equipamentos de proteção auditiva (EPIs) podem oferecer grande benefício ao trabalhador exposto ao ruído ocupacional. Isto é especialmente verdade quando, atualmente, uma variedade de EPIs foram melhorados, resultando num maior conforto e efetividade.

Como todo equipamento, existem alguns aspectos que precisam ser bem entendidos e resolvidos para que o benefício persista. Atenção deve ser dada à atenuação, uso e inserção, conforto, compatibilidade com outros equipamentos e reposição.

A reposição de EPIs é inclusive uma exigência legal. A Norma Regulamentadora n. 9, do Ministério do Trabalho e Emprego, no item 9.3.5.5, que trata da utilização de EPI, diz na alínea *c*, que a empresa deverá ter o "estabelecimento de normas ou procedimentos para promover o fornecimento, o uso, a guarda, a higienização, a conservação, a manutenção e a reposição do EPI, visando a garantir as condições de proteção originalmente estabelecidas".

Há vasta bibliografia sobre as características dos EPIs, especialmente sobre sua atenuação[1, 8]. Entretanto, pouco é abordado na literatura sobre "reposição", especialmente aquela motivada pelo desgaste do equipamento.

Suter[9, 10] assim escreve sobre o desgaste: "Desgaste e deformação são normais na vida de todo EPI auditivo. *Plugues* de espuma podem ser reutilizados algumas vezes se são lavados ou mantidos limpos, mas quando eles não se expandem até seu formato original, é tempo de jogá-los fora. *Plugues* pré-moldados podem encolher e endurecer devido ao desgaste normal. Exposição ao cerúmen do ouvido pode também causar perda do seu tamanho original. O processo de deterioração pode ocorrer com um ou dois meses ou o EPI pode durar mais tempo. É boa prática verificar os plugues regularmente, não só para observar o uso correto, mas também a deterioração".

Berger[11], ao abordar as causas de falha de atenuação do EPI no mundo real de sua utilização, diz: "Quando um EPI é adequadamente escolhido e cuidadosamente colocado e ajustado para um desempenho ótimo em indivíduos de laboratório de testes, o vazamento aéreo pode ser minimizado... No mundo real do ambiente ocupacional, isto usualmente não é realidade, e o vazamento aéreo freqüentemente domina. Isto ocorre quando os plugues não vedam adequadamente o canal auditivo... Entre as causas de pobre vedação temos: deterioração: mesmo quando adequadamente usado, o EPI se deteriora. Alguns pré-moldados encolhem ou endurecem quando expostos continuamente ao cerúmen do ouvido e à transpiração. Isto pode ocorrer num espaço de três semanas. Flanges podem romper-se. ... Assim, é importante inspecionar os EPIs regularmente. Isto pode ocorrer entre 2 a 12 vezes por ano, dependendo do EPI que é utilizado".

Ainda *Berger*[12], ao abordar o desempenho dos EPIs no mundo real, cita os fatores que frequentemente comprometem o desempenho dos mesmos. Entre eles, a deterioração, que recebe apenas a citação de que "nenhum EPI é permanente ou livre de manutenção. Eles precisam ser inspecionados ao menos 2 vezes por ano, e substituídos ou consertados quando necessário".

Apesar da importância do conhecimento da deterioração dos EPIs, as dificuldades de avaliação deste efeito devem-se ao grande número de variáveis que interferem no tempo de vida útil do equipamento. Além do cerúmen e transpiração, também o calor, graxas, poeiras e a maior ou menor necessidade de manipulação têm influência variável para cada EPI, pois eles são elaborados com materiais diversos, como por exemplo:

• Silicone: POMP.

• Vinil: AS 1/30 (Howard Leight)

• Espuma de vinil: EAR plug (Aearo)

- Espuma de poliuretano: Quiet (Howard Leight)
- Elastômero termoplástico: Ultrafit (Aearo)
- Espuma: plug 3M

A presente pesquisa identifica a deterioração de três tipos de EPIs auditivos, utilizados por empregados de uma empresa metalúrgica: de silicone grau farmacêutico tamanho único (POMP modelo Plus), espuma de poliuretano (Quiet modelo QD1) e espuma moldável (plug 3M modelo 1110). O método utilizado foi a estimativa da atenuação proporcionada por EPIs novos e com diversos tempos de uso.

Metodologia

1. Desenvolvimento de método para estimar a atenuação do EPI auditivo

A atenuação proporcionada pelos EPIs é avaliada habitualmente através do *Noise Reduction Rating*, conhecido como NRR. É um teste de laboratório, estabelecido por um padrão da ANSI, cuja última versão é a ANSI S12.6-1984[13]. Recentemente desenvolveu-se um novo método de avaliação da atenuação do EPI, descrito na ANSI S12.6-1997[14], que informará o NRR-SF de *subject fit*.

Devido à complexidade dos cálculos, a necessidade de um grande número de indivíduos testados e de um sofisticado ambiente e equipamentos para conhecer-se o NRR ou o NRR-SF, através dos métodos baseados nas metodologias preconizadas pelas ANSI S12.6-1984 ou ANSI S12.6-1997, desenvolvemos uma sistemática adaptada de trabalhos de *Kevin Michael*[15][16], que adapta esta norma para utilização em ambientes audiométricos convencionais, habitualmente encontrados em clínicas e empresas.

A Figura 1 mostra a Tabela como é exigida pela ANSI S12.6-1984, preenchida com valores de atenuação de um EPI fictício. Para o desenvolvimento da sistemática a ser adotada neste estudo, nesta tabela:

- as freqüências de 125 e 8000 Hz foram suprimidas, por se tratarem de freqüências extremas, e que podem mostrar limiares pouco confiáveis;

- as linhas de "1" a "5" foram suprimidas e substituídas por um único número, representativo do nível de exposição ao ruído do indivíduo que terá o seu EPI testado;

- a linha "7" foi suprimida, pois não trataremos mais de médias e sim da atenuação de um EPI para um indivíduo.

- na linha "9" a dedução de "3" foi suprimida pois este valor representa o fator de incerteza utilizado para proteger contra a superestimativa do EPI na redução do ruído, e que poderia originar-se de possíveis diferenças entre o espectro assumido e o que é observado na exposição real do indivíduo.

A nova tabela desenvolvida mostra, para um determinado nível de exposição ao ruído, medido em dB(A), os valores de atenuação do EPI avaliado (medidos em dBNA), e indica o nível de exposição ao ruído com o EPI (em dB(A)). O valor da atenuação é expresso por um índice, denominado de IKAP (Índice Kwitko de Atenuação Pessoal), resultado da equação:

IKAP = Nível de ruído no ambiente laboral (dB(A) — Nível de exposição ao ruído com EPI (dB(A).

A tabela desenvolvida, denominada de EPI-*Plus*, é apresentada na Figura 2.

TABELA 1. Determinação do NRR segundo a ANSI S12.6-1984

	Frequências em bandas de oitava	125	250	500	1000	2000	4000	8000	dB(X)
1	Nível de pressão sonora	100.0	100.0	100.0	100.0	100.0	100.0	100.0	
2	Correção ponderação C	-0.2	0.0	0.0	0.0	-0.2	-0.8	-3.0	
3	Nível de pressão sonora C-ponderado	99.8	100.0	100.0	100.0	99.8	99.2	97.0	108.0 dB(C)
4	Correção ponderação A	-16.1	-8.6	-3.2	0.0	1.2	1.0	-1.1	
5	Nível de pressão sonora A-ponderado (passo 1 – 4)	83.9	91.4	96.8	100.0	101.2	101.0	98.9	
6	Atenuação do EPI	27.4	26.6	27.5	27.0	32.0	46.0	44.2	
7	Desvio Padrão X 2	7.8	8.4	9.4	6.8	8.8	7.3	12.8	
8	Nível de pressão sonora A-ponderada de proteção estimada	64.3	73.2	78.7	79.8	78.0	62.3	67.5	84.2 dB (A)
9	NRR = passo 3 - passo 8 – 3 NRR = 108.0 - 84.2 -3 = 20.8 = **21**								

TABELA 2. Determinação do IKAP

IKAP - Índice Kwitko de Atenuação Pessoal						
Freqüências	250 Hz	500 Hz	1000 Hz	2000 Hz	4000 Hz	Total
Nível de ruído no ambiente laboral (dB):						80,0
Atenuação do EPI (dB):	25	25	25	30	45	
Nível de exposição ao ruído com EPI (dBA):						51,9
IKAP - Índice Kwitko de Atenuação Pessoal						28,1

2. Características da empresa em que os EPIs foram utilizados

Trata-se de empresa metalúrgica de Cachoeirinha, RS, que possui 450 empregados. O horário de trabalho é de 9 horas e 30 minutos/dia, de segunda a sexta-feira.

Desta empresa foi escolhido um setor que apresenta como risco principal o ruído.

3. EPIs auditivos escolhidos para a pesquisa

Testaram-se 3 tipos de plugues, já habitualmente usados pelos empregados. Foram eles:

• POMP-Plus, da POMP — plugue pré-moldado confeccionado em silicone grau farmacêutico; NRR de 21.

• Quiet modelo QD1, da Howard Leight — plugue pré-moldado confeccionado em espuma de uretano; NRR de 26.

• Modelo 1110, da 3M — plugue moldável de espuma; NRR de 29.

Modelo 1110, da 3M   Quiet modelo QD1   POMP-Plus, da POMP

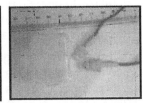

Os empregados foram informados de que estariam participando de uma pesquisa e qual a finalidade da mesma. O técnico de segurança da empresa enfatizou a necessidade de um uso constante e adequado, para que os EPIs fossem ao final de cada tempo de avaliação realmente representativos de uma manipulação efetiva.

4. Tempo de uso dos EPIs auditivos escolhidos para a pesquisa

A unidade convencionada como de "tempo de uso" (T.U) foi a semana de trabalho, constituída de 5 dias.

De cada um destes EPIs foram recolhidos 5 (cinco) pares de amostras, aleatoriamente entre os empregados usuários, com os seguintes T.U. do:

- POMP: 8, 16 e 24.
- Quiet: 2, 4 e 6.
- 3M: 1 e 2.

5. Estimativa da atenuação de cada amostra

Os testes audiométricos realizados com cada EPI foram conduzidos por fonoaudiólogas, treinadas para escolha de EPIs auditivos em trabalhadores. Uma profissional foi durante toda a pesquisa o "sujeito", na qual os EPIs foram testados.

A atenuação do EPI foi estabelecida através de testes audiométricos realizados pela via aérea, sendo o estímulo apresentado através dos fones convencionais que acompanham o audiômetro. Utilizou-se um audiômetro Damplex DA-64, calibrado conforme a ANSI S3.6-1969, e uma cabina acústica cujos padrões ajustam-se à ANSI S3.1-1991.

O teste consistiu em determinar os limiares auditivos com e sem o EPI utilizado pelo sujeito em freqüências de 250 a 4000 Hz. A diferença entre os limiares em cada freqüência é a atenuação oferecida pelo EPI para aquela orelha daquele indivíduo.

Uma fonoaudióloga foi, durante todos os procedimentos, escolhida como "indivíduo" da pesquisa. O critério de escolha desta profissional foi a capacidade de mostrar sempre em um ouvido, e para todos os EPIs testados, resultados de atenuação semelhantes para os EPIs denominados de "novos".

A atenuação é informada pelo EPI-Plus, juntamente com o IKAP. Para esta finalidade de estabelecer comparações entre EPIs, os valores do IKAP independem do nível de ruído que é informado ao EPI-*Plus*.

Para cada grupo de 10 EPIs de determinado tipo e tempo de uso, foi calculada uma mediana e um desvio padrão.

Resultados

As tabelas 3 a 5 e os gráficos 1 a 3 mostram os resultados das atenuações observadas com cada grupo de EPIs, e respectivas medianas e desvios padrão.

Os EPIs "novos" mostraram uma média de atenuação de 29.5 dB, com um d.p. de 0.3.

TABELA 3. EPI: 3M modelo 1110

EPI: 3M 1110		
TEMPO DE USO	MEDIANA	D.P.
NOVO	29.1	2.8
1 SEMANA	30.3	4.5
2 SEMANAS	18.3	2.9

TABELA 4. EPI: QUIET modelo QD1

EPI: QUIET		
TEMPO DE USO	MEDIANA	D.P.
NOVO	29.6	6.9
2 SEMANAS	29.4	7.3
4 SEMANAS	26.0	2.9
8 SEMANAS	6.9	7.2

TABELA 5. EPI: POMP PLUS

| EPI: POMP PLUS |||
TEMPO DE USO	MEDIANA	D.P.
NOVO	29.8	4.1
8 SEMANAS	29.7	4.3
16 SEMANAS	27.4	5.6
24 SEMANAS	28,3	4,8

GRÁFICO 1. EPI: 3M modelo 1110

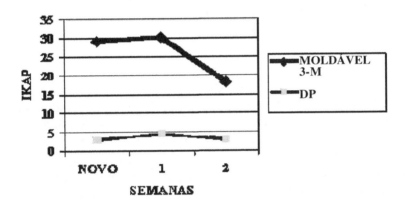

GRÁFICO 2. EPI: QUIET modelo QD1

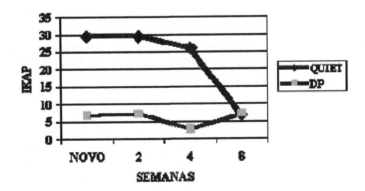

GRÁFICO 3. EPI: POMP PLUS

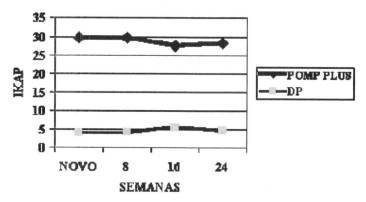

Discussão

O cuidado que se deve ter ao realizar os testes é de que os fones não toquem no EPI. Mesmo que isso aconteça, os resultados observados na atenuação sempre serão ruins, com o que esta preocupação deixa de existir como um fator que desqualifique o teste.

As tabelas 3 a 5 e os gráficos 1 a 3 mostram que todos os EPIs proporcionaram ao sujeito da pesquisa, enquanto novos, uma atenuação muito semelhante, com 29.5 dB na média, d.p. de 0.3. Esses resultados de atenuação semelhantes no início da pesquisa confirmam que os resultados subseqüentes deveram-se à deterioração dos EPIs e não a um viés de colocação.

É enfatizado que o sujeito da pesquisa foi uma fonoaudióloga, treinada para escolha de EPIs auditivos, e que colocou os EPIs de uma forma adequada. Por isso os valores de atenuação dos EPIs novos foram elevados. Também, estes elevados valores de atenuação devem-se ao fato de que o IKAP, obtido pela planilha desenvolvida, exclui os desvios padrão e a dedução de 3 dB.

• *3M, modelo 1110 — plugue moldável*

Na primeira semana não mostrou diferenças significativas de atenuação. Ao final da segunda semana (10 dias úteis de trabalho) a atenuação foi bem menor (18 dB(A)). Esta diminuição de atenuação deve ser contextualizada em função dos níveis de exposição ao ruído observados. Para uma exposição com ouvido protegido que se queira entre 75-80 dB(A), poderia haver uma exposição ao ruído entre 93 e 98 dB(A). Ou seja:

Novamente, é preciso deixar claro que o teste foi efetuado com um sujeito experiente. Isso significa que nem todos os empregados poderão receber do EPI, aos 10 dias de uso, atenuação adequada.

A observação física dos EPIs não acompanhou os achados audiométricos. No conjunto, os EPIs estavam em bom estado.

• Quiet modelo QD1 da Howard Leight — plugue pré-moldado confeccionado em espuma de uretano

Nas primeiras 2 semanas de uso não ocorreram diferenças significativas na atenuação. Após 4 semanas a diminuição de atenuação não foi significativa, mas após 8 semanas os EPIs testados mostraram acentuadas diminuições da atenuação. Para os 7 dB(A) de atenuação observados após 8 semanas, a exposição ao ruído poderia estar entre 82 e 87 dB(A).

A observação física dos EPIs acompanhou os achados audiométricos. Com o tempo de uso os EPIs mostraram-se mais rígidos e com menor volume (Imagem 1)

IMAGEM 1: MODIFICAÇÃO FÍSICA DO EPI

• POMP-Plus, da POMP — plugue pré-moldado confeccionado em silicone grau farmacêutico

Até o final do 24ª semana, a atenuação manteve-se semelhante ao equipamento novo. Este achado não é surpreendente pois o silicone grau farmacêutico, produzido conforme as mesmas normas de fabricação de insumos médicos, tem apresentado historicamente durabilidade de vários anos, a exemplo de sondas, catéteres e outros implantes, sem sofrer deformação ou deterioração.

Inexistem padrões internacionais definidos para este método que utilizamos de avaliar a deterioração do EPI auditivo em cabines audiométricas, e com fones convencionais. O método proposto não é um procedimento para avaliar a atenuação de um determinado EPI com finalidades de indicação de NRR ou NRR-SF para obtenção de CA, nem uma atividade que pretende competir com laboratórios credenciados para avaliações comerciais de produtos através de grupos de ouvintes, mas de uma prática que informa a atenuação do equipamento para o indivíduo.

Franks[17], pesquisador da NIOSH, avaliou métodos alternativos de medir o desempenho de EPIs auditivos. No estudo comparou os resultados de uma sistemática como a acima preconizada, sugerida por *Kevin Michael* e por nós modificada e utilizada, e a oriunda de teste através da ANSI S12.6-1997. Os resultados de seu trabalho sugerem que ambos os métodos oferecem resultados semelhantes.

Também *Suter*[18] preconiza a determinação da atenuação individual em cabine audiométrica, alertando que "se bem que este procedimento possa não ser exatamente como o teste de laboratório, oferece tanto ao encarregado pela proteção como ao trabalhador uma boa idéia de quanto o indivíduo está recebendo de proteção pelos plugues utilizados".

Ainda, *Sataloff* & *Sataloff*[19] afirmam que "algumas empresas rotineiramente conduzem um teste auditivo após os plugues terem sido colocados, e comparam estes resultados com os obtidos sem os plugues. Este *fit test* fornece uma idéia da atenuação obtida mas o procedimento não é científico e está sendo investigado para determinar se um simples teste de freqüências oferecerá suficiente informação para este procedimento".

Conclusões

1. O método desenvolvido possibilita, através de uma prática simples, pouco onerosa e habitualmente encontrada em serviços médicos e empresas, determinar o tempo de vida útil dos EPIs auditivos utilizados.

2. Por esta técnica, pode-se estimar a deterioração setorizada, ou seja, saber para um determinado setor ou função, em que ocorra dife-

rentemente a interferência de calor, graxas, poeiras, químicos, etc., qual o tempo de vida útil do EPI para este setor/função.

3. Minimiza-se o risco de trabalhadores desenvolverem e/ou agravarem perda auditiva induzida pela exposição ao ruído ocupacional, causada pela deterioração de um EPI que pensava-se estar sendo eficiente, quando na verdade ao longo do tempo sua eficiência estava sendo comprometida pelo desgaste.

4. É possível contribuir para uma distribuição mais racional dos EPIs, minimizando a entrega em abundância ou apressando a reposição. As implicações econômicas para a empresa são evidentes.

5. Também é possível fazer uma estimativa do custo real do EPI em função do tempo de duração. A tabela abaixo relaciona o custo de cada EPI testado com o tempo de vida útil observado.

EPI	CUSTO EM R$: (*)	TEMPO DE DURAÇÃO	CUSTO ANUAL	CUSTO MENSAL
POMP-Plus, da POMP	1,80	24 SEMANAS (**)	3,60	0,30
Quiet modelo QD1 da Howard Leight	1,50	4 SEMANAS	18,00	1,50
3M modelo 1110	0,30	2 SEMANAS	16,50	1,37

(*) Valores aproximados.
(**) Este tempo de duração compreende a extensão da nossa pesquisa, já que este modelo de EPI, confeccionado em silicone grau farmacêutico, pode ter uma durabilidade ainda maior.

6. A inspeção periódica dos EPIs, como preconizada por *Suter* e *Berger*, não fornece dados para que se estime a eficiência do equipamento. Apesar do aspecto físico de alguns EPIs com diversos tempos de uso poder sugerir uma deterioração, não há como estimar a falta de eficiência do equipamento apenas na inspeção visual.

7. O método de estimar a deterioração dos EPIs pode oferecer para a empresa subsídios que dêem respaldo a eventuais contestações de perícias, que estimam o tempo de vida útil de EPIs sem embasamento técnico algum.

Referências Bibliográficas

1. ABDELBAKI, A. A. (1986). *Efficiency of Ear Plugs as Ear Protector.* XVIII Int. Congr. of Audiology, Prague, Czechoslovakia, abstracts, p. 1.

2. ABEL, S. M. (1986). *Noise-Induced Hearing Loss and Hearing Protective Devices.* Can. J. Pub. Health 77, Suppl. 1, May/June, 104-107.

3. ABEL, S. M. and ALBERTI, P. W. (1988). *The Attenuation of Hearing Protectors in Relation to Design and Fit.* Final Report for Ontario Ministry of Labour Grant #176/R, Dept. of Otolaryngology, Mount Sinai Hospital, Toronto, Canada.

4. ALBERTI, P. W. and RIKO, K. (1984). *The Otolaryngologist and Hearing Protectors.* Otolaryngol. Clin. North Am. 17(4), 633-640.

5. ALVAREZ, A. and BENITEZ, M. J. (1986). *Progression of Noise Induced Hearing Loss in Workers with Ear Protection.* XVIII Int. Congr. of Audiology, Prague, Czechoslovakia, abstracts, p. 5.

6. ANON. (1999). *The Complete Guide to Personal Protective Equipment — Hearing Protection.* Occup. Hazards 61(1), p. 49 and 62-63.

7. BACKSHALL, D. T.; MORGAN, G. R. and SPARKES, J. S. (1993). *A Study of Attenuation of Hearing Protectors in the Workplace.* ESR Environmental, MESC Report S93-146, Mt. Eden, New Zealand.

8. BARRY, J. P. (1997). *How Should We Measure Hearing Protector Attenuation?* J. Acoust. Soc. Am. 101(5), Pt. 2, p. 3102.

9. SUTER, A. H. (1999). *Hearing protectors: five trouble-shootin tips.* Job Health Highlights, Vol. 19 #4.

10. SUTER, A. H. (1993). *Hearing Conservation Manual, Third Edition, Council for Accreditation in Occupational Hearing Conservation,* Milwaukee,WI, p. 89.

11. BERGER, E. H. (1980). *EARLog #5 — Hearing Protector Performance: How They Work — And — What Goes Wrong in the Real World.* Sound and Vibration 14(10), 14-17.

12. BERGER, E. H. (1986). "Hearing Protection Devices", *in Noise & Hearing Conservation Manual, 4th edition,* edited by *E. H. Berger, W. D. Ward, J. C. Morrill, and L. H. Royster,* Am. Ind. Hyg. Assoc., Fairfax, VA, 319-381.

13. ANSI (1984). *Method for the Measurement of the Real-Ear Attenuation of Hearing Protectors.* American National Standards Institute, S12.6-1984, New York, NY.

14. ANSI (1997). *Methods for Measuring the Real-Ear Attenuation of Hearing Protectors.* American National Standards Institute, S12.6-1997, New York, NY.

15. MICHAEL, K (1998). *Comprehensive use of hearing protectors: Integration of training, field monitoring, communication and documentation.* Proceedings da 23º Conferência da National Hearing Conservation Association.

16. MICHAEL, K (1999). *Hearing protector attenuation measurement on the end user: a case study.* Proceedings da 24º Conferência da National Hearing Conservation Association.

17. FRANKS, J. R.; Harris, D. A .; JOHNSON, J. L.; MURPHY, W. J. (1999). *Alternative field methods of measuring hearing protector performance,* 1999 ARO MidWinter Meeting, Abstract #686, Date 2.16.99, Session R6, Poster (B186).

18. SUTER, A. H. (1986). "Hearing Conservation", *in Noise & Hearing Conservation Manual*, 4th edition, edited by *E. H. Berger, W. D. Ward, J. C. Morrill, and L. H. Royster*, Am. Ind. Hyg. Assoc., Akron, OH, 1-18.

19. SATALOFF, R. T.; SATALOFF, J. (1993). "Hearing Protectors", *in Occupational Hearing Loss*, 2th edition, Marcel Dekker Inc, capítulo 4, p. 439.

EPIs AUDITIVOS CONFECCIONADOS EM SILICONE GRAU FARMACÊUTICO: AVALIAÇÃO DA DURABILIDADE DURANTE UM ANO LINEAR DE USO

Airton Kwitko

Introdução

Equipamentos de proteção auditiva (EPIs) podem oferecer grande benefício ao trabalhador exposto ao ruído ocupacional. Entretanto, como em todo equipamento, existem alguns aspectos que precisam ser bem entendidos e resolvidos para que o benefício persista.

Atenção deve ser dada à atenuação, uso e inserção, conforto, compatibilidade com outros equipamentos e reposição.

Entre esses aspectos, a reposição é significativa pois mesmo que os outros dados sejam atendidos, como boa atenuação inicial proporcionada e mesmo que ocorra uso adequado e constante, se o equipamento não estiver em boas condições de uso, o trabalhador não usufruirá do mesmo todos os benefícios.

A reposição do EPI precisa ser feita e essa é inclusive uma exigência legal, expressa pela Norma Regulamentadora n. 9, do Ministério do Trabalho e Emprego, no item 9.3.5.5, que trata da utilização de EPI. Na alínea *c* é dito que a empresa deverá ter o "estabelecimento de normas ou procedimento para promover o fornecimento, o uso, a guarda, a higienização, a conservação, a manutenção e a *reposição do EPI*, visando a garantir as condições de proteção originalmente estabelecidas".

O tempo de reposição do EPI precisa tomar como parâmetro o período de vida útil do equipamento, pois, a partir desse conhecimento, se pode estimar quando deverá o EPI ser substituído por um novo, já que o anterior estará em condições de uso que não oferecem garantia de atenuação ao usuário.

Apesar da importância do conhecimento da deterioração dos EPIs, as dificuldades de avaliação deste efeito devem-se ao grande número de variáveis que interferem no tempo de vida útil do equipamento. Além do cerúmen e transpiração, também o calor, graxas, poeiras e a maior ou menor necessidade de manipulação têm influência variável para cada EPI, pois eles são elaborados com materiais diversos: vinil, espuma de vinil, espuma de poliuretano, elastômero termoplástico e silicone entre outros.

Em pesquisa publicada *Kwitko et cols*[1] mostraram que EPIs auditivos confeccionados em materiais diversos apresentaram diferentes tempos de vida útil.

Nessa pesquisa observou-se que os EPIs confeccionados em silicone no seu tipo "grau farmacêutico" apresentaram 24 semanas de uso sem qualquer deterioração, enquanto que EPIs de espuma apresentaram deterioração significativa já com 2 semanas (plugue moldável) e com 8 semanas (plugue pré-moldado em espuma de uretano).

Devido à ausência de deterioração dos EPIs em silicone na mencionada pesquisa, deu-se continuidade à avaliação com esses EPIs.

Pretendemos apresentar neste trabalho uma pesquisa com ênfase especial no tempo de vida útil do silicone, e os resultados da avaliação da deterioração de EPIs em silicone durante 48 semanas de uso, o que equivale a um ano linear.

Metodologia

1. **Utilização de método para estimar a atenuação do EPI auditivo**

A metodologia utilizada foi a mesma apresentada no trabalho publicado na referência 13: A utilização de uma tabela desenvolvida a partir de metodologias preconizadas pelas ANSI S12.6-1984 ou ANSI S12.6-1997, numa sistemática adaptada de trabalhos de *Kevin Michael*[2][3], que adequa esta norma para utilização em ambientes audiométricos convencionais, habitualmente encontrados em clínicas e empresas.

A nova tabela desenvolvida mostra para um determinado nível de exposição ao ruído, medido em dB(A), os valores de atenuação do EPI avaliado (medidos em dBNA), e indica o nível de exposição ao ruído com o EPI (em dB(A)). O valor da atenuação é expresso por um índice, denominado de IKAP (Índice Kwitko de Atenuação Pessoal), resultado da equação:

IKAP = Nível de ruído no ambiente laboral (dB(A) — Nível de exposição ao ruído com EPI (dB(A).

---
(1) As referências se encontram no final do capítulo, p. 79.

A tabela desenvolvida, denominada de EPI-*Plus*, é apresentada na Tabela 1.

IKAP - Índice Kwitko de Atenuação Pessoal						
Escala						
Freqüências	250 Hz	500 Hz	1000 Hz	2000 Hz	4000 Hz	Total
Nível de ruído no ambiente laboral (dB):						80,0
Atenuação do EPI (dB):	25	25	25	30	45	
Nível de exposição ao ruído com EPI (dBA):						51,9
IKAP - Índice Kwitko de Atenuação Pessoal						28,1

TABELA 1. Determinação do IKAP

2. Características das empresas em que os EPIs foram utilizados

Tratam-se de empresas metalúrgicas e do setor calçadista.

3. EPIs auditivos utilizados na pesquisa

Testou-se 1 tipo de plugue, que foi o POMP-Plus, da POMP — plugue pré-moldado confeccionado em silicone grau farmacêutico; NRR de 21.

4. Tempo de uso dos EPIs auditivos utilizados na pesquisa

A unidade convencionada como de "tempo de uso" (T.U.) foi a semana de trabalho, constituída de 5 dias de uso efetivo do EPI (que equivale a uma semana linear).

De cada um destes EPIs foram recolhidos 5 (cinco) pares de amostras, aleatoriamente, entre os empregados usuários, com os seguintes T.U.: 8, 16 e 24, 40 e 48.

5. Estimativa da atenuação de cada amostra

Os testes audiométricos realizados com cada EPI foram conduzidos por fonoaudiólogas, treinadas para escolha de EPIs auditivos em trabalhadores.

A atenuação do EPI foi estabelecida através de testes audiométricos realizados pela via aérea, sendo o estímulo apresentado através dos fones convencionais que acompanham o audiômetro. Utilizou-se um audiômetro Damplex DA-64, calibrado conforme a ANSI S3.6-1969, e uma cabine acústica cujos padrões adequam-se à ANSI S3.1-1991.

O teste consistiu em determinar os limiares auditivos com e sem o EPI utilizado pelo sujeito em freqüências de 250 a 4000 Hz. A diferença entre os limiares em cada freqüência é a atenuação oferecida pelo EPI para aquela orelha daquele indivíduo.

Uma fonoaudióloga foi, durante todo os procedimentos, escolhida como "indivíduo" da pesquisa. O critério de escolha desta profissional foi a capacidade de mostrar sempre em um ouvido, e para todos os EPIs testados, resultados de atenuação semelhantes para os EPIs denominados de "novos".

A atenuação é informada pelo EPI-Plus, juntamente com o IKAP. Para esta finalidade de estabelecer comparações entre EPIs, os valores do IKAP independem do nível de ruído que é informado ao EPI-*Plus*.

Para cada grupo de 10 EPIs de determinado tipo e tempo de uso, foi calculada uma mediana e um desvio padrão.

Resultados

A Tabela 2 e o Gráfico 1 mostram os resultados das atenuações observadas com cada grupo de EPIs, e respectivas medianas e desvios padrão.

TABELA 1 - EPI: POMP PLUS

EPI: POMP PLUS		
TEMPO DE USO	MEDIANA	D.P.
NOVO	29.8	4.1
8 SEMANAS	29.7	4.3
16 SEMANAS	27.4	5.6
24 SEMANAS	28.3	4.8
40 SEMANAS	27.8	4.3
48 SEMANAS	28.6	4.7

TABELA 1. EPI: POMP PLUS

GRÁFICO 1. EPI: POMP PLUS

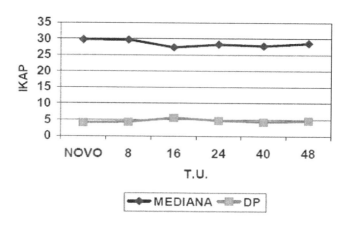

Discussão

O cuidado que se deve ter ao realizar os testes é de que os fones não tocassem no EPI. Mesmo que isso aconteça, os resultados observados na atenuação sempre serão ruins, com o que esta preocupação deixa de existir como um fator que desqualifique o teste.

A Tabela 2 e Gráfico 1 mostram que os EPIs em todas os T.Us. proporcionaram ao sujeito da pesquisa uma atenuação muito semelhante.

É enfatizado que o sujeito da pesquisa foi uma fonoaudióloga, treinada para escolha de EPIs auditivos, e que colocou os EPIs de uma forma adequada. Por isso os valores de atenuação dos EPIs novos foram elevados. Também, estes elevados valores de atenuação devem-se ao fato de que o IKAP, obtido pela planilha desenvolvida, exclui os desvios padrão e a dedução de 3 dB.

Até o final da 48ª semana, a atenuação manteve-se semelhante ao equipamento novo. Este achado não é surpreendente pois o silicone grau farmacêutico, produzido conforme as mesmas normas de fabricação de insumos médicos, tem apresentado historicamente durabilidade de vários anos, a exemplo de sondas, cateteres e outros implantes, sem sofrer deformação ou deterioração. Resiste como nenhum outro material às ações do tempo, inclusive sob temperaturas extremas (-80°C a +350°C) sem alterações de suas características, é inodoro, atóxico e inócuo, resiste ao envelhecimento e ao ozônio e tem baixa deformação permanente.

Como a atenuação proporcionada pelo EPI confeccionado em silicone praticamente não se deteriorou, ao menos durante as 48 semanas observadas, procedeu-se a uma pesquisa bibliográfica para estimar:

1. A utilização e os resultados do silicone no âmbito otológico.
2. A possibilidade do silicone causar reações alérgicas.

1. **Utilizações otológicas de silicone grau farmacêutico**

É extensa a aplicação do silicone grau farmacêutico em otologia (ouvido interno, médio e externo).

No Ouvido Interno:

Os eletrodos utilizados para estimular eletricamente o ouvido interno, colocados na cóclea em pacientes com surdez profunda, são revestidos com a borracha de silicone[4].

Em um processo de regeneração de nervos periféricos e cranianos o silicone é utilizado como revestimento de microeletrodos implantados entre as terminações dos nervos[5].

No Ouvido Médio:

O Silastic (nome comercial da borracha de silicone produzida pela *Down Corming*) é utilizado para restaurar a mucosa do ouvido médio e prevenir aderências entre essa e a membrana timpânica, após procedimentos cirúrgicos. *Ng et col*[6] examinaram seis ossos temporais de pacientes que tinham sido submetidos a procedimentos cirúrgicos de ouvido médio e mastóide para determinar ao longo do tempo (1 a 21 anos) os efeitos do Silastic no ouvido médio e na cavidade mastoídea. Em todos os casos não mostrou nenhuma evidência histológica de reação tipo "corpo extranho", nem de rejeição, ou inflamação crônica da mucosa do ouvido médio. O Autor concluiu que o Silastic no ouvido médio pode prevenir adesões entre superfícies mucosas.

Kartush[7] sugere o uso de lâmina de silicone para concluir pequenas perfurações de membranas timpânicas em procedimentos realizados no próprio consultório médico. O procedimento foi considerado pelo Autor como seguro e efetivo em perfurações secas quando a cirurgia está contraindicada ou é recusada pelo paciente.

Voldrich et cols[8] utilizaram uma prótese para substituição total da cadeia ossicular do ouvido médio, feita de Silastic. Observaram resultados anatômicos e funcionais muito bons, após testes clínicos. Não constataram reações indesejáveis ao implante.

Zeleny et cols[9] utilizaram próteses de silicone em reconstrução parcial e total de cadeia ossicular do ouvido médio. Das 105 próteses utilizadas observaram apenas 4 (3.8%) casos de rejeição.

Funasaka[10] utilizou o silicone como material para reparação de defeitos congênitos de cadeia ossicular, com execelentes resultados.

No Ouvido Externo:

Nolan et col[11] compararam as propriedades de materiais utilizados comumente para confeccionar o molde auricular que acompanha a prótese auditiva, utilizada por deficientes auditivos. O silicone mostrou-se o melhor material, num experimento que incluiu características físicas como estabilidade dimensional, alterações no peso, viscosidade, relaxação do material e durabilidade.

Parker et cols[12] verificaram que o silicone é o material de escolha para moldes auriculares também pelo desempenho acústico, sendo que moldes auditivos confeccionados com silicone mostraram um desempenho significativamente melhor.

Nolan et col[13] avaliaram a persistencia dimensional e estabilidade, em função do tempo, de diversos materiais utilizados para impressão de moldes auriculares. Os resultados mostraram-se mais promissores com o silicone.

Cervelli[14] *et cols,* e *Butler*[15] utilizaram o silicone na reconstrução do pavilhão auricular, com excelentes resultados estéticos.

2. O silicone e reações alérgicas

Devido ao grande uso do silicone em implantes, mamários e penianos principalmente, existiria o risco potencial de desenvolvimento de reações alérgicas, do tipo corpo extranho, ao produto. Entretanto, segundo *Peters*[16] nenhuma delas está realmente provada. Conforme *Teuber*[17] inexistem dados para que se possa afirmar serem os implantes causadores de reações imunotóxicas ou causarem efeitos inflamatórios. *Duffy*[18], ao realizar uma avaliação crítica do silicone, também reconheceu a sua praticamente total inexistência de reações alérgicas, inflamatórias ou auto-imunes.

Inclusive, existem publicações que mostram exercer o silicone ação protetiva contra alergenos solúveis em água[19], e que em pacientes hospitalizados os produtos à base de silicone são excelentes alternativas para as dermartoses ocasionadas por outros produtos (gel para fixar eletrodos, por exemplo)[20].

Conclusões

1. O silicone, pelas suas qualidades, apresenta inúmeras aplicações otológicas.

2. Os diversos trabalhos médicos que incluem a utilização do silicone, seja no ouvido interno, médio ou externo, mostram que esse material tem um tempo de vida útil extremamente longo, em termos de décadas.

3. A utilização do silicone na confecção de EPIs auditivos possibilita que esses equipamentos recebam o benefício do longo tempo de vida útil.

4. Nossas pesquisas com o EPI de silicone têm confirmado que o produto não mostra nenhum sinal de deterioração já com 48 semanas de uso efetivo, que equivalem a 12 meses lineares. Esse achado permite a presunção de que a questão relativa ao estabelecimento do "tempo de vida útil" desse material não tem razão de ser.

5. O EPI de silicone virtualmente não apresenta reações alérgicas nem quando utilizado como implantes, sejam eles cocleares, mamários ou penianos. Como nessas condições as reações do tipo antígenoanticorpo são mais pronunciadas, com menor razão serão observadas reações alérgicas do tipo de contato com a pele do meato auditivo externo.

Referências Bibliográficas

1. KWITKO, A.; SILVEIRA, A. L.; SALAMI, D. A.; MARTINS, A. P., FAGUNDES, R. C. "A Deterioração de EPIs Auditivos de Inserção". *Revista CIPA* 262: 40-47, 2001.

2. MICHAEL, K. *Comprehensive use of hearing protectors: Integration of training, field monitoring, communication and documentation.* Proceedings da 23ª Conferência da National Hearing Conservation Association, 1998.

3. MICHAEL, K. *Hearing protector attenuation measurement on the end user: a case study.* Proceedings da 24ª Conferência da National Hearing Conservation Association, 1999.

4. REBSCHER, S. J.; HEILMANN, M.; BRUSZEWKI, W.; TALBOT, N. H.; SNYDER, R. L.; MERZENICH, M.M. *Strategies to improve electrode positioning and safety in cochlear implants.* IEEE Trans Biomed Eng, Mar 46:340-52, 1999.

5. KOVACS, G. T.; STORMENT, C. W.; HALKS-MILLER, M.; BELCZYNSKI, C. R.; DELLA Santina, C. C.; LEWIS, E. R.; MALUF, N. I. *Silicon-substrate microelectrode arrays for parallel recording of neural activity in peripheral and cranial nerves.* IEEE Trans Biomed Eng, 1994, jun 41:567-77.

6. NG, M., LINTHICUM, F. H. *Long-term effects of Silastic sheeting in the middle ear.* Laryngoscope, oct 102:1097-102, 1992.

7. KARTUSH, J. M. *Tympanic membrane Patcher: a new device to close tympanic membrane perforations in an office setting.* Am J Otol, 2000, sep 21:615-20.

8. VOLDRICH, Z.; SKVOR, Z.; Novák, V.; Zeleny, M.; Rufer, L. *A silastic prosthesis for total replacement of the middle-ear ossicular chain, its acoustic properties and clinical application.* Polim Med 1989 19:127-36.

9. ZELENY, M.; VOLDRICH, Z.; PERNIKÁR, V. *Late results in the replacement of auditory ossicles with silastic prostheses.* Cesk Otolaryngol, 1989, jul 38:214-9.

10. FUNASAKA, S. *Congenital ossicular anomalies without malformations of the external ear.* Arch Otorhinolaryngol, 1979, 224:231-40.

11. NOLAN, M. e COMBE, E.C. *Silicone materials for ear impressions.* Scand Audiol 14:35-9, 1985.

12. PARKER, D. J.; OKPOJO, A. O.; NOLAN, M.; COMBE, E. C.; BAMFORD, J. M. *Acoustic evaluation of earmoulds in situ: a comparison of impression and earmould materials.* Br J Audiol 1992 Jun 26:159-66

13. NOLAN, M., COMBE, E. C. *In vitro considerations in the production of dimensionally accurate earmoulds.* I. The ear impression. Scand Audiol 1989 18:35-41.

14. CERVELLI, V.; GIUDICEANDREA, F.; MAGGIULLI, G.; GRIMALDI, M.; DE LUCA, E.; CERVELLI, G.; PALMISANO, P. A. *The use of osteointegrated implants in plastic surgery.* Ear reconstruction. Minerva Chir, 1996, nov 51:1005-9.

15. BUTLER, D. F., GION, G. G., RAPINI, R. P. *Silicone auricular prosthesis.* J Am Acad Dermatol, 2000, oct 43:687-90.

16. PETERS, W.; SMITH, D.; LUGOWSKI, S.; MCHUGH, A.; KERESTECI, A.; BAINES, C. *Silicon levels in breasts; gels, salines, controls.* Ann Plast Surg, june 1995, 34:6, 578-84.

17. TEUBER, S. S.; YOSHIDA, S. H.; GERSHWIN, M. E. (1995). *Immunopathologic effects of silicone breast implants.* West J Med, may 162:5 418-25, 1995.

18. DUFFY, D. M. *Silicone: a critical review.* Adv Dermatol, 1990, 5:93-107; discussion 108-9.

19. KIÉO-SWIERCZVNSKA, M.; STAREK, A. *Protective creams for prophylaxis of allergic contact dermatitis.* Folia Med Cracov 1990 31:267-78.

20. ANCONA, A.; ARÉVALO, A.; MACOTELA, E. *Contact dermatitis in hospital patients.* Dermatol Clin, 1990, jan 8:95-105.

EPI AUDITIVO TIPO PLUGUE: UM TRABALHO DE ESCOLHA INDIVIDUAL ADEQUADA

*Airton Kwitko
Cristiane Pereira do Carmo
Ludmila Martins Haddad
Andrelina Pereira Ferreira
Luiza Cristina Aurora
Ludmila Grazielle A. M. Lima Rodrigues*

Introdução

A escolha adequada do Equipamento de Proteção Individual (EPI) para atenuação do ruído ocupacional pode ser difícil, desafiadora e muitas vezes induzir a equívocos. O objetivo da escolha é assegurar uma proteção auditiva eficaz sem que isso origine importantes dificuldades para que sejam ouvidos sinais de alarme, vozes de outros trabalhadores ou outras formas de comunicação que são significativas para o desempenho de um trabalho com segurança.

Freqüentemente, muitas empresas proporcionam ao trabalhador EPIs que atenuam o ruído mais do que o necessário. O resultado dessa super-proteção é que o trabalhador não utiliza o EPI tanto quanto seria necessário, porque ele se sente isolado quando muito som/ruído é retirado.

Se estiver definido que o trabalhador necessita usar o EPI, a melhor prática é escolher um equipamento que possa atender tanto às necessidades de atenuação, como de comunicação. Essa tarefa requer determinar o nível de exposição ao ruído a que o trabalhador está submetido no local de trabalho, e escolher o EPI mais apropriado, com base nessa informação. Essa mudança de paradigma afeta o conceito de que "mais é melhor", pois se irá oferecer um EPI que atenda às reais necessidades.

Alguns tópicos merecem consideração especial nessa tarefa:

O desempenho da atenuação do EPI no "mundo real" é suspeita. Os valores de laboratório não têm significado para aplicação na prática. Além do fato de que a variável "trabalhador" é imprevisível, por aspectos de cultura para colocação do EPI e diferenças anatômicas, o próprio valor de atenuação fornecido pelo fabricante é baseado em um espectro linear do ruído. Se o ruído ambiental tiver preponderância de altas freqüências, a atenuação possível será maior do que a informada, mas, se houver preponderância de baixas freqüências será menor. Infelizmente, em ambientes ocupacionais, a maioria absoluta dos ruídos têm preponderância de baixas freqüências, com o que os EPIs não podem corresponder à expectativa que deles se têm.

Os níveis de ruído não são percebidos como perigosos pelos trabalhadores[1]. Dessa forma, qualquer iniciativa que pretenda escolher EPI pela informação que o trabalhador possa fornecer, será deficiente, se não for acompanhada por medições sistematizadas da atenuação real oferecida, e não apenas supostamente obtida.

A superproteção que ocorre muitas vezes, resultando na percepção de isolamento do trabalhador e comprometendo a capacidade de comunicação, é responsável por perdas auditivas. Esse aparente paradoxo se explica porque o trabalhador retira o EPI para comunicar-se e pode permanecer sem o mesmo durante algum tempo. Mesmo breves exposições sem proteção fazem com que a efetiva atenuação seja comprometida. A Figura 1 mostra a atenuação equivalente para 8h de um EPI auditivo utilizado de maneira intermitente em função do tempo, durante o qual ele não é utilizado, e sua atenuação nominal. A Figura 2 mostra as razões pelas quais EPIs auditivos não são utilizados.

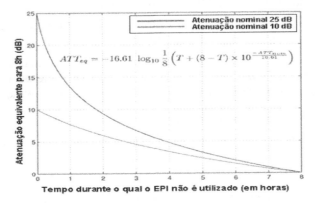

Figura 1: Atenuação equivalente de um EPI auditivo em função do tempo de utilização, em horas.

Figura 2: Razões invocadas para não utilizar o EPI auditivo por trabalhadores australianos (Fonte: Ref. 1)

RAZÕES INVOCADAS	%
Ruído flutuante	24
Dificuldade de entender	21
Sem razão	18
Ambiente não ruidoso	14
Desconforto	8
Sem resposta	8
Outras razões	7
TOTAL	**100**

O trabalho que realizamos mostra o desenvolvimento de uma atividade realística para definir qual o EPI do tipo plugue adequado para cada orelha do trabalhador. Nessa tarefa não consideramos os valores de atenuação fornecidos pelos fabricantes (NRR ou NRR-SF). Ao contrário, avaliamos qual o tamanho do EPI mais adequado para o nível de exposição ao ruído de cada trabalhador.

Métodos e Material

O trabalho foi realizado estimando-se:

1. O produto em que é confeccionado o EPI: optou-se pelo silicone pelas suas características de durabilidade[2][3].

2. O tipo de EPI em silicone: optou-se por uma marca que oferece o EPI em três tamanhos — pequeno, médio e grande.

3. Os níveis de exposição ao ruído com orelhas protegidas com EPI, que possam maximizar a habilidade da comunicação: de acordo com a norma européia EN 458. Esses são os níveis e sua consideração:

Nível de ruído sob o EPI (L_{EPI}):

• >85 dB(A) é proteção insuficiente.

• Entre 80 dB(A) e 85 dB(A) é aceitável.

• Entre 75 dB(A) e 80 dB(A) é boa.

• Entre 70dB(A) e 75 dB(A) é aceitável.

• <70 dB(A) é superproteção.

4. A sistemática da escolha: Para plugues o sistema individual por nós desenvolvido replica em cabine audiométrica o teste de laboratório definido pela ANSI S3.19-1974, sendo o estímulo apresentado através dos fones convencionais que acompanham o audiômetro. O teste envolve a medida dos limiares auditivos com e sem o EPI utilizado pelo indivíduo em freqüências de 250 a 4000 Hz. A diferença entre os limiares em cada freqüência é a atenuação oferecida pelo EPI para aquela orelha daquele indivíduo. O cuidado que se deve ter é de que os fones não toquem no EPI. Mesmo que isso aconteça, os resultados observados na atenuação sempre serão ruins, com o que esta preocupação deixa de existir como um fator que desqualifique o teste.

A atenuação proporcionada pelo EPI é cotejada com o nível de exposição ao ruído, informado em termos de Lavg-8h. Com isso, se determina a adequação ao risco a que o empregado está exposto. Caso haja uma superproteção, ou seja, se houver uma atenuação que ultrapasse as reais necessidades do indivíduo, sempre se poderá fazer concessão ao conforto e propor um EPI que até possa proporcionar menor atenuação, mas que seja mais tolerado. Essa sistemática é adaptada de trabalhos de *Kevin Michael*[5][6] e mostrada no artigo "EPIs Auditivos: a) O NRR; b) O NRR-SF; c) Novo sistema de escolha de EPI auditivo"[7].

O trabalho consistiu das seguintes fases (ilustradas pela Figura 3):

1. Orientação ao trabalhador: informação sobre o propósito do teste de escolha.

2. Audiometria tonal convencional, com orelhas desprotegidas.

3. Audiometria tonal com orelhas protegidas pelo EPI que o próprio trabalhador inseriu.

4. Cálculo dos dados de atenuação observados com o EPI "tamanho único" através da planilha eletrônica "IKAP".

5. Nova(s) audiometria(s), se necessário, com EPI tamanho "pequeno" ou "grande", em caso de atenuação insuficiente ou superproteção.

6. Recálculo dos dados de atenuação observados com o novo EPI, através da planilha eletrônica "IKAP".

7. Documentação da atividade.

Figura 3: Ilustração das fases do trabalho de escolha individual do EPI auditivo adequado

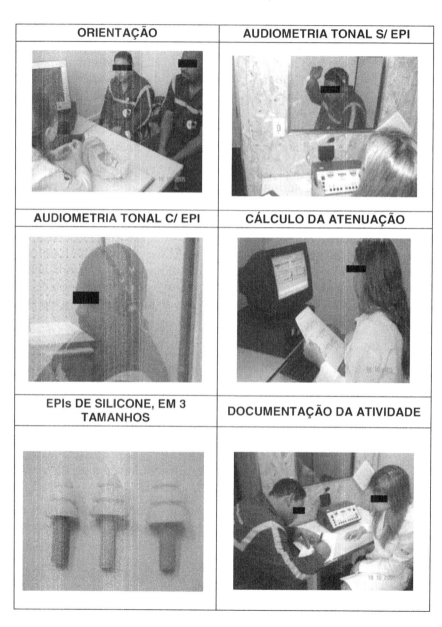

5. Todos os trabalhadores utilizavam EPI "tamanho único". A atividade de escolha consistiu em definir se esse equipamento "tamanho único" era adequado ou haveria necessidade de troca para um EPI de tamanho "grande — (G)" ou "pequeno — (P)". Considere-se que o EPI "tamanho único" corresponde ao tamanho "médio — (M)".

Foram testados 156 trabalhadores, que utilizavam EPI auditivo tipo plugue "tamanho único". Esse número corresponde a 312 orelhas.

Para cada teste ocorreu ou não uma intervenção. O conceito de "intervenção" aplicou-se a toda participação do profissional que conduziu os testes e deliberou sobre a mudança no tamanho do EPI, seja migrando para o "grande", nos casos em que se observou deficiência na atenuação, seja para o "pequeno", em situações de superproteção.

Resultados

Das 312 orelhas testadas, em 152 (48,7%) não ocorreu nenhuma intervenção. Em 160 (51,3%) houve intervenção que consistiu em migração do EPI "tamanho único — (M)" para o "pequeno — (P)" em 132 orelhas (82,5% dos casos de intervenção) e para o "grande — (G)" em 28 orelhas (17,5%). A Tabela 1 mostra esses resultados.

INTERVENÇÃO: "n" de 156 trabalhadores = 312 orelhas (100,0%)	
NÃO	SIM
152 orelhas (48,7%)	160 orelhas (51,3%)
	M → P / M → G
	132 (82,5%) / 28 (17,5%)

Tabela 1: Resultados observados no teste de escolha, quando considerada a existência ou não de intervenção

Na Tabela 2 pode-se observar que do total de orelhas testadas, havia atenuação adequada para os níveis de exposição ao ruído em 152 (48,7%), superproteção em 132 (42,3%) e subproteção em 28 (9,0%).

Tabela 2: Resultados observados no teste de escolha, quando considerada atenuação adequada, superproteção ou subproteção

NÚMERO TOTAL DE ORELHAS TESTADAS: "n" = 312 orelhas (100,0%)		
COM ATENUAÇÃO ADEQUADA	COM SUPERPRO-TEÇÃO	COM SUBPROTEÇÃO
152 (48,7%)	132 (42,3%)	28 (9,0%)

Discussão

A atenuação obtida pelo uso de EPI auditivo na "vida real" é impossível de prever, usando qualquer método de laboratório.

Os valores fornecidos pelos laboratórios podem indicar que há proteção, mas eles são capazes de falhar, pois não são consideradas a adequação ao indivíduo e o tempo de uso.

Os dados de atenuação obtidos em laboratório são não-representativos da realidade, e apenas simulam um ponto de avaliação que depende do desempenho de um grupo de usuários, sejam eles treinados ou mesmo sem qualquer experiência no uso do EPI. Esses métodos não são científicos para que tenham credibilidade.

Trabalhos sobre superproteção são escassos na literatura mundial. *Lindqvist et col.*[8] observaram em uma casuística de 43 indivíduos, que em 33 (76,7%) havia superproteção com o uso do EPI auditivo, definida de acordo com o padrão europeu da EN 458, isso é, nível de ruído na orelha protegida < 70 dB(A).

Pela incerteza da atenuação obtida, empregados são treinados e motivados para implementar o uso do EPI, mas mesmo essa atividade pode ser problemática, e mesmo em alguns casos, contraproducente. Por exemplo, se o nível de ruído ao qual o indivíduo está exposto só necessita ser atenuado de 5 dB, porque deveria o trabalhador ser treinado para usar um EPI que pode lhe fornecer 20-25 dB de atenuação? Um EPI mais profundamente introduzido só aumenta o desconforto, dificulta ainda mais a comunicação e induz o trabalhador a retirá-lo com freqüência. A Figura 1 mostra que com apenas 1 hora de não-uso do EPI a atenuação proporcionada cai para aproximadamente a metade do valor possível. Ou seja: há uma efetiva redução na proteção de aproximadamente 50% apesar de que o tempo em que o EPI não esteja sendo usado corresponda a apenas 12,5% da jornada de trabalho. E a Figura 2 mostra que a dificuldade de entender e o desconforto são responsáveis por aproximadamente 30% das justificativas alegadas por trabalhadores para não usar os EPIs.

Assim, a mensagem intrínseca do treinamento é usualmente conservadora: use o EPI auditivo mais profundamente e em todo o tempo de trabalho.

Ainda, considere-se esse cenário comum: administradores do setor de segurança selecionam EPIs para os trabalhadores com base nos níveis de atenuação fornecidos pelo fabricante (NRR ou NRR-SF). A opção é pelo "tamanho único" que facilita o processo de compra e troca, a qual ocorre livremente entre os trabalhadores. A entrega dos EPIs pode ser admirável, mas a avaliação da sua eficácia poderá mostrar intervalos entre o uso e o resultado obtido com ele.

Não casualmente, em mais de 30 anos de uso de EPIs auditivos, as falhas e dificuldades ainda são sempre as mesmas. E trabalhadores continuam a perder sua audição, seja porque o EPI "tamanho único" não é adequado, seja porque as técnicas de treinamento, conservadoras e que enfatizam o uso continuado, não têm sucesso.

Em nosso trabalho de escolha individual do EPI auditivo, foram registradas intervenções em 160 orelhas (51,3% do total). Nessas, em 135 (82,5% dos casos de intervenção) ocorreu migração do EPI "tamanho único" para o "pequeno". Em apenas 28 orelhas (17,5%) ocorreu migração para o tamanho "grande".

Pela nossa casuística, pode-se concluir que 48,7% das orelhas testadas obtêm dos EPIs auditivos "tamanho único" atenuação adequada para os níveis de ruído a que estão expostas. Para 42,3% ocorreu benefício pelo uso de EPI menor, que obviamente lhes trará maior conforto e melhoria na capacidade de comunicação. Em 9,0% havia uma subproteção, obrigando a troca do "tamanho único" pelo "grande".

A vantagem do método utilizado é que o EPI passa a ser escolhido para o indivíduo e para o nível de exposição ao ruído em que o mesmo trabalha o que seria uma afirmativa redundante ao se considerar o "I" do equipamento = individual. Mas essa obviedade necessita ser enfatizada porque na maioria das vezes o EPI é escolhido por métodos matemáticos, inconfiáveis e generalizantes, que ignoram a individualidade.

Um ganho adicional, mas não menos expressivo, verificado pelo método é que a informação da atenuação obtida pelo uso do EPI é constatada em atividade conduzida com o trabalhador, que acompanha todo o processo. Assim, mesmo a troca do "tamanho único" para o "grande", que pode teoricamente implicar em maior desconforto, é por ele entendida como uma necessidade técnica ditada pelas suas características morfológicas.

Conclusão

A superproteção, definida conforme como exposição ao ruído com orelha protegida pelo EPI em níveis < 70 dB(A), conforme o padrão europeu EN 458, ocorreu em 132 orelhas (42,3%) das 312 testadas. Nesses casos, o EPI auditivo tipo plugue "tamanho único" foi substituído por outro EPI tamanho "pequeno".

Essa troca significa que o trabalhador receberá menor valor de atenuação, mas ainda suficiente para garantir a manutenção da sua audição, pois a diminuição da proteção ocorre pela contextualização com os níveis de exposição ao ruído. Ou seja: o EPI fornecido é adequado para o risco.

A menor atenuação proporcionada pela utilização desse EPI tamanho "pequeno" favorece a fala e a comunicação, a localização de fontes sonoras e facilita a audição de eventuais sinais sonoros de alarme. Assim, é proporcionada aos trabalhadores uma situação mais favorável para o uso constante do EPI, o que pode contribuir para evitar perdas auditivas.

Ainda, a atividade de escolha do EPI adequado é toda acompanhada pelo trabalhador, que inclusive recebe da parte do fonoaudiólogo, que executa a escolha, informações sobre anatomia e fisiologia auditiva, assim como sobre os riscos da exposição ao ruído para a audição e extra-auditivos. Isso permite que possa ocorrer implementação do comportamento auto-protetivo por parte do trabalhador, o que seria um benefício secundário obtido pela atividade desenvolvida.

Referências Bibliográficas

1. HICKSON, L.; PHUA, S. et al. (1995): *Use of hearing protectors by factory workers, if not why not?* Occup health Safety, aust NZ, 11(3): 265-270.

2. KWITKO, A. *EPIs auditivos confeccionados em silicone grau farmacêutico; avaliação da durabilidade durante um ano linear de uso.* Disponível em www.seguir.com.br.

3. KWITKO, A.; SILVEIRA, A. L. B.; SALAMI, D. A.; MARTINS, A. P.; FAGUNDES, R. C. "A deterioração de EPIs auditivos de inserção". *Revista CIPA* Edição 262, pp. 40-47, São Paulo, 2001.

4. EN 458 (1996). *Protection. auditive — Recommandations pour la sélection, l'utilisation, l'entretien et la maintenance.*

5. *Comprehensive use of hearing protectors: Integration of training, field monitoring, communication and documentation.* Proceedings da 23ª Conferência da National Hearing Conservation Association, 1998.

6. *Hearing protector attenuation measurement on the end user: a case study.* Proceedings da 24ª Conferência da National Hearing Conservation Association, 1999.

7. KWITKO, A. *EPIs Auditivos: a) O NRR b) O NRR-SF c) Novo sistema de escolha de EPI auditivo.* Disponível em www.seguir.com.br.

8. LINDQVIST, J.; SANDBERG, L. *Field investigation of real-world attenuation provided by insert-type hearing protectors.* Magisteruppsatser (20poäng), audionomkurs 1, år 2002.

TESTE DE ATENUAÇÃO AUDITIVA PARA EQUIPAMENTOS DE PROTEÇÃO AUDITIVA TIPO CONCHA

Airton Kwitko
Cristiane Pereira do Carmo
Itamar Soares de Souza

Introdução

O uso do EPI auditivo tem o potencial de reduzir a exposição ao ruído de trabalhadores a um nível seguro igual ou menor do que 80 dB(A). Entretanto, uma das maiores razões para que falhas na proteção possam ocorrer está diretamente relacionada com problemas associados à eficácia do EPI no "mundo real" de sua utilização. Isso porque os dados de atenuação fornecidos pelo laboratório apenas são representativos de um ponto de medição, baseado no desempenho de um grupo de indivíduos, tenham eles ou não experiência no uso do EPI.

Dessa forma, apenas com o uso do NRR ou do NRR-SF é virtualmente impossível prever a eficácia do EPI para reduzir a exposição ao ruído.

Esse estudo aplica o método MIRE para determinar a atenuação observada em EPIs auditivos que são disponibilizados aos trabalhadores.

Descrição do método utilizado

O procedimento MIRE (*microphone real-ear*) consiste em fixar um pequeno microfone dentro e fora do EPI que é utilizado pelo empregado, no trabalho. O ruído pode ser medido com e sem o EPI, ou simultaneamente com dois microfones, se houver disponibilidade de dois audio-dosímetros para medição simultânea. A atenuação é a diferença entre os valores A-ponderados medidos pelo(s) microfone(s).

Pelo aspecto intrusivo deste método, só pode ser aplicado aos EPIs tipo concha. A vantagem do MIRE é que ele possibilita um monitoramento contínuo dos níveis de ruído, independente da habilidade do indivíduo em realizar testes audiométricos. A desvantagem é a limitação de só poder testar EPIs do tipo "conchas". Ao valor calculado de atenuação denomina-se NR (*noise reduction*).

A eficácia de cada EPI em termos de redução ao ruído precisa ser contextualizada em função da relação "ponderação C/A", que caracteriza o espectro do ruído existente. Quanto maior a preponderância de baixas freqüências no espectro do ruído (medição em "C" maior do que em "A") menor a atenuação real proporcionada pelo EPI.

Dessa forma, o procedimento MIRE precisa considerar que o resultado da atenuação do EPI indica um valor apenas para o local onde o teste é realizado, e não pode ser interpretado como um resultado de atenuação para todo e qualquer ambiente da empresa.

O procedimento para efetuar-se o teste MIRE é o seguinte:

1. Colocar o microfone do dosímetro dentro da concha a ser testada.

2. Colocar o conjunto microfone/concha na orelha do indivíduo que vai servir de suporte para o teste, certificando-se de que não há contato entre o microfone e as paredes internas da concha. Fazer o teste com cada concha no mesmo indivíduo, no mesmo ambiente do teste. Calibrar os dois dosímetros e realizar a medição simultaneamente, ou seja, medir com um dosímetro o ruído interno e com o outro o externo. A Figura 1 mostra imagens de procedimentos adotados para o teste MIRE.

Figura 1: Procedimentos adotados para realizar o teste MIRE

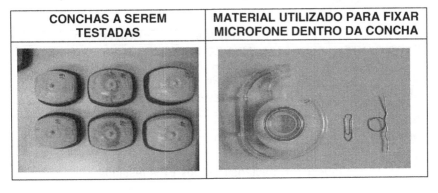

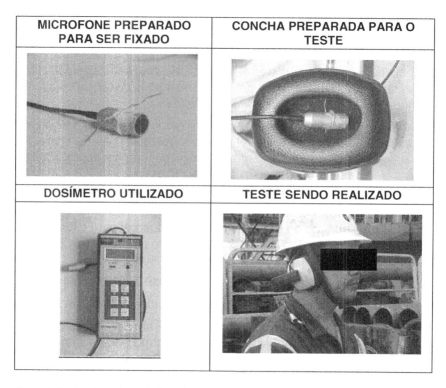

Local do teste, descrição dos equipamentos utilizados e metodologia

- Teste realizado nas dependências da empresa *XXXXX*.
- Equipamentos testados: EPI auditivo tipo concha MARK V e COMFO 500

	MARK V	COMFO 500
FABRICANTE:	MSA DO BRASIL EQUIPAMENTOS E INSTRUMENTOS DE SEGURANÇA	
CA:	4026	820
EMITIDO EM:	1º.2.2005	1º.2.2005
VALIDADE:	1º.2.2010	1º.2.2010
NRR:	---	---
NRR-SF:	21	16

Tabela 1: Características dos EPIs testados.

Os dosímetros foram configurados da seguinte forma:

• Ponderação "A"

• Critério: 85 dB

• *Threshold*: 65 dB

• Fator de troca: 5 dB

• Tempo constante: *Slow*

Para geração do ruído, utilizou-se uma área da empresa na qual a configuração do ruído apresentava preponderância de médias freqüências, e as medições na escala "A" e "C" eram muito semelhantes (Tabela 2).

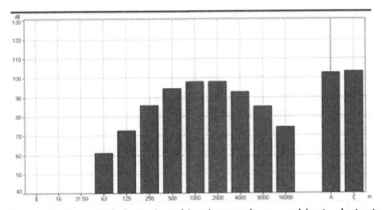

Tabela 2: Características do ruído observado no ambiente do teste.

Para cada EPI foram realizadas 3 (três) avaliações dosimétricas internas e externas, e verificada a diferença entre elas. Calculou-se uma média dessas diferenças.

Resultados Observados

A Tabela 3 mostra os resultados das três medições internas e externas, com a diferença entre elas, assim como a média dessas diferenças.

TIPO DO EPI:							
	MARK V				COMFO 500		
	Interno	*Externo*	*Diferença*	*Média*	*Interno*	*Externo*	*Diferença*	*Média*
1ª Medição	79,0	103,2	24,2		87,4	108,2	20,8	
2ª Medição	84,4	106,5	22,1	22,7	86,8	103,5	16,7	18,8
3ª Medição	84,9	106,7	21,8		88,0	107,0	19,0	

Tabela 3: Resultados das 3 medições, diferenças e média calculada.

A chave para esse procedimento é como colocar o microfone no EPI de uma forma que não afete o equipamento materialmente, e também não altere o desempenho do indivíduo que está usando o EPI.

A principal objeção ao método MIRE é que ele não captura todos os sons que chegam ao ouvido, e o caminho perdido é o da via óssea. Através desse método apenas os sons que chegam pela via aérea são captados pelo microfone. Essa deficiência tenderia a originar resultados espúrios em freqüências acima de 1.0 kHz.

Segundo *Berger*, em apresentação de 2005, nenhum método que pretenda avaliar a atenuação de EPIs auditivos é inteiramente preciso. Todos têm os seus artefatos de técnica. O método REAT, que conduz ao NRR e ao NRR-SF tem sido mais considerado pela sua padronização.

Conclusão

Resultados do teste MIRE indicam que não houve diferenças significativas entre as médias de atenuação observadas e o NRR-SF informado para os EPIs testados.

O MARK V apresentou uma atenuação média de 22,7 dB, e seu NRR-SF é de 21; a atenuação média do COMFO 500 foi de 18,8 dB e o seu NRR-SF é 16.

Dessa forma, o EPI MARK V está adequado para uso em ambientes cujos níveis de exposição sejam de até ± 100 dB(A), e o COMFO 500 para níveis de exposição de até ± 96 dB(A), que tenham características do ruído com preponderância de médias freqüências e sem diferenças significativas de valores entre as medições realizadas nas escalas "A" e "C".

Referências bibliográficas

ABEL, S. M.; HAY, V. H. *Sound localization. The interaction of aging, hearing loss and hearing protection.* Scand Audiol, 1996; 25(1): 3-12. Scand Audiol, 1996, 25(1): 3-12.

ALBERTI, P. W.; RIKO, K.; ABEL, S. M.; KRISTENSEN, R. *The effectiveness of hearing protectors in practice.* J Otolaryngol, 1979, aug; 8(4): 354-9. J. Otolaryngol, 1979, aug.; 8(4): 354-9.

BERGER, E. H. *Methods of measuring the attenuation of hearing protection devices.* J Acoust Soc Am, 1986, jun.;79(6):1655-87. J. Acoust Soc, am 1986, jun; 79(6): 1655-87.

_____. *Preferred Methods for Measuring Hearing Protector Attenuation.* Proceedings of Inter-Noise 05, Noise Control Foundation. Poughkeepsie: NY, p. 58.

GIARDINO, D. A.; DURKT JR., G. *Evaluation of muff-type hearing protectors as used in a working environment.* Am Ind. Hyg Assoc J., 1996, mar. 57(3):264-71. Am Ind Hyg Assoc J, 1996 mar, 57(3):264-71.

HEMPSTOCK, T. I.; HILL, E. *The attenuations of some hearing protectors as used in the workplace.* Ann Occup Hyg., 1990, oct.; 34(5):453-70. Ann Occup Hyg., 1990, oct.; 34(5): 453-70.

PARK, M. Y.; CASALI, J. G. *A controlled investigation of in-field attenuation performance of selected insert, earmuff, and canal cap hearing protectors.* Hum Factors, 1991, dec., 33(6): 693-714.Hum Factors, 1991, dec., 33(6): 693-714.

ANÁLISE DO CONFORTO E EFICIÊNCIA DE PROTECTORES AUDITIVOS

Pedro Martins Arezes

1. Protecção Auditiva e Conforto

O recurso aos equipamentos de protecção individual auditiva tem vindo a ser cada vez mais frequente e generalizado em meio industrial e, deste modo, objecto privilegiado da preocupação dos técnicos de Higiene e Segurança das empresas.

Verifica-se que no domínio da acústica ocupacional, ou estudo do ruído nos locais de trabalho, o estudo da atenuação acústica conferida pelos protectores é uma das áreas de pesquisa mais frequentes. No entanto, o conforto na sua utilização, conforme já referido, é um dos factores mais importantes na determinação da eficácia destes últimos (*Riko et al.*, 1983; *Park et al.*, 1991) e, actualmente, o seu estudo começa a ser considerado como uma área prioritária em termos de pesquisa (*Paurobally et al.*, 2000), havendo, inclusive, preocupações em termos normativos relativos aos aspectos ergonómicos dos Equipamentos de Protecção Individual (EPIs) (pr EN 13921-6, 2001).

Embora, de uma forma geral, a regulamentação existente neste domínio considere como prioritária a actuação correctiva junto da fonte de ruído e nas vias de propagação, a escolha da protecção individual auditiva não deve, contudo, ser deixada ao acaso ou baseada em considerações superficiais. O protector escolhido deve ser adaptado ao utilizador e ao ambiente de trabalho (*Berger*, 1980a), protegendo eficazmente contra o ruído ocupacional mas, em simultâneo, evitando uma protecção excessiva. A escolha dos protectores auditivos não deverá ser, no entanto, condicionada apenas pela atenuação acústica que estes conferem. Existem por outros factores, não menos importantes e, por vezes, com importância fulcral, tais como o conforto, a necessidade de comunicação verbal ou de detecção de sinais sonoros úteis (alarmes e outros), a compatibilidade com outros equipamentos de protecção, a manutenção e a duração (*Berger*, 1980b).

Para a manutenção de programas de conservação da audição eficazes as empresas necessitam que os seus trabalhadores usem a protecção auditiva durante todo o período de exposição ao ruído. Os protectores devem ser confortáveis de modo a que os trabalhadores os usem durante longos períodos de tempo (*Hale et al.*, 1984).

Nos últimos anos, e com o surgimento de vários índices de atenuação acústica, a selecção dos protectores por parte dos responsáveis das empresas, foi em grande parte influenciada por estes índices, na escolha dos protectores que apresentassem os índices mais elevados. Esta situação originou que aspectos fulcrais como o conforto, a compatibilidade e as necessidades de comunicação, tenham sido negligenciados ou subestimados em detrimento de uma selecção baseada única e exclusivamente nos valores dos índices de atenuação acústica (*Berger*, 1999).

Para que se possa equacionar uma utilização eficaz dos equipamentos de protecção individual é necessário que estes sejam confortáveis e, conseqüentemente, aceitáveis para os trabalhadores (*Mayer et al.*, 1999). A título de exemplo, num estudo tendo em vista a identificação de factores determinantes na utilização de equipamento de protecção respiratória em trabalhadores da construção civil, *White et al.* (1998) identificaram o desconforto como constituindo o factor mais determinante para a não utilização do referido equipamento.

O uso da protecção auditiva, por si só, constitui um factor de incômodo e de stresse ocupacional (*Melamed et al.*, 1996b). De entre as muitas razões para este desconforto salienta-se: a modificação ou distorção da audição, a pressão exercida pela concha, o congestionamento, sudação e irritação do canal auditivo, a sensação de isolamento, entre outros (*Pfretzschner et al.*, 1992; *Bruhl*, 1996; *Zannin*, 1999).

A análise do conforto de um protector é uma matéria que se reveste de alguma complexidade, dada a subjectividade das reacções à sua utilização. Existem, no entanto, alguns aspectos que, notoriamente, influenciam a sensação subjectiva do conforto, enquanto outros não têm uma relação directa com a sensação de conforto (*Damongeot et al.*, 1982).

Embora a eficiência acústica deva constituir a preocupação dominante, será igualmente importante considerar todos os aspectos relacionados com o conforto. Por exemplo, tampões mais toleráveis em alguns ambientes, ou usados continuamente, poderão ser mais eficientes que abafadores menos confortáveis; da mesma forma, abafadores de esponjas preenchidas com líquido serão mais eficientes e confortáveis que abafadores normais, devido ao melhor ajustamento e melhor distribuição da força de aplicação.

A adaptação do protector ao trabalhador irá, certamente, ter influência sobre o tempo que este o irá utilizar. A duração da utilização da protecção auditiva é um dos factores mais importantes com influência sobre a eficiência da protecção auditiva. Como exemplo desta influência, imagine-se um determinado trabalhador que apenas utiliza a protecção auditiva durante 90% da sua exposição ao ruído de 8 horas e, conseqüentemente, não utiliza durante 10%, ou seja, 48 minutos. Neste caso, a atenuação conferida por um protector com uma atenuação catalogada de 30 dB(A), e tendo em conta o critério de troca de 3 dB utilizado na Europa, não ultrapassará os 10 dB.

O cálculo da atenuação "real" (R), tendo em conta a percentagem do turno de trabalho em que o protector é utilizado (p) e a atenuação catalogada (N), poderá ser efectuado através da Equação (1), e representado graficamente, como no exemplo da figura 1 (NP EN 458, 1998).

Equação (1) $\quad R = 10 \times \log \dfrac{100}{100 - p(1 - 10^{-N/10})}$

No gráfico da figura 1, a título de exemplo, foi utilizado um protector com uma atenuação catalogadas de 30 dB, e verificado o efeito do tempo de utilização (em termos de percentagem de utilização) na atenuação conseguida por este.

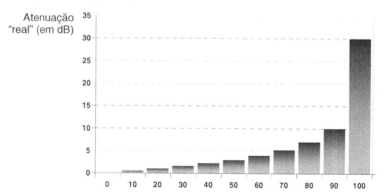

Figura 1: Efeito do tempo de utilização na atenuação de um protector auditivo com uma atenuação catalogada de 30 dB.

2. Um caso de estudo

De forma a ilustrar a questão do conforto e da sua, potencial, importância na utilização da protecção auditiva, e conseqüente eficiência, foi levado a cabo um estudo em meio industrial e se apresentam em seguida as principais linhas.

2.1. Objectivos e Metodologia

O principal objectivo do trabalho foi o estudo da eficiência, em termos da atenuação acústica, dos protectores auditivos em função do respectivo grau de conforto.

Este estudo foi desenvolvido no Laboratório de Ergonomia do Departamento de Produção e Sistemas da Universidade do Minho, e levado a cabo em empresas industriais do ramo químico e alimentar.

Foi realizado um estudo de análise de conforto, através de um questionário efectuado a 20 trabalhadores de 2 empresas industriais, cujos postos de trabalho apresentavam níveis de ruído superiores ao valor limite de exposição diário, para turnos de 8h ($L_{EP,d}$ > 90 dB(A)), ou seja, todos os trabalhadores eram considerados trabalhadores expostos.

Para a realização deste estudo foram utilizados 4 protectores (2 protectores do tipo abafador ou concha e 2 do tipo tampão ou plugue). Para a análise do conforto dos protectores testados, foi utilizado um questionário, onde se pretendia que o operador registrasse a sua opinião quanto ao conforto do protector e ainda, se aplicável, quais os motivos para a não utilização da protecção auditiva.

Para a avaliação dos protectores, o questionário utilizado continha uma grelha bipolar de avaliação do conforto, constituída por 14 escalas. Cada escala era constituída por um descritor de uma determinada sensação, relacionada com o conforto, e o seu oposto no lado contrário da escala (por exemplo "confortável __:__:__:__ desconfortável"). Para o registo da sensação de conforto, os trabalhadores teriam de avaliar o protector colocando um (X) nas 14 escalas de avaliação, mais para a direita ou para a esquerda consoante a sensação fosse mais próxima de um desses descritores.

Os trabalhadores de cada empresa usariam durante cada semana um protector diferente, finda a qual responderiam ao questionário mencionado, expressando a sua sensação subjectiva de conforto com base nas escalas que compõem a grelha.

No mesmo questionário os operadores registravam qual o tempo médio de utilização diária dos protectores, com o qual seria estimado o tempo de utilização semanal desse protector e posteriormente, conforme adiante descrito, comparado com o índice de conforto desse mesmo protector. Simultaneamente, e no caso de não utilizarem todo o tempo, registravam igualmente o motivo da não utilização.

2.2. Resultados e Análise Estatística

Uma vez obtidas as respostas da grelha no questionário, estas tomariam valores de 1 a 7, respectivamente para as respostas mais próximas do descritor da esquerda e da direita. Posteriormente, para as escalas cuja orientação era inversa da escala central ("desconfortável-confortável"), os valores obtidos seriam igualmente invertidos, isto é, o valor de 1 passaria a 7, o valor de 2 a 6, e assim sucessivamente.

Depois de codificadas todas as respostas, cuja ordem crescente era linear com a ordem crescente de conforto, foram determinadas as correlações existentes entre cada uma das escalas e a escala central (escala "desconfortável — confortável"). Partiu-se do pressuposto que a escala central, ou o conforto, indicava a sensação subjectiva que corresponderia à melhor indicação da apreciação global. Todas as escalas que tivessem uma alta correlação com a escala central seriam passíveis de ser incluídas na quantificação do índice de conforto e dessa forma intervir na percepção global do conforto do protector.

O índice de conforto (IC) para cada um dos protectores foi então calculado usando um critério de escolha das escalas a incluir, que consistia na apresentação de uma correlação com a escala central considerada estatisticamente significativa ($|r_s| > 0,45$ e $p < 0,05$). Tendo sido utilizado o critério de eliminação descrito, foram então escolhidas 11 escalas (figura 2) e, consequentemente, eliminadas 4, para o cálculo do índice de conforto de cada protector.

NÃO PROVOCA DOR	___:___:___	PROVOCA DOR
DESCONFORTÁVEL	___:___:___	CONFORTÁVEL
PRESSÃO NÃO EXCESSIVA	___:___:___	PRESSÃO EXCESSIVA
INTOLERÁVEL	___:___:___	TOLERÁVEL
APERTADO	___:___:___	SOLTO
CÔMODO	___:___:___	INCÔMODO
PESADO	___:___:___	LEVE
EMBARAÇOSO	___:___:___	AGRADÁVEL
FLEXÍVEL	___:___:___	RÍGIDO
FRESCO	___:___:___	QUENTE
DIFICULTAM MOVIMENTOS DA CABEÇA	___:___:___	NÃO INCOMODAM MOVIMENTOS DA CABEÇA

Figura 2: Questionário final utilizado para cálculo do Índice de Conforto (IC).

3. Relação Índice de Conforto/Tempo de Utilização

Posteriormente, de acordo com um dos objectivos principais deste estudo, foi estudada a relação entre o Índice de Conforto (IC) e o Tempo de Utilização (TU) semanal. Numa primeira análise pretendia-se saber se existiria influência do grupo testado, ou do protector a testar, nos valores do Índice de Conforto (IC) e nos do Tempo de Utilização (TU).

Tendo em conta a análise de variância de 2 sentidos (ANOVA *Two Way*) levada a cabo foi possível verificar-se que as variações do Índice de Conforto (IC) são significativas, quer com o grupo, quer com o protector testado. Do mesmo modo, verificou-se que as variações do tempo de utilização (TU) são igualmente significativas, quer com o grupo, quer com o protector testado.

Da análise referida anteriormente foi possível estabelecer a relação entre 2 parâmetros já referidos IC e TU, tendo sido utilizado um teste de correlação de *Spearman*. Como resultados da aplicação do teste podemos verificar que é estatisticamente significativa a associação positiva entre ambos, i.e., quanto maior é o IC, maior é o TU e vice-versa. A tabela 1 apresenta os coeficientes de correlação obtidos entre as várias variáveis e total.

Tabela 1: Análise das correlações entre o IC e o TU

Factor	Parâmetros	
	r_s	p
Protector #1	0.654[a]	0.002
Protector #2	0.504[b]	0.023
Protector #3	0.853[a]	<0.001
Protector #4	0.839[a]	<0.001
Grupo 1	0.868[a]	<0.001
Grupo 2	0.890[a]	<0.001
Grupo 3	0.603[a]	0.005
Grupo 4	0.607[a]	0.005
Total	0.819[a]	<0.001

[a] Correlação significativa para um p<0,01
[b] Correlação significativa para um p<0,05

4. Atenuação "Real"

Paralelamente ao ensaio descrito, a atenuação catalogada, baseada na medição psicofísica normalizada conhecida como REAT (*Real-Ear Attenuation at Threshold*), foi comparada com a atenuação obtida através da utilização de uma técnica baseada numa medição física, designada por MIRE (*Microphone In Real Ear*). Esta última técnica consiste, basicamente, na aplicação de dois microfones, um colocado no interior e outro no exterior da concha do protector resultando daí a medição de dois níveis de pressão sonora, cuja diferença representará a atenuação do protector.

Conforme esperado, verificaram-se diferenças significativas entre os valores de atenuação catalogados e aqueles verificados por aplicação da técnica anteriormente descrita. Os resultados obtidos por aplicação daquela técnica dizem respeito a dois valores de pressão sonora, um medido no exterior da concha e outro no seu interior, sendo que o valor da diferença representa a atenuação do protector, ou redução do ruído.

Na comparação dos dois valores verificou-se existirem diferenças significativas, tendo-se registado atenuações entre os 7, 8 e os 10, 4 dB(A), em vez da atenuação catalogada, ou nominal, que era de 26,7 dB(A), tendo em consideração os dados do fabricante e o espectro do ruído dos postos de trabalho analisados.

5. Conclusões

Do estudo levado a cabo e dos resultados obtidos poderemos resumir as seguintes conclusões:

Foi possível estabelecer experimentalmente uma associação positiva, estatisticamente significativa, entre o índice de conforto e o tempo de utilização de um determinado protector, ou seja, a um maior conforto corresponderá um maior tempo de utilização e vice-versa.

A atenuação catalogada difere substancialmente da atenuação efectiva, uma vez que a diminuição do tempo de utilização reduz drasticamente a atenuação efectiva. No caso de estudo em análise, a maior atenuação efectiva não foi alcançada com os protectores com maior atenuação catalogada, mas com os protectores com índices de conforto superiores, e conseqüentemente com tempos de utilização superiores. Esta conclusão é mais evidente no caso dos abafadores. Além deste aspecto da eficiência ainda há outro igualmente importante relativamente ao tempo de utilização do protector, que é o aspecto da falsa segurança. Um trabalhador não informado não terá noção do efeito, em termos de redução da protecção, que poderá ter a não utilização de protecção durante períodos relativamente curtos, como por exemplo, 30 minutos.

Em termos gerais, podemos constatar que o conforto, ou a sensação subjectiva de conforto, associado à utilização de protectores auditivos é um factor que, apesar de quantificável, pode variar não só com o protector mas também com o ambiente de trabalho, nomeadamente o ambiente acústico e o ambiente térmico. O conforto poderá ainda ser influenciado por outros factores não acústicos, tais como a sua estética e configuração física.

Apesar da complexidade associada à quantificação do conforto, parece evidente que o seu efeito é significativo na eficiência dos protectores individuais auditivos.

O utilizador terá de ser encarado como a chave de todo este processo de motivação para a utilização de protectores auditivos. A escolha dos protectores deverá, sempre que possível, ser efectuada de uma forma participada, envolvendo essencialmente os trabalhadores, mas igualmente as chefias e o responsável pela função de Segurança e Higiene do Trabalho da empresa. Deverão ser disponibilizados vários protectores de cada tipo, de forma a alargar o leque de opções do trabalhador.

Finalmente, deverá ser considerada sempre a função essencial do protector, a atenuação do nível de pressão sonora, a qual implica um compromisso entre os vários parâmetros que caracterizam o protector, não sobrevalorizando uns em detrimento de outros. Além disso, a maior eficácia da protecção auditiva está em grande parte dependente do próprio trabalhador, motivo pelo qual este deverá ser o alvo privilegiado da actuação dos técnicos de Higiene e Segurança e de Saúde das empresas, em particular no que diz respeito à sua formação e sensibilização nesta área.

Referências Bibliográficas

BERGER, E. (1980). "The Performance of Hearing Protectors in Industrial Noise Environments". *EARLog Series*, n. 4, AERO Company, Indianapolis, USA.

_____ . "Hearing Protector Performance: How They Work — and — What Goes Wrong in the Real World". *EARLog Series*, n. 5, AERO Company, Indianapolis, USA, 1998.

_____ . "Hearing Protector Testing — Let's Get Real (Using the new ANSI Method-B Data and the NRR(SF))". *EARLog Series*, n. 21, AERO Company, Indianapolis, USA, 1999.

BRUHL, P. (1996). "Noise exposure, hearing protection and hearing loss: a long-term study at an automobile sheet-metal pressing plant". *DAIC- 58/02*, p. 532, Luns University, Sweden.

DAMONGEOT, A.; TISERAND, M.; KRAWSKY, G.; GROSDEMANGE, P.; LIEVIN, D. (1982). "Evaluation of the Confort of Personal Hearing Protection". *In Personal Hearing Protection in Industry*, P. W. Alberti, Raven Press, pp. 151-162.

HALE, A., Else, D. (1984). "The Role of training and motivation in a successful personal protective equipment program". *Proc. Second Conference on Protective Equipment*, Canadian Centre for Occupational Safety and Health, Toronto

MAYER, A.; KORHONEN, E. (1999). "Assessment of the protection efficiency and comfort of personal protective equipment in real conditions of use". *Int. J. Occup. Saf. Ergonomics*, vol. 5(3), pp. 347-360.

MELAMED, S.; RABIINOWITZ, S.; FEINER, M.; WEISBERG, E.; RIBAK, J. (1996). "Usefulness of the protection motivation theory in explaining hearing protection device use among male industrial workers". *Health Psychology*, vol. 15(3), pp. 209-215.

NP EN 458 (1996) *Protectores Auditivos — Recomendações relativas à selecção, à utilização, aos cuidados na utilização e à manutenção — Documento Guia*. IPQ/CEN. Lisboa.

PARK, M.; CASALI, J. G. (1991). *An Empirical Study of Comfort Afforded by Various Hearing Protection.* Devices: Laboratory versus Field Results, *Applied Acoustics*, vol. 34, pp. 151-179.

PAUROBALLY, M.; PAN, J. (2000) "The mechanisms of passive ear defenders". *Applied Acoustics*, vol. 60, pp. 293-311

PFRETZSCHNER, J.; MORENO, A.; COLINA, C. (1992). "The role of physical factors involved in sound-attenuation characteristics of ear muffs". *Applied Acoustics*, vol. 36, pp. 1-17.

PR EN 13912-6 (2001). *Personal Protective equipment — Ergonomic Principles — Part 6, Guidance on sensory factors.* European Committee for Standardization (CEN), Bruxelles.

RIKO, K.; ALBERTI, P. W. (1983). "Hearing protectors: a review of recent observations". *Journal of Occupational Medicine*, vol. 25, n. 7, pp. 523-526.

WHITE, M. C.; BAKER, E. L.; LARSON, M. B. e WOLFORD, R. (1998). "The role of personal beliefs and social influences as determinants of respirator use among construction painters". Sc*andinavian Journal of Work, Environment and Health*, vol. 14(4), pp. 239-245.

ZANNIN, P. (1999). "Effects of cup, cushion, headband force, and foam lining on the attenuation of earmuffs". *J. Acoust. Soc. Am.*, vol. 105(2), p. 1132.

PERCEPÇÃO DO RUÍDO E A UTILIZAÇÃO DA PROTECÇÃO AUDITIVA

Pedro Martins Arezes

1. Introdução

A exposição ao ruído em ambientes ocupacionais é, reconhecidamente, um dos principais e mais frequentes riscos ocupacionais, em particular no que diz respeito a ambientes industriais. Contudo, e dada a sua estreita associação à incomodidade que provoca, é, geralmente, encarado numa perspectiva mais abrangente.

Assim, actualmente a exposição ao ruído deixou de ser considerada um risco do domínio ocupacional para passar a ser equacionada como um risco social, isto é, que poderá afectar as pessoas num conjunto de situações que vão desde o ambiente ocupacional, ao ambiente doméstico, passando pelas actividades de lazer e outros tipos de exposição não-ocupacional, genericamente designada por exposição ambiental.

Esta constatação é ainda mais evidente se considerarmos a transposição, a curto prazo, da nova Directiva Europeia (ETSC, 2003) sobre a exposição dos trabalhadores ao ruído. A transposição desta Directiva para o direito nacional irá, certamente, utilizar os mesmos valores-limite e, por conseguinte, estabelecer critérios de definição de risco bastante mais restritivos que os actuais. Como resultado directo, um maior número de postos de trabalho será considerado, à luz desta nova legislação, como estando expostos ao ruído. E não será apenas um maior número, será também um conjunto mais diversificado de postos de trabalho, dado que o valor-limite inferior (ou valor de exposição inferior que desencadeia a acção, como é designado na Directiva) será, muito provavelmente, de 80 dB(A).

Desta forma, a exposição ao ruído que era, até agora, geralmente equacionada, quase exclusivamente, em ambientes industriais passará a contar com um número cada vez maior de postos de trabalho noutras áreas, ditas não-industriais, como os serviços (serviços de limpeza, motoristas, jardineiros, agentes de segurança, etc.) e aquelas ligadas às actividades de lazer (tiro desportivo, caça, automobilismo, etc.). Tal irá originar desafios importantes no que diz respeito à protecção e conservação da audição dos trabalhadores. Basta pensarmos que a implementação de programas estruturados de combate à exposição ao ruído, também designados por Programas de Conservação da Audição (PCA), passará a fazer-se também em ambientes que até agora não eram considerados perigosos, sob o ponto de vista da exposição ao ruído. Para além das dificuldades inerentes à organização das actividades de segurança e higiene do trabalho, com tradição na área industrial, também será necessário enfrentar a questão de se passar a lidar com pessoas com pouca, ou nenhuma, formação na área da segurança e higiene do trabalho.

Claro está que a diversificação de postos de trabalho expostos ao ruído trará também uma diversificação no que diz respeito aos conceitos de risco dos trabalhadores expostos. Assim, a questão da percepção do risco e da sua importância em termos da adopção de comportamentos preventivos estará, cada vez mais, na ordem do dia.

2. Risco e Percepção

O conceito de risco é de tal forma vago que a sua definição é quase sempre limitadora da sua aplicação. Senão vejamos, existe risco praticamente em tudo que fazemos no dia-a-dia, a título de exemplo, existe risco quando nos alimentamos, quando viajamos, quando estamos sob uma estrutura construída e mesmo quando estamos expostos a condições ambientais que poderão ser potencialmente perigosas.

Em termos ocupacionais, o risco é habitualmente considerado como sendo uma função de dois factores principais, a probabilidade de um evento e a gravidade potencial associada ao mesmo. Assim, a quantificação do risco associado a determinado evento, por exemplo a ocorrência de um acidente, será função da probabilidade deste ocorrer e da gravidade que esta ocorrência possa acarretar.

A quantificação objectiva deste tipo de risco será, como é evidente, uma tarefa complexa dado o conjunto de condicionantes da probabilidade e da gravidade do mesmo. No entanto, para alguns riscos ocupacionais, como é o caso do ruído, é possível estabelecerem-se valores-limite para um determinado parâmetro físico cuja quantificação seja possível.

Mas se, por um lado, temos a quantificação objectiva do risco, medindo-o através de equipamentos de medição mais ou menos precisos, por outro temos a forma como os trabalhadores encaram esse risco. E esta forma de encarar o risco, ou a sua percepção, poderá levar a situações tão díspares quanto a sobrestimação do risco, mesmo quando ele é residual, ou a ignorar o risco, mesmo quando ele está manifestamente presente.

A percepção do risco é um termo utilizado para referir o conhecimento e o sentimento associados, incluindo as potenciais consequências, a uma situação ou a um conjunto de circunstâncias. O estudo da percepção do risco teve o seu início no final dos anos 1960, com a formulação por *Starr* da questão *How safe is safe enough?* (*Weyman et al.*, 1999). Desde então tem havido alguns desenvolvimentos em termos quantitativos, embora o grande contributo para esta área esteja relacionado com o risco ambiental (lixeiras, resíduos nucleares, centrais nucleares, radiações electromagnéticas, etc.). Apesar disso, é possível imaginarmos a quantidade de situações do dia-a-dia em que nós próprios fazemos uma avaliação do risco de determinado evento ou acção.

O ponto central de interesse da investigação na percepção do risco e da comunicação sobre o mesmo tem-se situado, até à data, quase exclusivamente, a um nível de sociedade e comunitário, com ênfase na compreensão do risco por parte das pessoas expostas. Surpreendentemente, dada a sua intuitiva relevância, pouco trabalho tem sido desenvolvido em contexto ocupacional. Os trabalhos neste contexto têm focado, com mais frequência, não a percepção do risco propriamente dita, mas a forma de as pessoas se comportarem perante o risco.

3. *Risco Real* versus *Risco Perceptível*

A discussão sobre a percepção do risco tem sido dominada, desde os anos 80, pela influência do chamado "paradigma psicométrico", onde se evidencia a diferença entre o risco real, designado normalmente por "racional" ou científico, e o risco perceptível, isto é, a forma como as pessoas expostas a este o percebem (*Jasanoff*, 1998).

Apesar da incerteza criada pela Ciência, o risco real é definido como aquele que é determinado através da "análise" de especialistas, enquanto que o risco "percebido" é definido como o risco baseado na experiência ou na intuição de um indivíduo ou da Sociedade.

Esta distinção é, frequentemente, atribuída à forma de cálculo do risco, isto é, considera-se que a avaliação "objectiva" do risco é baseada em métodos estatísticos e cálculos matemáticos, em oposição ao risco "subjectivo", que está relacionado com juízos intuitivos (*Sjöberg et al.*, 1994).

Isto não significa que o risco perceptível não possa ter fundamento científico ou a possibilidade de tal vir a acontecer. Significa, simplesmente, que é mais orientado pelos valores e receios, sem apresentar o mesmo grau de evidência científica, que constitui a base do risco real.

Um exemplo diário da diferença entre o risco real e o percebido é a diferença entre a probabilidade estatística de morrer em consequência de um acidente de avião *versus* acidente de viação, ou o risco perceptível de voar *versus* conduzir. Embora estatisticamente a probabilidade de morrer em consequência de um acidente de avião seja bastante menor do que a probabilidade de tal acontecer em virtude de um acidente de automóvel (ETSC, 2003), conforme ilustrado na figura 1, para muita gente o risco de ter um acidente de avião parece ser muito maior que o de ter um acidente de viação. As diferenças no risco percebido podem ser atribuídas, em parte, à magnitude do evento (ODPHP, 1995). A magnitude da queda de um avião é muito maior porque origina, habitualmente, uma série de mortes em apenas um evento, que é classificado como catastrófico. Um outro factor que contribui para as diferenças no risco percebido é o factor do controle.

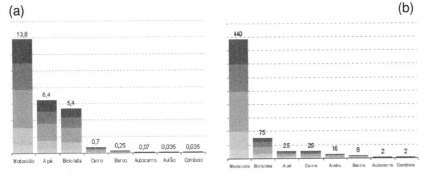

Figura 1: Rácios de mortalidade de acordo com o meio de transporte, expresso em (a) mortes por 100x10^6 km.pessoa e (b) mortes por 100x10^6 h. pessoa (adaptado de ETSC, 2003)

Sempre que determinado indivíduo sente que tem o controle da situação, tal como conduzir um automóvel, o risco percebido é mais baixo do que quando sente que não tem esse mesmo controle.

O defasamento entre os dois conceitos de risco é essencial para se compreender, em maior profundidade, o mecanismo da percepção do risco, e sobretudo, saber como influenciar essa percepção, quer através de estratégias de avaliação de risco, quer pela diminuição do *gap* entre a percepção e a comunicação sobre os riscos (*Liu et al.*, 1998; *Poyhonen*, 2000).

4. As diferentes abordagens

A maior contribuição, em termos quantitativos, para a literatura científica relativa à percepção do risco vem da área da Psicologia. Os primeiros trabalhos na área da Psicologia, durante os anos 1950 e 1960, tinham como principal objectivo o estudo da percepção do risco relacionado com o jogo e adoptavam uma abordagem comportamental, assente, fundamentalmente, em modelos económicos racionais das acções humanas, baseados, na sua grande maioria, na maximização esperada da utilidade[1]. De particular importância, durante este período, foi o trabalho de *Starr*, nomeadamente a conceptualização da "aceitabilidade do risco", que reflecte a troca de valores que é percebida pelos indivíduos expostos, ou o equilíbrio entre os riscos e os benefícios para a Sociedade.

Numa fase posterior, surge a Psicologia Cognitiva. Mantendo a principal premissa de que as pessoas avaliam activamente o risco em termos de custo e benefício, a Psicologia Cognitiva orientou a sua atenção para os "erros" e "tendências" (*errors and biases*) na tomada de decisão. Contudo, mais do que tentar demonstrar que a tomada de decisão não era um processo fundamentalmente "não-racional", estes autores tentaram explorar os factores que estariam por detrás das "tendências" na percepção do risco.

Durante as décadas de 1970 e 1980 a atenção dos investigadores, em grande parte influenciados pelos trabalhos levados a cabo pelo *Decision Research Group* da Universidade de Oregon (*Slovic*, 1987), orientou-se no sentido de estudar e estabelecer os mecanis-

---

(1) Conceito derivado das teorias económicas, relacionado com o montante de ganho ou benefício resultante de um acto ou actividade em particular.

mos de reconhecimento dos riscos para a Sociedade e que originam preocupação pública. Designada como abordagem psicométrica, constitui uma metodologia que assenta na utilização das regras heurísticas, na tentativa de desvendar as "preferências expressas" no tocante à relativa tolerabilidade de um grande número de riscos para a Sociedade.

Algumas conclusões destes estudos revelam a importância de duas, por vezes três, dimensões qualitativas com potencial impacto na percepção do risco por parte das pessoas: a "gravidade das consequências" (percepção da severidade) e o "grau de familiaridade/incerteza" (risco desconhecido) e, em alguns estudos, o "número de indivíduos expostos" ou a magnitude do risco. Segundo esta abordagem, para responder adequadamente a qualquer fonte de perigo, um indivíduo deverá ter uma apreciação precisa da natureza e da magnitude do risco envolvido. Infelizmente, inúmeros estudos indicam que as pessoas têm grande dificuldade em perceber, estruturar e processar informação em situações de decisão complexas (*DeJoy*, 1999). A respeito destas decisões têm sido identificadas algumas regras mentais ou heurísticas, que são utilizadas para reduzir a necessidade cognitiva neste tipo de situações. Contudo, estas regras, aparentemente simples, levam, por vezes, ao aparecimento de tendências (desvios) óbvias na tomada de decisão. Como exemplos destas regras cognitivas, ou heurísticas, referem-se algumas das mais frequentemente citadas nos estudos sobre a percepção do risco, tais como o optimismo e sobre-confiança, a disponibilidade, a supressão e a propensão para o risco (*risk taking*).

Mais recentemente, surge a abordagem dos modelos mentais, "construída" a partir de alguns aspectos derivados da investigação cognitiva e psicométrica. Esta investigação foi desenvolvida no sentido de aprofundar a compreensão sobre o entendimento das pessoas sobre os perigos e incluir esse conhecimento nos modelos de risco desenvolvidos pelos especialistas. A proposta primária desta técnica é identificar as "lacunas de conhecimento crítico" na percepção do risco das pessoas expostas, no sentido de desenvolver e conceber estratégias adequadas de comunicação. A técnica tem sido aplicada e têm vindo a ser relatadas várias experiências de sucesso em situações de risco, incluindo a prevenção da SIDA, a exposição ao rádio natural e campos electromagnéticos. Esta abordagem reclama ter revelado um número importante de desvios entre os modelos de risco das pessoas expostas e dos especialistas.

Finalmente, têm vindo a ser desenvolvidos modelos amplamente compatíveis, de forma a providenciar uma melhor compreensão acerca das variáveis que têm impacto sobre a motivação das pessoas para a adopção de comportamentos preventivos e de auto-defesa. As aplicações destes modelos têm sido, até à data, principalmente na área do comportamento relativo à saúde, e tipicamente em contextos não ocupacionais.

A área genérica da saúde e dos comportamentos a ela associados tem originado vários modelos teóricos tendo em vista explicar o porquê de as pessoas não aderirem a vários esquemas de benefício da saúde, tais como a vacinação, não fumar, uso de cintos de segurança e utilização de práticas sexuais seguras.

Contudo, como alguns autores referem (*DeJoy*, 1999), embora pareçam existir ligações óbvias entre estes modelos e os comportamentos de prevenção nos locais de trabalho, pouca atenção tem sido dada a este respeito no contexto ocupacional.

Os modelos mais conhecidos e mais influentes nesta área, os modelos *Theory of Reasoned Action* (*Field et al.*, 1993) e *The Health Belief Model* (*Lusk et al.*, 1995), têm a mesma génese, pelo facto de serem ambos baseados na "teoria subjectiva de expectativa de valor" e da noção central que as considerações relativas à saúde e, conseqüentemente, o comportamento, são baseados numa espécie de análise subjectiva de custo-benefício (*Weyman et al.*, 1999).

5. Percepção do risco e exposição ao ruído

O esforço concentrado na melhoria das condições de trabalho tem como objectivo reduzir, ou fazer desaparecer, os riscos "objectivos". Contudo, a percepção do risco, bem como, a avaliação subjectiva das condições de trabalho e do ambiente ocupacional, poderão ser importantes para o comportamento dos trabalhadores no que toca ao risco e, assim sendo, poderão influenciar o risco "objectivo" e a segurança (*Nelson et al.*, 1999).

A percepção individual do risco parece ser um antecedente crítico do comportamento de risco (*Glendon et al.*, 1995; *Diaz et al.*, 2000). A forma como os trabalhadores percebem o risco a que estão expostos durante o seu trabalho poderá contribuir para uma melhor compreensão da sua gestão e, dessa forma, para a melhoria das suas condições de trabalho (*Rundmo*, 1996).

Por outro lado, a percepção tendenciosa dos riscos poderá originar interpretações erróneas de potenciais fontes. Quando os riscos são mal interpretados, poderão originar-se comportamentos e acções desapropriados face às respectivas fontes ou perigos.

Parece plausível que a percepção dos riscos, bem como outros factores psicossociais, possam, até certa extensão, influenciar o nosso comportamento e daí a exposição a esses riscos (*Stewart-Taylor et al.*, 1998). Porém, perceber as ligações causais entre a preocupação com o risco, comportamento e exposição é importante no controle da exposição e, até agora, como já referido anteriormente, tem sido pouco estudada.

Não é razoável esperar que todos os indivíduos reajam de forma idêntica ao ruído. Existem diferenças mais notórias relativamente ao incómodo provocado pelo ruído, dependendo da atitude sobre a fonte perturbadora, que é, em parte, determinada por factores como a dependência económica dessa fonte, ou dessa exposição, e a percepção do perigo ou do malefício que essa fonte, ou exposição, poderá acarretar.

A exposição ao ruído apresenta inúmeros aspectos relevantes no estudo da percepção do risco de exposição dos trabalhadores. Para além desta especificidade, a investigação da percepção do risco tem sido efectuada, essencialmente, em eventos de maior escala. O risco de desenvolvimento de perdas auditivas é substancialmente diferente, pois não é catastrófico, não é fatal, afecta as pessoas ao nível individual e é um risco de efeitos lentos e invisíveis, embora permanentes.

A natureza do risco está normalmente associada a aspectos que afectam o comportamento perante esse mesmo risco, como é o caso do ruído, ou dos contaminantes químicos, em que o risco é invisível e não "explicitamente" perigoso, isto é, onde o processo de dano é crônico e não há indicadores evidentes do risco a que os trabalhadores estão expostos. A não ser que o ruído seja demasiado elevado para ser fisicamente desagradável ou para produzir TTS[2], os efeitos de curto prazo não são facilmente perceptíveis e, mesmo que ocorra TTS,

---

(2) *Temporary Threshold Shift* — sigla utilizada para designar a perda temporária de audição, ou deslocamento temporário dos limiares auditivos, depois de uma exposição a níveis de pressão sonora elevados.

as pessoas poderão entender esse facto como algo com que não se devem preocupar.

Os mecanismos neuronais de habituação à exposição ao ruído levam a subestimar os níveis de pressão sonora, enquanto que a incapacidade para a abstracção e o masqueamento poderão levar à sobrestimação dos danos decorrentes da exposição. Embora, quer a pressão sonora, quer a incomodidade subjectiva sigam uma escala logarítmica, verifica-se a duplicação da pressão sonora em cada 3 dB, enquanto que a incomodidade subjectiva duplica apenas em cada 10 dB (*Hale et al.*, 1984). É, pois, evidente que a percepção subjectiva de dano não varia linearmente com o nível de perigo real.

Dados referidos na literatura (*Weyman et al.*, 1999; *Farrand et al.*, 2001) sugerem que a noção de "controle", "familiaridade", "defasamento do efeito" (atraso entre a exposição e o aparecimento dos sintomas) e "características físicas observáveis" (por exemplo o odor, a cor, etc.) têm igual probabilidade de desempenhar um papel importante na percepção do risco por parte dos trabalhadores expostos, particularmente a substâncias banais no dia-a-dia de trabalho. A exposição ao ruído tem muitas destas características, nomeadamente, a do defasamento do efeito que poderá, de alguma forma, influenciar a percepção do indivíduo ao risco específico.

Mesmo a definição de parâmetros de risco "objectivo" é por vezes incongruente com a própria percepção individual do risco.

O facto de muitas empresas usarem como elemento de sensibilização a referência à legislação, indicando aos trabalhadores os valores de acção e valores-limite de exposição, poderá por sua vez tornar ainda mais complexa a tarefa de "entender" o risco de exposição ao ruído. Se não, vejamos, o estabelecimento de dois limiares, o nível de acção e o valor-limite de exposição, e as respectivas medidas a adoptar pelas empresas e pelos trabalhadores decorrentes da legislação, faz com que estes últimos tenham percepção que o risco só é existente quando se verifique uma ultrapassagem daqueles limiares. Por outras palavras, a abordagem na definição do risco considerada na legislação não é consentânea com o que se pretende que os trabalhadores entendam e, conseqüentemente, se comportem. Na realidade, a legislação estabelece 3 patamares de risco (figura 2), um primeiro patamar de ausência de risco, ou risco residual, até aos 85 dB(A), um segundo patamar de risco considerável (dos 85 aos 90 dB(A)) e um terceiro patamar de risco comprovado, para valores de exposição pessoal acima dos 90 dB(A). No que diz respeito ao risco "real", esse não é de facto estabelecido em patamares, mas através de uma função contínua, tal como ilustrado na linha representada no gráfico da figura 2. Na maior parte das vezes, e por força da legislação, é transmitida a idéia aos trabalhadores que o risco associado a uma exposição inferior a 85 dB(A) é inexistente e que para exposições superiores a 85 dB(A) este passa a ser significativo. Esta informação entrará, certamente, em "conflito" com a percepção do trabalhador, pois este não consegue distinguir em termos audíveis (nem é possível!) a diferença entre dois postos de trabalho com exposições de, por exemplo, 84,5 e 85,5 dB(A).

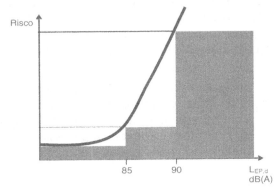

Figura 2: Representação do risco em função dos níveis de exposição pessoal diária.

6. Percepção do risco e utilização da Protecção Individual Auditiva (PIA)

Embora seja frequentemente atribuído um papel de relevo à PIA no combate à exposição ao ruído, os aspectos equacionados prendem-se, na sua maioria, com as características de atenuação dos protectores e com a sua disponibilização. No entanto, deverá ser atribuído um cuidado especial à promoção e aceitação da protecção auditiva. Se, por um lado, os PCAs implicam a utilização de equipamentos de protecção auditiva adequados, deverão, igualmente, atender aos aspectos motivacionais associados à utilização da protecção individual.

A motivação para a utilização da protecção individual tem de ser centrada em determinadas variáveis como, por exemplo, as variáveis pessoais (*Rabinowitz et al.*, 1996), que englobam a percepção de eficácia, a percepção da susceptibilidade e a incomodidade provocada pelo ruído.

Relativamente à utilização da protecção individual, os aspectos da percepção são tidos como sendo igualmente determinantes na aceitação deste tipo de medida de protecção.

As normas de utilização da protecção auditiva recaem por vezes numa escala própria de avaliação do ruído, normalmente baseada em troca de opiniões com outros colegas e na sua própria concepção de audição normal, em detrimento de medições objectivas do ruído e informações acerca do fenômeno das perdas auditivas reveladas pelos audiogramas. Tal é, por vezes, evidente quando observamos alguns dados e perfis de utilização da protecção auditiva, como por exemplo, os dados da figura 3, respeitantes aos perfis de utilização de PIA de cerca de 600 trabalhadores de 5 empresas industriais de diversos sectores.

Pela análise da figura é possível verificar um determinado padrão, como por exemplo, os trabalhadores que menos utilizam a protecção auditiva, ou não a utilizam de todo, são os trabalhadores tendencialmente mais idosos, com maior experiência profissional no postos de trabalho actual e com menos habilitações literárias (*Arezes e Miguel*, 2005).

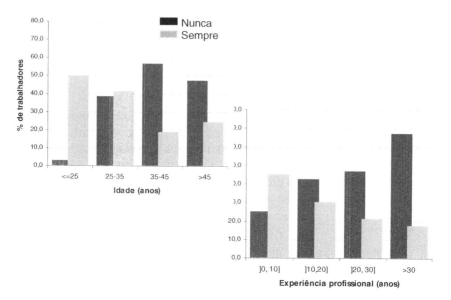

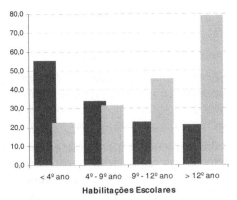

Figura 3. Perfil de utilização da protecção auditiva em função da idade, experiência profissional e habilitações literárias
(adaptado de *Arezes e Miguel*, 2005)

Em relação aos aspectos de percepção e utilização de protecção auditiva, *Berger* (2001) refere que a existência de várias técnicas motivacionais parece esconder um factor universalmente aceite: para motivar eficazmente, deverá descobrir-se a base de aceitação dos EPIs e apelar ao interesse próprio, isto é, a mensagem deverá ser personalizada. Para este autor os trabalhadores querem saber "Porquê para mim?".

Devido à "invisibilidade" do ruído e ao conceito abstracto de perda auditiva, cujas consequências não são observáveis na maior parte dos casos, a recompensa por práticas preventivas não é palpável. Na maior parte dos casos estas práticas poderão ser vistas como o evitar de uma situação negativa e, dessa forma, afigurarem-se menos motivadoras.

A problemática da percepção do risco ainda se torna mais premente se considerarmos que a adopção da protecção individual auditiva constitui uma forma de transferência de responsabilidade. De facto, serão os trabalhadores, e em parte por via da sua percepção individual do risco, que terão a "tarefa" de se protegerem e essa decisão será, porventura, baseada na sua percepção individual do risco a que se encontram expostos.

7. Conclusões e perspectivas futuras

Embora este artigo não se tenha debruçado sobre um estudo em particular, será importante que no final deste se resumam alguns dos seus aspectos mais importantes, bem como se perspectivem algumas das acções necessárias, tendo em consideração o exposto.

Assim, em síntese, podemos dizer que:

• É crucial que a integração de aspectos de promoção da percepção do risco de exposição ao ruído, e tendo em consideração o papel desta no "moldar" dos comportamentos preventivos, seja integrada na concepção e planeamento de programas de formação e sensibilização;

• É necessário dar particular importância e atenção aos aspectos de percepção quando se lida com alguns grupos profissionais específicos, tais como os mais jovens e idosos, os de maior experiência profissional e os mais inexperientes, bem como, os de menores habilitações literárias;

• É necessário que a promoção da percepção do risco associado à exposição ocupacional ao ruído seja feita precocemente, eventualmente por introdução de alguns elementos de sensibilização nos programas escolares e nos *curricula* dos cursos profissionais.

Claro está que muitos dos aspectos de promoção da percepção do risco passam, em última instância, pela utilização de "veículos" de promoção, ou de comunicação, eficazes. Esta eficácia será tanto maior, quanto maior e mais "exacta" for a percepção individual do risco.

Embora a definição de estratégias de promoção da percepção desse para escrever vários artigos, ou mesmo livros, podemos referir alguns exemplos muito simples do que poderá ser feito. Assim, será necessário, por exemplo, evitar-se a formação que visa apenas a transmitir aos trabalhadores um conjunto de conhecimentos teóricos e, pior ainda, de leis e valores-limite. Pelo contrário, a sensibilização deverá utilizar elementos muito simples, como a demonstração dos efeitos associados à exposição, a utilização de relatos pessoais de colegas e outros trabalhadores sobre os mesmos e a utilização de exemplos concretos de trabalho que se refiram à sua própria realidade e não a outras realidades que estes desconhecem.

Ao nível da promoção da utilização da protecção individual, será, sobretudo, importante que os trabalhadores percebam o risco que incorrem quando se encontram expostos e não utilizam PIA, assim como deverão conhecer as possibilidades na selecção de protectores, incluindo aqueles com características tecnológicas que permitam resolver alguns dos problemas actuais da protecção individual, tal como atenuar o ruído mas permitindo, em simultâneo, a audição de sinais sonoros úteis.

Espera-se também que a abordagem a realizar na promoção da percepção tenha um âmbito multidisciplinar. Ou seja, deverá ser um trabalho levado a cabo por um conjunto de profissionais tão alargado quanto possível, desde os técnicos de segurança, aos médicos de trabalho, aos professores, aos inspectores do trabalho, aos psicólogos e aos administradores das empresas. Assim, espera-se e, mais do que isso, deseja-se que esta abordagem multidisciplinar relativa ao problema da exposição ocupacional ao ruído possa contribuir para o cumprimento de alguns objectivos inerentes à função segurança e higiene ocupacionais, nomeadamente aqueles que estiveram por detrás de iniciativas como a da semana européia sobre a exposição ao ruído, designadamente o de alertar e sensibilizar para o impacto que a exposição ao ruído continua a ter na saúde e qualidade de vida, não só dos trabalhadores, mas também, da população em geral.

Referências Bibliográficas

AREZES, P. M.; MIGUEL, A. S. (2005). "Hearing protection use in industry: The role of risk perception". *Safety Science*, vol. 43: 253-267.

BERGER, E. (2001). "The name of the game in Hearing Conservation Motivation". *AIHce'2001 Abstracts,* Paper n. 257, p. 52, New Orleans LA, USA.

DEJOY, D. (1999). "Attitudes and beliefs", *in Warnings and Risk Communication*, Chapter 9, London: Taylor & Francis.

DIAZ, Y.; RESNICK, M. (2000). "A model to predict employee compliance with employee corporate's safety regulations factoring risk perception". *Proceedings of the IEA2000/HFES2000 Congress,* San Diego, vol. 4, pp. 323-326.

ETSC — *European Transport Safety Council* (2003). *Transport Safety Performance in the EU: A Statistical Overview,* ETSC: Brussels, Belgium, ISBN 90-76024-154.

FARRAND, P.; MCKENNA, F. (2001). "Risk perception in novice drivers: the relationship between questionnaire measures and response latency". Transportation Research Part F: *Traffic Psychology and Behaviour,* volume 4, Issue 3, pp. 201-212.

FIELD, J. V.; BOEHM, K.; VINCENT, K.; SULLIVAN, J.; SERAFIN, S. (1993). "Individual Control of Risk: Seat Belt Use, Subjective Norms and the Theory of Reasoned Action", *in Risk: Issues in Health & Safety,* vol. 4, 329.

GLENDON, I., MCKENNA, E. (1995). *Human Safety and Risk Management.* London: Chapman & Hall.

HALE, A.; ELSE, D. (1984). "The Role of training and motivation in a successful personal protective equipment program". *Proc. Second Conference on Protective Equipment*, Canadian Centre for Occupational Safety and Health, Toronto.

JASANOFF, S. (1998). "The political science of risk perception". *Reliability Engineering & System Safety*, vol. 59, n. 1, pp. 91-99.

LUSK, S.; RONIS, D. L. and KERR, M. J. (1995). "Predictors of Hearing Protection Use Among Workers: Implications for Training Programs". *Human Factors*, 37(3), 635-640.

NELSON, D.; AYLOR, B.; NELSON, R. (1999). "Development of a questionnaire to examine worker risk perception of noise and use of hearing protection devices". *AIHce Conference Abstracts*, paper 19, Toronto, Canada.

ODPHP — *Office of Disease Prevention and Health Promotion* (1995). *Prevention Report*, US Public Heath Service, USA.

PÖYHÖNEN, M. (2000). "POLSSS: surveying stakeholders about acceptability of risk and system changes". *Safety Science*, vol. 35 (1-3), pp. 123-137.

RABINOWITZ, S.; MELAMED, S.; FEINER, M.; WEISBERG, E. (1996). "Hostility and hearing protection behavior: the mediating role of personal beliefs and low frustration tolerance". *Journal of Occupational Health Psychology*, vol. 1(4), pp. 375-381.

RUNDMO, T. (1996). "Associations between risk perception and safety". *Safety Science*, vol. 24, n. 3, pp. 197-209.

SJÖBERG, L.; DROTZ-SJÖBERG, B. (1994). "Risk perception". *Proceedings of an International Conference on Radiation and Society: Comprehending radiation risk*, OIEA, Paris.

SLOVIC, P. (1987). "Perception of risk". *Science (Washington)*, vol. 236, n. 4799, pp. 280-285.

STEWART TAYLOR, A.; CHERRIE, J. W. (1998). "Does risk perception affects behaviour and exposure? A pilot study amongst asbestos workers". *Ann. Occup. Hyg.*, 42:8, 565-569.

WEYMAN, A.; KELLY, C. (1999). *Risk perception and risk communication: a review of the literature.* Health and Safety Executive Contract Research Report n. 248/1999, 76 pgs., United Kingdom.

INS DA PREVIDÊNCIA E AVALIAÇÃO DA EXPOSIÇÃO AO RUÍDO: TEMPO DE MEDIÇÃO

Airton Kwitko

Esse tema vem sofrendo alterações com o tempo. Abaixo, um sumário das exigências mostradas nas diversas INs, até a atual, a IN n. 99. Minha opinião é de que agora tudo ficou mais claro e tecnicamente correto.

IN n. 42, de 22.1.2001

Art. 18. Na citação do grau de ruído, quando indicado nível de decibéis variável, deverá ser solicitado esclarecimento sobre sua média devidamente assinado por médico ou engenheiro do trabalho, ressalvada a hipótese do menor nível informado ser superior a 90 decibéis.

Parágrafo Único: Na hipótese do *caput, não será permitido* ao servidor *efetuar qualquer cálculo de média de ruído.*

IN n. 57, de 10.10.2001

Art. 173. III — na citação do grau de ruído, quando indicados níveis variados de decibéis, somente caberá o enquadramento como especial quando a dosimetria corresponder a, no mínimo, *setenta e cinco por cento da jornada de trabalho* (...).

IN n. 78, de 16.7.2002, e 84, de 17.12.2002

Art. 181. IV — na citação do ruído (Nível de Pressão Sonora), quando indicados níveis variados de decibéis, somente caberá o enquadramento como especial quando a *dosimetria da jornada de trabalho* permissível conforme anexo I da NR-15 (...);

Parágrafo único. A medição de ruído em *toda a jornada* poderá ser de modo individual para cada trabalhador ou considerando grupos homogêneos de risco, devendo ser explicitada qual das alternativas foi considerada na medição.

IN n. 99, de 5.12.2003

Art. 170. Os procedimentos técnicos de levantamento ambiental, ressalvada disposição em contrário, deverão considerar:

I — *a metodologia* e os procedimentos de avaliação dos agentes nocivos estabelecidos pelas Normas de Higiene Ocupacional — NHO da *FUNDACENTRO*;

NHO-01: Procedimentos de Avaliação

Abordagem dos locais e das condições de trabalho

A avaliação de ruído deverá ser feita de forma a caracterizar a exposição de todos os trabalhadores considerados no estudo.

Identificando-se grupos de trabalhadores que apresentem iguais características de exposição (*grupos homogêneos de exposição*) não precisarão ser avaliados todos os trabalhadores. As avaliações podem ser realizadas cobrindo um ou mais trabalhadores cuja situação corresponde à exposição (típica) de cada grupo considerado.

Havendo dúvidas quanto à possibilidade de redução do número de trabalhadores a serem avaliados, a abordagem deve considerar necessariamente a totalidade dos expostos no grupo considerado.

O *conjunto de medições deve ser representativo das condições reais de exposição ocupacional do* grupo de trabalhadores objeto do estudo. Desta forma, a avaliação deve cobrir todas as condições, operacionais e ambientais habituais, que envolvem o trabalhador no exercício de suas funções.

Para que as medições sejam representativas da exposição de toda a jornada de trabalho é importante que o período de amostragem seja adequadamente escolhido. Se forem identificados ciclos de exposição repetitivos durante a jornada, a amostragem deverá incluir um número suficiente de ciclos. A amostragem deverá cobrir um número maior de ciclos, caso estes não sejam regulares ou apresentem níveis com grandes variações de valores.

No decorrer da jornada diária, quando o trabalhador executar duas ou mais rotinas independentes de trabalho, a avaliação da exposição ocupacional poderá ser feita avaliando-se, separadamente, as condições de exposição em cada uma das rotinas e determinando-se a exposição ocupacional diária pela composição dos dados obtidos.

Havendo dúvidas quanto à representatividade da amostragem, esta deverá envolver necessariamente toda a jornada de trabalho.

Os procedimentos de avaliação devem interferir o mínimo possível nas condições ambientais e operacionais características da condição de trabalho em estudo.

Condições de exposição não rotineiras, decorrentes de operações ou procedimentos de trabalho previsíveis, mas não habituais, tais como manutenções preventivas, devem ser avaliadas e interpretadas isoladamente, considerando-se a sua contribuição na dose diária ou no nível de exposição.

Deverão ser obtidas informações administrativas, a serem corroboradas por observação de campo, necessárias na caracterização da exposição dos trabalhadores, com base no critério utilizado.

IN N. 118, DE 14.4.2005

Art. 180. A exposição ocupacional a ruído dará ensejo à aposentadoria especial quando os níveis de pressão sonora estiverem acima de oitenta dB (A), noventa dB (A) ou oitenta e cinco dB (A), conforme o caso, observado o seguinte:

I —;

II —;

III — a partir de 19 de novembro de 2003, será efetuado o Enquadramento quando o NEN se situar acima de oitenta e cinco dB (A) ou for ultrapassada a dose unitária, aplicando:

a) os limites de tolerância definidos no Quadro Anexo I da NR-15 do MTE;

b) as metodologias e os procedimentos definidos na NHO-01 da FUNDACENTRO, com o incremento de duplicidade da dose igual a 5 (cinco).

Assim, estabelece-se concordância de critérios da IN com a Legislação Trabalhista.

PERÍCIA E AVALIAÇÃO DE RUÍDO EM ATIVIDADES COM FONE DE OUVIDO (TELEFONISTAS):
Dosimetria de Ruído com Cabeça Artificial

Alexandre S. Ribeiro
Arthur M. B. Braga
Claudio Veloso Barreto
Giovanni Moraes de Araújo
Rogério Dias Regazzi
Fellipe M. Fassarella

A demanda por avaliações que gerem laudos consistentes da exposição ao ruído de fones de ouvido vem aumentando consideravelmente nos últimos anos. Umas das razões é que a partir de 1995 o INSS aboliu as profissões consideradas especiais, havendo necessidade de se comprovar o grau de exposição ao agente nocivo para se ter o direito ao benefício, isto é, a exposição dos agentes insalubres.

Dentre as profissões que mais utilizam fones de ouvido, pode-se destacar: os operadores de *telemarketing* e telefonistas, os quais, antes de 1995, tinham direito ao benefício da aposentadoria especial sem a necessidade de laudos técnicos específicos que avaliassem o grau de exposição ao ruído. Outras profissões como piloto de aeronaves, operador de áudio, operador de vídeo, operador de câmera, operador de VT, e atividades ligadas à área de telecomunicações, também necessitam de avaliação da exposição diária ao agente ruído por utilizarem fones de ouvido.

A perda auditiva devido à utilização de fone é discutida há anos. Pesquisas realizadas nos EUA mostraram que os jovens vêm perdendo a audição de forma acentuada pela utilização habitual com volume elevado dos fones de ouvido. Alguns fabricantes já utilizam um mecanismo que avisa ao usuário que o mesmo ultrapassou o limite de exposição. Esta técnica, que relaciona volume com tempo de uso, baseia-se na emissão de apitos sonoros em freqüências que evitam o mascaramento pela música. O usuário ouve o apito, o que dificulta a apreciação da música. Após a diminuição do volume o apito deixa de existir.

Normalmente os fones utilizados em ambientes de trabalho são monoaurais, isto é, apresentam apenas emissão de sons em um ouvido, favorecendo o aparecimento das perdas. Em ambientes ruidosos o indivíduo aumenta o volume do fone para compensar o ruído percebido pelo outro ouvido, agravando assim o problema.

A necessidade da avaliação ambiental é indispensável para o Programa de Conservação Auditiva (PCA) de uma empresa moderna e comprometida com sistema de gestão de segurança e saúde ocupacional. Haja vista que os problemas advindos da perda auditiva devido ao ruído ocupacional, que geram passivos trabalhistas, podem estar sendo mascarados pela falta de acompanhamento da exposição ao ruído desses profissionais.

Destaca-se, ainda, o direito aos benefícios do INSS dos profissionais que trabalham com fone de ouvido. Na grande maioria telefonistas e operadores de *telemarketing*, que são normalmente expostos a níveis de ruído entre 77 e 82 dB(A), dependendo do condicionamento acústico do ambiente de trabalho. Segundo os critérios do INSS, até 1997 as atividades que expõem os trabalhadores a ruído acima de 80 dB(A), são enquadradas como atividade especial. Os profissionais que trabalham com transporte aéreo, principalmente em helicópteros, e os que trabalham na área de televisão e rádio normalmente estão expostos a níveis de pressão sonora acima de 85 dB(A) devido ao elevado ruído de fundo do ambiente.

Estudos com Cabeça Artificial

O estudo com cabeça e torso artificial (*head and torso simulator*) no Brasil ainda é muito incipiente. A utilização dessa importante ferramenta de medição de nível de pressão sonora fornece dados importantes para as avaliações de dosimetria de ruído em fone de ouvido, de certificação de fones e telefones, de processos de melhoria de sons ambientes, de análise da eficiência de EPI para ruído de impacto, entre outras aplicações.

As técnicas tradicionais de medição de ruído mencionadas em procedimentos da FUNDACENTRO ou Instruções Normativas do INSS não são adequadas quando há necessidade de realizar a medição da exposição de trabalhadores que utilizam fones de ouvido (monoaurais ou biaurais) ou equipamentos semelhantes (capacetes e afins). O campo sonoro confinado em um pequeno volume, isto é, entre o fone ou capacete e o ouvido, não permite inserir um microfone de medição. Nestas situações, o método mais indicado é a utilização de uma cabeça artificial que simule aproximadamente as dimensões anatômicas de uma pessoa adulta, incluindo uma modelagem do seu trato auditivo (pavilhão auricular e canais auditivos).

Algumas situações podem ainda requerer que além da cabeça artificial seja necessária a utilização de um torso que compõe uma modelagem mais adequada do ser humano. Um exemplo desta situação seria a avaliação da exposição ao ruído de um trabalhador que utilizasse fones monoaurais em ambientes ruidosos, visto que o posicionamento do mesmo em relação à fonte principal e as reflexões no seu corpo podem influenciar o nível de ruído, percebido tanto no ouvido ocluso pelo fone, quanto naquele exposto diretamente ao ambiente.

Existem várias normas que tratam da utilização de cabeça artificial, principalmente para avaliação da qualidade de som para fins de entretenimento ou para avaliação da qualidade de voz em sistemas de telecomunicações. Estas normas definem vários aspectos relevantes da cabeça artificial, tais como: dimensões, materiais de fabricação, métodos de calibração e de ensaio. A seguir, são apresentadas umas relações das principais normas que tratam sobre o assunto:

• ITU-T *Recommendation* P.51 (1996): *Artificial mouths*;

• ITU-T *Recommendation* P.57 (1996): *Artificial ears*;

• ITU-T *Recommendation* P.58 (1996): *Head and torso simulator for telephonometry*;

• ITU-T *Recommendation* P.581 (2000): *Use of head and torso simulator (HATS) for hands-free terminal testing*;

• ITU-T *Recommendation* P.832 (2000): *Subjective performance evaluation of Hands-free Terminals*;

• IEC/TR 60959 (1990-05): *Provisional head and torso simulator for acoustic measurements on air conduction hearing aids*;

• ANSI S3.36-1985 (R 2001) — *American National Standard Specification for a Manikin for Simulated in-situ Airborne Acoustic Measurements*;

- British Standards Institution London (1993) BS EN24869-1 — *Sound Attenuation of Hearing Protectors. Part 1: Subjective method of measurement*;

- British Standards Institution London (1994) BS ISO 4869-2 — *Acoustics Hearing Protectors. Part 2: Estimation of effective A-weighted sound pressure levels when hearing protectors are worn*;

- British Standards Institution London (1994) BS ISO 4869-3 — *Acoustics Hearing Protectors. Part 3: Simplified method for the measurement of insertion loss of ear-muf type protectors for quality inspection purposes.*

Em vários estudos internacionais para a avaliação da exposição a níveis de pressão sonora elevados de trabalhadores, são utilizadas as técnicas de medição com cabeça artificial, que pode ser de diferentes tipos. Destaca-se que a avaliação de ruído com cabeça artificial pode ser de grande valia para avaliação da eficiência dos protetores auriculares para ruído de impacto. Cabe ressaltar que os ensaios de protetores auriculares seguem os critérios da norma ANSI S12.6/1997 — Método A (NRR), Método B (Método do Ouvido Real — Colocação do protetor pelo ouvinte — NRRsf) e atendem às situações relativas à exposição a ruído contínuo e/ou intermitente, não avaliando as características dos abafadores em relação aos ruídos de impacto, o que é esquecido pela maioria dos profissionais da área.

O Eng. *Alexandre Santana* (Pesquisador do Laboratório de Transdutores da PUC-Rio) no livro *Perícia e Avaliação de Ruído e Calor — Passo a Passo* sugere que é possível atuar preventivamente em situações nas quais o trabalhador necessite de fone de ouvido para executar suas atividades, utilizando para isso um equipamento entre a fonte de sinal e o fone, o qual atua como compressor dinâmico do nível de sinal aplicado ao fone de ouvido, diminuindo a intensidade sonora durante a sua utilização. Este deve ainda permitir que sejam realizados ajustes, de forma a fornecer um nível de sinal adequado para cada situação particular.

Figura 1. Medição realizada no Maracanã no jogo Fluminense x Corinthians (Foto de M. P. Pires, cortesia do Laboratório de Transdutores — PUC-Rio).

Metodologia e Procedimento de Medição (PUC-Rio)

Nas medições realizadas pelo Laboratório de Transdutores da PUC-Rio (http://www.mec.puc-rio.br/~gsfo/MAIN.HTM) é utilizada uma cabeça artificial da Neumann que possui internamente microfones, pré-amplificadores e fonte de alimentação. O sinal de medição é acoplado através de dispositivo específico de casamento de impedância ao áudio-dosímetro 706 da Larson Davis.

São fornecidos pelo sistema de medição (calibrador/cabeça-artificial/áudio-dosímetro) os níveis de pressão sonora em intervalos de 15 segundos em dB(A) na detecção *slow*, os níveis de pico nesses mesmos intervalos em dB(C) na detecção *fast* e o nível global em dB(A) de toda a jornada com os respectivos valores da dose e do tempo de exposição conforme os parâmetros da norma brasileira do Ministério do Trabalho e Emprego (NR-15 Anexo 1). A apresentação dos níveis de pressão sonora estatísticos, os Ln, permitem avaliar o tempo de permanência em determinados níveis de ruído, inclusive, se ocorreram níveis acima de 115 dB(A) e em qual percentagem de tempo eles ocorreram.

A seguir são apresentados os requisitos mínimos de medição com a utilização de um áudio-dosímetro e uma cabeça artificial da Neumann empregada nos processos de avaliação da exposição a níveis de pressão sonora com fone de ouvido do Laboratório de Transdutores do Departamento de Engenharia Mecânica da PUC-Rio:

• Quando possível, deve ser empregado um divisor/*spliter* adaptado à operação para a obtenção do mesmo NPS nos dois fones a serem utilizados, um no usuário e o outro na cabeça-artificial.

• Como alternativa deve-se utilizar o mesmo canal ou mesa de operação do usuário, alternando-se, neste caso, os fones em intervalos de 1 hora.

• Verificação da resposta do sistema de medição com um calibrador portátil antes e após as medições.

• No caso do usuário retirar o fone, a mesma operação deve ser realizada com a cabeça que deverá estar localizada no mesmo ambiente de trabalho se o ruído de fundo for maior que 80 dB(A).

Deve-se ressaltar que os requisitos apresentados são mínimos e requerem outros estudos para a conclusão dos processos de avaliação da exposição ao agente ruído.

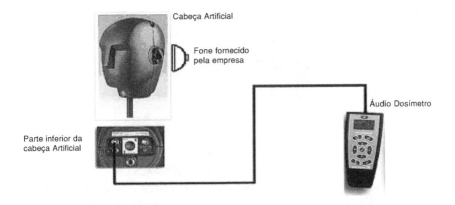

Figura 2. O desenho esquemático do sistema de medição com Cabeça Artificial (Cortesia: Laboratório de Transdutores — PUC-Rio)

As medições consistem, como pode ser visto no desenho esquemático da Figura 2, na substituição do microfone e pré-amplificador do equipamento de medição pela cabeça artificial que simula as características do ouvido humano. Utilizando um adaptador específico conecta-se o sinal de saída da cabeça com o medidor a ser utilizado. Para isso, deve-se optar por equipamentos de medição que permitam a conexão de sinais diretos. A verificação do ruído é feita com calibrador específico com certificado de calibração reconhecido, sendo necessária antes e após as medições.

Considerações Técnicas

Foram realizadas algumas medições em laboratório e analisados os dados tendo como referência os parâmetros da norma NR-15 e os procedimentos de medição da NHO-01. Os resultados serviram para estabelecermos algumas premissas técnicas:

• Os níveis limites são os mesmos da NR-15;

• A incerteza de medição do sistema de medição é de ± 2,5 dB;

• O nível de pressão sonora obtido com a cabeça artificial no ambiente é o mesmo do medido na altura da ombro do usuário do áudio-dosímetro, posição recomendada pela norma da FUNDACENTRO NHO-01;

Figura 3. Medição de NPS no operador e na cabeça artificial no mesmo ambiente (Cortesia: Laboratório de Transdutores — PUC-Rio).

A diferença entre as medições de nível de pressão sonora com dois dosímetros similares (*Larson Davis* 706) verificados com o mesmo calibrador nesse caso foi de 1,8 dB a mais para o áudio-dosímetro da cabeça quando comparado com um outro áudio-dosímetro posicionado a menos que 15 cm do ouvido do operador, como pode ser observado na Figura 3. Essa diferença é compatível com a incerteza de medição estimada, e pode ser relacionada a diversos fatores, como posição em relação a fonte e reverberação da sala, entre outros. Também foram realizadas medições com ruído branco e rosa para a avaliação do sistema de medição.

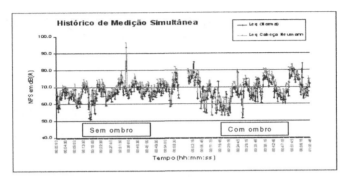

Figura 4. Resultados da avaliação comparativa de medição num mesmo ambiente com e sem Cabeça-Artificial.
(Cortesia: Laboratório de Transdutores — PUC-Rio)

No gráfico da Figura 4 podem ser verificadas as diferenças entre os resultados obtidos para medidas utilizando a cabeça artificial e a tradicional, baseada no uso de um audio-dosímetro situado a menos de 15 cm do ouvido. Inicialmente, o microfone do audio-dosímetro é posicionado próximo à cabeça artificial, portanto sem uma superfície reverberante (ombro).

No segundo caso, como mostrado na Figura 3, o microfone foi posicionado no ombro de um operador, situado atrás da cabeça artificial. A diferença entre os resultados obtidos pelos dois métodos foi pouco acima de 1 dB(A) no segundo caso. Maiores informações sobre a utilização da cabeça artificial podem ser obtidas no endereço eletrônico cvb-prg@mec.puc-rio.br.

Referências Bibliográficas

MORAES, Giovanni; REGAZZI, R. D.; VELOSO, Cláudio. *Gerente SST — Software — PPRA Eletrônico e Laudo de Ruído.* Versão 1.05, Rio de Janeiro, 2003.

MORAES, Giovanni e REGAZZI, R. D. *Perícia e Avaliação de Ruído e Calor Passo a Passo — Teoria e Prática.* 2ª ed., Rio de Janeiro, 2002.

MORAES, Giovanni. *Normas Regulamentadoras Comentadas.* 3ª ed., Rio de Janeiro, 2002.

MEDIÇÃO DE RUÍDO EM CASAS NOTURNAS

Rogério Dias Regazzi
Kerly Maire Servilieri
Everton Quintino Freitas
Diogo M. Kenupp Bastos
Ricardo Dias Rego
Elza Maria Sartorelli

1. Introdução

O ruído elevado é a principal causa de problemas auditivos em adultos. Afeta o bem-estar físico e mental. Diariamente as pessoas são expostas aos NPS em seus ambientes de trabalho e lazer sem ter o conhecimento dos danos e das leis que regem o assunto. O objetivo do trabalho é abordar os métodos, as normas e legislações pertinentes ao ruído ocupacional, além das diferenças históricas entre os limites de tolerância e do nexo causal da perda auditiva induzida pelo PAIRO somada a exposição a NPS elevado durante as atividades de lazer, entre outras.

São apresentados três exemplos curiosos de exposição aos NPS elevados: a exposição em casas noturnas, ruído em consultório de dentista e o toque da campainha de um celular a diferentes distâncias e na altura da orelha; utilizou-se a técnica de medição com cabeça artificial.

Os limites de tolerância (LT) utilizados na comparação com os resultados de medição foram os estabelecidos à época, de acordo com a legislação vigente. Considerou-se na análise o contato com substâncias ototóxicas como o tolueno e o benzeno mencionados na ACGIH (*American Conference of Governmental Industrial Hygiene*); norma americana utilizada como referência no Brasil quando não contemplados os limites de tolerância ou recomendações.

A NHO-01, por exemplo, faz parte da Série de Normas de Higiene Ocupacional (NHO's) elaborada por técnicos da Coordenação de Higiene do Trabalho da FUNDACENTRO, por meio do Projeto Difusão de Informações em Higiene do Trabalho, 1997/1998. Os procedimentos de medição empregados procuraram seguir tal norma. Os critérios aplicados foram os da NR-15 anexos 1 e 2 (conforme ref. a NHT 06, 07 e 09, substituída pela NHO-01).

Conclui-se o trabalho relacionando as perdas auditivas induzidas por ruído (PAIR) e o nexo causal com a atividade laboral (PAIRO), chamando a atenção para as diferenças entre as legislações trabalhistas e previdenciárias, além de outros fatores externos apresentados neste trabalho.

2. Ruído Ocupacional

As alterações com relação às exigências jurídicas e técnicas, principalmente a respeito das avaliações do ruído ocupacional, vêm sofrendo mudanças constantes nos últimos anos no Brasil.

Novas leis, instruções normativas e ordens de serviços referentes ao assunto vêm aproximando os dois Ministérios que regulamentam a matéria: Ministério do Trabalho e Emprego (MTE) e Ministério da Previdência e Assistência Social (MPAS-INSS).

As Normas Regulamentadoras do Ministério do Trabalho — NR, relativas à segurança e medicina do trabalho, são de observância obrigatória pelas empresas privadas e públicas e pelos órgãos públicos da administração direta e indireta, bem como pelos órgãos dos Poderes Legislativo e Judiciário, que possuam empregados regidos pela Consolidação das Leis do Trabalho — CLT (Lei n. 6.514 regulamentada pela Portaria n. 3.214).

A Previdência Social é responsabilidade do MPAS. É o seguro social para a pessoa que contribui, tendo como objetivo: reconhecer e conceder direitos aos seus segurados. A renda transferida pela Previdência Social é utilizada para substituir a renda do trabalhador contribuinte, quando ele perde a capacidade de trabalho, seja pela doença, invalidez, idade avançada, morte e desemprego involuntário, ou mesmo a maternidade e a reclusão.

De acordo com o art. 202, inciso II da Constituição Federal de 1988 o benefício por tempo de serviço em atividade especial deveria ser concedido ao trabalhador que "exercia" atividade perigosa, penosa ou insalubre. A partir de março de 1995, através da Lei n. 9.032 que modificou o art. 57 da Lei n. 8.213/91, foi instituído um novo conceito para aposentadoria especial corrigindo algumas interpretações inadequadas do texto constitucional. O enquadramento como atividade especial, a partir 1995, passou a reger apenas as atividades ou operações que expõem os colaboradores a agentes insalubres, aumentando a presença da fiscalização nas empresas para comprovação dos fatos e dados fornecidos ao INSS.

As atividades ou operações insalubres passaram a ser definidas de acordo com os LT ou a presença no ambiente de trabalho de determinados agentes físicos, químicos ou biológicos. Portanto, para se concluir que determinada atividade é insalubre ou não, deve-se em primeiro momento estabelecer o que está se querendo atender: aos requisitos do MTE ou ao do MPAS, pois o que é insalubre para o MTE não é, necessariamente, considerado insalubre para o MPAS e, vice-versa.

O INSS através do MPAS, com relação ao agente ruído, alterou nos dez últimos anos três vezes os limites considerados insalubres para a jornada diária de trabalho: de 80 dB(A) até 1997, passando para 90 dB(A) e, atualmente, baixou para 85 dB(A), através da Instrução Normativa 99 do INSS de início de 2004.

A partir de 1999 do Decreto n. 3.048/99, o INSS passou a arrecadar ao SAT (Seguro de Acidente de Trabalho) a alíquota de 1%, 2% a 3% de acordo com o grau de risco da empresa e, ainda, através do documento chamado GFIP o órgão passou a arrecadar a alíquota aplicada entre 6%, 9% e 12%, tendo como base de cálculo o salário dos empregados expostos a agentes insalubres.

A partir destas últimas modificações o agente ruído passou a ser o foco de atenção do INSS, ressaltando-se os procedimentos e os parâmetros que devem ser empregados nas medições, indicando a metodologia necessária à análise da exposição do trabalhador e as medidas de controle empregadas.

3. Limites de Tolerância

Os equipamentos de medição atuais compõem automaticamente a tabela para determinação da dose medida e projetada.

NPS em dB(A)	Tempo Diário Permitido	Dose %
85	8 horas	100
90	4 horas	100
95	2 horas	100
100	1 hora	100
...	...	100

Tabela 1. NR-15 anexo 1.

Entende-se que o LT depende das informações de parâmetros das normas configurados no equipamento de medição. A cada acréscimo de 5 dB no NPS o tempo deve cair pela metade para que o limite não seja superado, para que a dose não ultrapasse os 100% permitidos diariamente. Deve-se entender também que o equipamento despreza os valores abaixo de 80 dB(A); contabilizando os tempos.

Equações do NPS médio ponderado:

$$TWA = \frac{q}{\log 2} \times \log\left(\frac{1}{T} \times \int_0^T (\frac{p(t)}{Po})^{\frac{20 \times \log 2}{q}} dt\right) \quad (1)$$

$$TWA = 16{,}609 \times \log(\frac{9{,}6 \times Dose(\%)}{T}) + 80 \quad (2)$$

Deve-se salientar que as equações apresentadas seguem os critérios estabelecidos na NR-15. Embora, seja de conhecimento que os critérios que definem os LT para ruído contínuo ou intermitente da NHO-01 da FUNDACENTRO estão baseados em conceitos e parâmetros técnico-científicos modernos, seguindo tendências internacionais atuais, critério legal. Desta forma, os resultados obtidos e sua interpretação quando da aplicação desta Norma podem diferir daqueles obtidos na caracterização da insalubridade pela aplicação do disposto na NR-15, anexo 1, da Portaria n. 3.214 de 1978.

No anexo 2 da NR-15 são fornecidos os limites para níveis impulsivos, 120 dB(C) e 130 dB(C) quando usado detecção rápida e 130 dB(C) e 140 dB(C) para circuitos impulsivos. Na NHO-01 da FUNDACENTRO os limites para ruído de impacto são em função do número de ocorrência diário do pico de ruído em dB(lin).

4. Medição de ruído em casas noturnas

Estes ambientes são procurados por pessoas para diversão e alívio das tensões do dia a dia.

Para a análise dos resultados, considerou-se a norma do Ministério do Trabalho NR-15 anexos 1 e 2 e os procedimentos de medição da FUNDACENTRO NHO-01; conforme item 3 deste documento.

Foram realizadas projeções das doses de exposição em pessoas que frequentam o interior desses estabelecimentos, incluindo seus funcionários. Os procedimentos e resultados encontrados são apresentados a seguir.

4.1. Procedimento da Avaliação em Boate

Inicialmente, procurou-se avaliar o nível de ruído a que um frequentador habitual de boates é submetido.

Foram estudados dois casos, duas boates do Rio de Janeiro, um cliente em cada uma delas portando o dosímetro.

Analisaram-se separadamente os NPS das pistas de dança e áreas adjacentes (bar, circulação, banheiro, etc.) e a dose de ruído, segundo parâmetros da Norma (item 3), recebida pelos frequentadores durante sua permanência no local.

A ocorrência de níveis de ruído extremamente elevados gerou uma preocupação, com a qualidade auditiva dos funcionários destes estabelecimentos.

4.2. Premissas da Avaliação do Ruído em Boate

Considerou-se em média o tempo de permanência do cliente no interior das boates de 4h e dos funcionários 6h. As projeções das doses foram realizadas utilizando-se o programa Gerente SST nestes períodos.

As medições foram realizadas em três boates situadas no Município do Rio de Janeiro. A descrição, como pode ser vista a seguir, é sucinta devido ao sigilo:

• Boate "A" situada no Centro da Cidade e muito frequentada por pessoas mais velhas.

• Boate "B" situada na Barra da Tijuca e muito frequentada por jovens.

• Boate "C" situada também na Barra da Tijuca, frequentada por pessoas de todas as idades.

4.3. Resultados das Medições nas Boates

Boate "A": alternância entre música ao vivo e discoteca:

— dois ambientes sem separação;

— medidor preso no cliente;

— período de medição de 3 horas (21:00 às 24:00).

LEQ: Nível de Pressão Sonora Equivalente no período de medição no interior da boate de 103,2 dB(A).

— Música ao vivo: 108,2 dB(A).

— Discoteca: 101,0 dB(A).

Foi verificado no histórico do audio-dosímetro um LEQ de 111,3 dB(A) entre o período de 22:10 às 22:35.

Áreas adjacentes (bar e acessos): LEQ de 95,0 dB(A).

Boate "B": som apenas de discoteca:

— três ambientes sem separação;

— medidor preso no cliente;

— período de medição de 3 horas (01:00 às 04:00).

LEQ durante o período de medição no interior da boate de 100,0 dB(A).

— Discoteca: 104,5 dB(A).

— Áreas adjacentes: 91 dB(A).

Boate "C": música ao vivo e discoteca em ambientes separados:

— vários ambientes com separações;

— medidor preso no garçom;

— período de medição de 4 horas (23:00 às 03:00).

LEQ durante o período de medição no interior da boite de 95,9 dB(A).

— Música ao vivo: 95 dB(A) — subsolo.

— Discoteca: 98,5 dB(A) — terceiro pavimento.

— Áreas adjacentes:

Leq de 81 dB(A) — primeiro pavimento.

Leq de 87 dB(A) — segundo pavimento.

Na boate "A", o tempo de exposição máximo admissível diariamente para o NPS de 103,2dB(A) é de 39 minutos e na boate "B", é de 60 minutos. Ao considerar que o tempo de permanência de clientes no local varia de 180 minutos (3 horas) a 240 minutos (4 horas) admite-se que poderá haver um forte comprometimento à saúde auditiva dos indivíduos que frequentam estes locais uma vez por semana.

Os funcionários destas boates podem adquirir um problema de saúde auditiva ainda mais sério, devido à maior permanência no ambiente. As medições na boate "C", considerada a de melhor condicionamento acústico dentre as três estudadas, atingem um NPS para a jornada de trabalho de 95,9 dB(A), que corresponde a uma exposição máxima de 104 minutos/dia. Sendo o tempo de exposição diário estimado, dos garçons, de 360 minutos (item 4.2), chega-se a uma dose de 340%. Em apenas dois dias o garçom fica exposto a 680% de dose, isto é, mais que os 500% (5x100%) permitidos na semana.

AVALIAÇÃO DO RUÍDO EM CONSULTÓRIO DE DENTISTA

Rogério Dias Regazzi
Kerly Maire Servilieri
Everton Quintino Freitas
Diogo M. Kenupp Bastos
Ricardo Dias Rego
Elza Maria Sartorelli

Uma questão curiosa que sempre pairou sobre as pessoas é o "barulho" do motorzinho do dentista e por conseqüência a exposição do dentista e do paciente a NPS elevados que possam prejudicar a saúde. Desse assunto também surge a preocupação com a voz. Na maioria dos consultórios o dentista constantemente conversa com o paciente distraindo-o ao máximo para realizar seu trabalho. Quanto maior o ruído de fundo do ambiente mais o profissional tem que elevar a voz para ser entendido.

No caso analisado na sala de cirurgia há seis cadeiras de dentista posicionadas no ambiente sem barreira física.

Procedimento da Avaliação em Consultório

As medições ocorreram em consultório dentário onde são realizados cursos de pós-graduação em tratamento de canal para dentistas. Foi escolhido um dentista que acabara de receber um paciente para tratamento de canal. Posicionou-se o audio-dosímetro 706 da *Larson Davis* na cintura do cirurgião-dentista e o microfone na altura da gola a cerca de 15 cm da orelha direita.

Também foi utilizado um analisador de freqüência modelo 2800 da *Larson Davis* para o mapeamento das principais fontes existentes no consultório.

Resultado das Medições no Consultório

Com o auxílio de um audio-dosímetro obteve-se o histórico do NPS em intervalos de 5 segundos durante uma hora e oito minutos de medição o que permitiu uma análise confiável dos ruídos envolvidos com a atividade. Verificou-se em algumas operações com a ferramenta de alta rotação um NPS superior a 94,9 dBA, embora o nível equivalente contínuo (Leq) durante todo o tempo de medição tenha ficado em 76,0 dB(A). Na sala também são realizadas outras atividades.

Com o auxílio de um analisador de freqüência de ruído rastrearam-se as diferentes fontes envolvidas no histórico de medição:

Tabela 3. Mapeamento das Fontes do Consultório.

Fonte de Ruído	Atividade	NPS
Alta Rotação Mínima	Tratamento de Canal	74,0 dB(A)
Alta Rotação Média	Tratamento de Canal	86,1 dB(A)
Alta Rotação Máxima	Tratamento de Canal	94,9 dB(A)
Bomba a Vácuo (1m)	------------	75,4 dB(A)
Sugador Dentista	Tratamento de Canal	82,0 dB(A)
Trabalho Manual com bomba operando	Tratamento de Canal	68,0 dB(A)
Trabalho Manual com a bomba inoperante	Tratamento de Canal	63,5 dB(A)
Bomba a Vácuo operando a 2m	------------	71,3 dB(A)

Comparando os resultados encontrados com os limites das normas podemos constatar que embora os NPS em certas operações sejam muito elevados, em média, a atividade realizada neste local apresenta valores abaixo de 80,0 dBA.

Pode-se concluir que a atividade analisada não é considerada insalubre, pois não atinge o limite de ação estabelecido na NR-9.

Por outro lado, o valor do Leq de 76,0 dB(A) ultrapassou os 65,0 dB(A), recomendado para conforto acústico em ambiente de trabalho segundo a NR-17 (Ergonomia). Tal ruído causa um desconforto e conseqüentemente um estresse no profissional. O nível de inteligibilidade desses ambientes também deve ser avaliado para minimizar problemas com a voz. Normalmente é utilizado o índice NIC — Nível de Interferência na Comunicação ou o *Speech Interference Level* — SIL.

AVALIAÇÃO DO RUÍDO EM CELULAR

Rogério Dias Regazzi
Kerly Maire Servilieri
Everton Quintino Freitas
Diogo M. Kenupp Bastos
Ricardo Dias Rego
Elza Maria Sartorelli

Outra questão peculiar que paira é o ruído emitido pelo celular quanto ao toque da campainha. Há casos de pessoas que alegam terem ficado surdas com o toque do celular quando o mesmo estava próximo ao ouvido.

Deve-se avaliar a susceptibilidade individual sem abandonar os critérios e limites apresentados pelas Normas, obtendo o respaldo necessário ao relacionar a atividade ou operação executada. Desta forma pode ser estabelecido o nexo causal. A verificação do histórico de saúde do indivíduo através dos exames audiométricos de referência e seqüenciais descritos na NR-7 é também muito importante nesses casos.

Avaliação do Toque do Celular

Posicionou-se um celular específico com o volume no máximo em várias distâncias simulando a localização.

As medições foram realizadas com um audio-dosímetro e uma cabeça artificial da Neumann devidamente verificada e corrigida para medições na altura do ombro (critério das normas).

Avaliou-se o NPS emitido pelo celular quando encostado na orelha com um toque específico.

As posições do aparelho celular na orelha podem ser visualizadas nas fotos que se seguem:

Fig. 1. Posição correta encostado.   Fig. 2. Alto-falante de chamada encostado.

Níveis Globais com Analisador de Freqüência

• Toque *Badinerie* Alto-Falante a 1,5 cm: NPS/LEQ = 103,5 dB(A); Lmax = 105,2 dB(A); IMPULSE: 109,2 dB(A).

• Toque *Badinerie* Alto-Falante a 4,5 cm: NPS/LEQ = 92,8 dB(A); Lmax = 94,4 dB(A); IMPULSE: 99,1 dB(A).

• Toque *Badinerie* Alto-Falante a 15 cm: NPS/LEQ = 80,7 dB(A); Lmax = 84,3 dB(A); IMPULSE: 91,5dB(A)

• Toque *Badinerie* Alto-Falante a 35 cm: NPS/LEQ = 68,3 dB(A); Lmax = 68,9 dB(A); IMPULSE: 72,9dB(A)

Medições com Dosímetro e Cabeça Artificial

São apresentados a seguir na detecção "slow" na escala "A" o NPS médio e máximo (Lmax) obtido durante as medições:

• Posição correta encostado (fig. 1): NPS/LEQ = 94,7 dB(A); Lmax = 97,6 dB(A)

• Alto-falante de chamada encostado (fig. 2): NPS/LEQ = 109,9 dB(A); Lmax = 113,5 dB(A)

Comparando os resultados de medição com os LT das normas apresentados no item 3 pode-se considerar que os NPS emitidos pelo aparelho celular avaliado estão abaixo dos considerados prejudiciais ou de risco iminente devido ao tempo de exposição. A probabilidade de ocorrência de algum dano ao aparelho auditivo nas condições avaliadas pode ser considerada pequena para a maioria dos indivíduos saudáveis.

Os valores apresentados foram os mais altos encontrados nas posições do celular em relação ao microfone de campo livre do analisador e do microfone de pressão da cabeça artificial acoplada ao dosímetro.

AUDIOMETRIA OCUPACIONAL: A MELHORA AUDIOMÉTRICA

Airton Kwitko

A legislação brasileira é bastante adequada a respeito de aspectos audiométricos e conservação auditiva. Isso não significa que o atendimento à totalidade das exigências legais seja adotado, e que se implemente da forma mais eficaz possível.

O avanço das legislações trabalhistas e previdenciárias, especialmente as Instruções Normativas n. 99 e 100 do INSS, tem aumentado significativamente a necessidade das empresas desenvolverem o PCA — Programa de Conservação Auditiva — de reconhecida excelência. Se olharmos o assunto de trás para frente, veremos que todas as fases do PCA[1] conduzem a duas situações que se constituem em necessidades absolutas de conhecimento:

1. Quem ingressou na empresa com audição aceitável/alterada sugestiva de PAIR e a mantém estável.

2. Quem ingressou na empresa com audição aceitável/alterada sugestiva de PAIR e a tem agravada por possível relação com o ruído ocupacional.

O PCA — que trata entre outros tópicos de avaliações de ruído e medidas de controle administrativas, coletivas e/ou individuais — tem toda informação necessária centrada na audiometria. Entretanto, sabemos que audiometrias são testes subjetivos de reconhecida inconfiabilidade, pois alterações observadas em um ano podem não se repetir em outro, e vice-versa. Perdas podem aparecer de forma signi-

---

(1) • Levantamento das áreas de ruído e das exposições ao ruído;
• Medidas administrativas;
• Medidas de engenharia;
• Medidas de proteção individual;
• Testes audiométricos;
• Educação;
• Auditoria.

ficativa e desaparecer como que por encanto, mas o registro na história ocupacional irá persistir, ou seja: a história audiométrica do indivíduo não corresponde muitas vezes à realidade fática. Ainda, é preciso considerar que nossa legislação não contempla o retrocesso nos achados audiométricos, pois existe o desencadeamento, também desencadeamento e o agravamento, todas essas situações que apenas pretendem estimar a progressão de uma perda auditiva, mas não é citada a melhora, e por isso mesmo, nenhum critério para a quantificar matematicamente é apresentado, ao contrário das demais possibilidades citadas anteriormente, que têm padrões bem definidos para sua análise seqüencial.

Como o acompanhamento audiométrico precisa definir o teste referencial, que é aquele com o qual os subseqüentes serão comparados, a desconsideração da melhora audiométrica pode originar situações em que a um agravamento observado em um ano — e que passa a ser o teste referencial — pode se suceder outro teste com melhora em relação ao referencial, e uma dúvida surgirá: qual o teste que é o atual referencial para os subseqüentes?

Diante disso adotamos, em nossa prática diária e no sistema informatizado que desenvolvemos e utilizamos, o conceito da "melhora" audiométrica. O uso das aspas é para enfatizar que a melhora não corresponde, na imensa maioria das vezes, a uma real condição de restabelecimento de limiar auditivo, e sim um retorno a uma situação que pode corresponder à realidade, e que por diversas causas, mostrou valores diferentes. Essa observação se impõe pois se afirmamos que perdas auditivas ocupacionais são irreversíveis, não há como explicar medicamente a "melhora" audiométrica. A justificativa para o seu achado é exatamente essa: a melhora corresponde a uma resposta mais adequada ao estímulo auditivo audiométrico e não a uma real melhora da audição do indivíduo.

O conceito de melhora que adotamos "pega carona" nos critérios adotados pela legislação para as situações que considera. Na legislação pertinente existem dois critérios, que são o de médias em freqüências específicas e a comparação entre duas freqüências, sendo que no primeiro caso considera-se um valor maior do que 10 dB para definir o achado, e no segundo uma diferença isolada de 15 dB. A melhora teria uma definição matemática semelhante, com sinal trocado: enquanto que o desencadeamento, também desencadeamento e agravamento são considerados quando há uma alteração positiva, a melhora existe quando há um achado negativo (TABELA 1).

MELHORA		DESENCADEAMENTO TAMBÉM DESENCADEAMENTO AGRAVAMENTO	
CRITÉRIO DE MÉDIAS = (-) 10 dB	FREQÜÊNCIA ISOLADA = (-) 15 dB	CRITÉRIO DE MÉDIAS = (+) 10 dB	FREQÜÊNCIA ISOLADA = (+) 15 dB

Tabela 1. Critérios para caracterizar a melhora audiométrica

Na Figura 1 observa-se que:

a) No teste de 01/1998, periódico mas o primeiro disponível, ambas as orelhas eram as referências. Isso é óbvio por se tratar do primeiro teste disponível.

b) No teste de 07/1999, por não ter ocorrido nenhuma alteração matemática, o referencial para ambas as orelhas, permaneceu o teste de 01/1998.

c) No teste de 07/2000 ocorreu na orelha esquerda uma alteração na freqüência de 6.0 kHz, que passou de um limiar de 25 para 40 dB(NA). Assim, esse teste tornou-se o referencial para essa orelha, permanecendo o teste de 01/1999 como referencial para a orelha direita.

d) No teste de 07/2001 ocorreu nova alteração mas, dessa vez, de melhora. Na mesma freqüência em que se observara o também desencadeamento — 6.0 kHz na orelha esquerda — agora se constatou um limiar de 25 dB (BNA). Ou seja: Houve uma melhora em relação ao referencial anterior, que tinha na mesma freqüência um limiar de 40 dB (NA). Se não houvesse uma consideração desse fato — melhora audiométrica — o referencial permaneceria sendo o teste de 07/2000. Com a melhora sendo calculada pelo sistema, o referencial para a orelha esquerda passa a ser o teste de 07/2001.

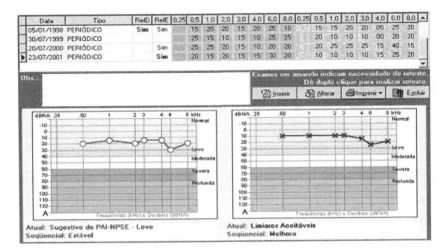

Figura 1. Testes audiométricos seqüenciais mostrando a melhora.

Observe-se que o referencial não é para o indivíduo: é para cada orelha. Dessa forma, poderemos ter referenciais com datas distintas. No caso, agora para a orelha direita o referencial é o teste de 01/1998 e para a esquerda o de 07/2001.

Temos utilizado o conceito de melhora audiométrica desde 1999, quando adotamos um acompanhamento audiométrico informatizado. Em 08/2004 a OSHA publicou alteração nos critérios para atenção a aspectos do ruído ocupacional, como avaliação do mesmo, audiometrias, EPIs, etc. Essa alteração é a *Standard on Occupational Noise Exposure (Noise)* (29 CFR 1910.95).[2]

Na seção que responde a dúvidas técnicas[3] lê-se o seguinte: "(...) OSHA permite que empregadores revisem a audiometria referencial, substituindo o audiograma atual pelo referencial quando a alteração audiométrica não é persistente. (...) Como corolário, um audiograma anual pode ser substituído pelo audiograma referencial quando os limiares mostram melhora significativa". O reconhecimento da melhora audiométrica pela OSHA e a sua inclusão na revisão que procedeu no ano de 2004 nos trouxe muita satisfação, pois de certa forma endossou o conceito que há tantos anos utilizamos, mesmo que na nossa legislação não esteja contemplado.

---

(2) http://www.osha.gov/pls/oshaweb/owadisp.show_document?p_table=FEDERAL_REGISTER&p_id=18055.
(3) http://www.osha.gov/pls/oshaweb/owadisp.show_document?p_table=INTERPRETATIONS&p_id=24565

Outra situação que merece consideração especial é a que diz respeito àquela em que o histórico audiométrico do indivíduo contempla teste(s) nitidamente divergente(s) em relação ao conjunto.

Na Figura 2 observa-se que o teste de 12/2003 tem limiares em 6.0 kHz em AO com alterações que não sobreviveram no teste seguinte, de 12/2004 (OD = 30 dB(NA) e OE = 40dB(NA).

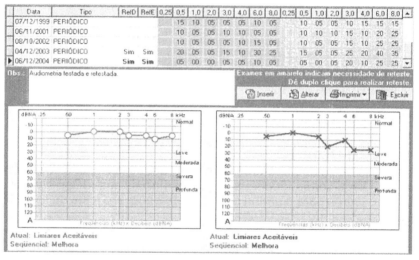

Figura 2. Testes audiométricos seqüenciais mostrando teste divergente.

Se o reconhecimento das inconfiabilidades audïométricas é manifestada pela possibilidade de se retroagir na definição do teste referencial quando há uma melhora audiométrica dos limiares, como contemplado pelos atuais critérios da OSHA, e pela forma que abordamos o assunto, há ainda a possibilidade de se descartar o(s) teste(s) incoerente(s) em relação aos demais. No site http://www.caohc.org/updatearticles/fall2002/osha.html lê-se em Resultados de Testes Subseqüentes: "Se o último teste realizado como parte do PCA indica que a alteração auditiva não é persistente, pode o empregador deletar ou descartar da análise seqüencial esse teste".

Isso significa que a análise médica de um caso pode e deve considerar a consistência dos dados audiométricos e eventualmente descartar aquele(s) que se mostra(m) significativamente divergente(s) em relação aos demais. Dessa forma, o teste de 12/2003, na Figura 2, pode ser descartado da análise seqüencial, pois a perda que indica não se reproduz ou tem continuidade no teste seguinte.

Diante do exposto, concluimos que a adoção de um critério que considere a melhora dos limiares audiométricos é detalhe significativo em um sistema de análise seqüencial da audição de indivíduos expostos ao ruído ocupacional, e que a metodologia que adotamos tem consistência e, agora, respaldo legal, se não na nossa legislação mas em padrões definidos pela OSHA.

GESTÃO AUDIOMÉTRICA OCUPACIONAL: LTCAT, EPI/EPC, GFIP E EVIDÊNCIAS MÉDICAS

Airton Kwitko

Como o ruído ocupacional é o agente nocivo mais amplamente observado nos ambientes laborais, merece uma consideração especial, tanto por toda legislação previdenciária, como pelos profissionais que executam alguma atividade de saúde e segurança no trabalho.

A presença do agente nocivo ruído ocupacional pode proporcionar aos indivíduos expostos benefícios em termos de aposentadoria precoce, dita "especial" (AE). O art. 171 da IN-99 (5.12.2003) diz: "A exposição ocupacional a ruído dará ensejo à aposentadoria especial quando os níveis de pressão sonora estiverem acima de oitenta dB (A), noventa dB (A) ou oitenta e cinco dB (A), conforme o caso (...)." Esse "conforme o caso" no art. 171 se reporta aos diferentes períodos e níveis de exposição em que o ruído era considerado como agente nocivo (80 dB(A), 90 dB(A) e 85 dB(A)).

Se o texto do art. 171 terminasse por aqui, todos os expostos a níveis elevados de ruído, cujo limite de tolerância atual para a Previdência corresponde a 85 dB(A), estariam enquadrados no critério de recebimento da AE. Ocorre que os §§ IV e V do art. 171 dizem, respectivamente, que será considerada a adoção de Equipamento de Proteção Coletiva (EPC) e do Equipamento de Proteção Individual (EPI) que elimine ou neutralize a nocividade. Observe-se que a referência é ao EPC *e* ao EPI, e não ao EPC *ou* EPI, como aparecia na IN-78 (IN-78, art. 156, § VII, letra *a*: se a utilização do EPC ou do EPI reduzir a nocividade do agente nocivo de modo a atenuar ou a neutralizar seus efeitos em relação aos limites de tolerância legais estabelecidos).

A Lei n. 9.732, de 11.12.1998, diz no § 1º que a comprovação da efetiva exposição do segurado aos agentes nocivos será feita mediante formulário emitido pela empresa ou seu preposto (agora, o PPP), com base em laudo técnico de condições ambientais do trabalho (LTCAT), e no § 2º que desse laudo deverão constar informações sobre a existência de tecnologia de proteção coletiva ou individual que diminua a intensidade do agente agressivo a limites de tolerância e recomendação sobre a sua adoção pelo estabelecimento respectivo. Conteúdo semelhante é observado no art. 68 do Decreto n. 3.048, de 6.5.1999 nos §§ 2º e 3º, e no Decreto n. 4.882, de 18.11.2003, § 3º.

Dessa forma, o trabalhador tem direito a AE quando trabalha exposto a níveis de ruído maiores do que 85 dB(A) (nível legal atualmente considerado), mas se o LTCAT indicar que há tecnologia de proteção, coletiva e individual, que diminua a intensidade do ruído a limites aceitáreis, a AE não será concedida. Ou seja: quem decide se o direito existe ou não é o LTCAT.

As exigências do LTCAT estão relacionadas no texto do art. 155 da IN INSS/DC n. 84 de 17.12.2002. Eis um sumário das informações exigidas:

I — dados da empresa;

II — setor de trabalho;

III — condições ambientais do local de trabalho;

IV — registro dos agentes nocivos, concentração, intensidade, tempo de exposição e metodologia utilizadas;

V — para agentes químicos, o nome da substância ativa;

VI — duração do trabalho que expôs o trabalhador aos agentes nocivos;

VII — informação sobre existência e aplicação efetiva de EPI ou EPC que neutralizem ou atenuem os efeitos da nocividade dos agentes em relação aos limites de tolerância estabelecidos;

VIII — métodos, técnica, aparelhagens e equipamentos utilizados para a elaboração do LTCAT;

IX — conclusão do médico do trabalho ou do engenheiro de segurança do trabalho responsável pela elaboração do laudo técnico, devendo conter informações claras e objetivas a respeito dos agentes nocivos, referentes à potencialidade de causar prejuízo à saúde ou à integridade física do trabalhador;

X — especificação se o signatário do laudo técnico é ou foi contratado da empresa, à época da confecção do laudo, ou, em caso negativo, se existe documentação formal de sua contratação como profissional autônomo para a subscrição do laudo;

XI — data e local da inspeção técnica da qual resultou o laudo técnico.

Observe-se que no LTCAT não é exigida informação sobre os códigos do sistema SEFIP/GFIP, referente ao recolhimento das denominadas Alíquotas Suplementares do Seguro de Acidentes do Trabalho (SAT) criadas pelo texto da Lei n. 9.732 de 11.12.98. O LTCAT tem apenas por finalidade dar sustentabilidade técnica às condições ambientais existentes na empresa e subsidiar o enquadramento de tais atividades no sistema SEFIP/GFIP. Também, não há impedimento que se indiquem tais códigos se o elaborador do LTCAT souber indicar o código correto, mas é preciso destacar que a decisão final é da empresa.

Ou seja: Uma coisa é a informação constante no LTCAT, especialmente nos itens VII e IX, a respeito da existência de EPI ou EPC que neutralizem ou atenuem os efeitos da nocividade do ruído, outra é a realidade dessa neutralização/atenuação para os ouvidos do trabalhador. Assim, no LTCAT é possível estimar-se a eficiência da atenuação de um EPI auditivo pelo seu NRR, seja pelo método NIOSH 1 (longo) que utiliza bandas de oitava, seja pelo método NIOSH 2, quando os níveis de ruído são conhecidos em dB(C), seja pelo método NIOSH 3 (níveis de ruído conhecidos em dB(A). Ou até mesmo, quando a eficiência do EPI é estimada pelo NRR-SF. Mas, e quanto à eficácia dos EPIs?

Diferença entre eficiência e eficácia: Vamos exemplificar com o EPC/EPI, os quais podem ser eficientes, mas não eficazes, já que a primeira condição se refere a uma qualidade do produto, e a segunda está relacionada com o resultado. Por exemplo, um EPI auditivo matematicamente escolhido pelo método longo, curto, considerada a NRR, a NRR-SF, etc. é eficiente para neutralizar/atenuar o ruído que chega nos ouvidos do trabalhador, mas se o mesmo não o utiliza, ou o EPI já se desgastou com o tempo e não foi substituído em tempo hábil, ou o trabalhador não foi suficientemente treinado para o inserir corretamente ou não está adequadamente motivado e conscientizado para o uso, ou o tamanho do seu meato auditivo externo é muito grande ou muito pequeno em relação a um EPI tamanho único, ou, ou, ou ... o eficiente EPI não será eficaz para evitar a perda auditiva, seja a que irá se instalar, seja a que poderá se agravar.

Dessa forma, constata-se que:

1. O trabalhador tem direito a AE se há exposição ao ruído em níveis acima de 85 dB(A);

2. Entretanto, se o LTCAT informar da existência de tecnologia de proteção coletiva e individual que neutralize/atenue o ruído a valores abaixo dos 85 dB(A), o trabalhador não terá direito a AE;

3. Subsidiada pela informação do LTCAT, a empresa não recolhe adicional ao SAT;

4. A veracidade do não recolhimento depende da neutralização/ atenuação do ruído que é informada pelo LTCAT, mas necessita de evidências médicas para comprovação, e assim:

a) Se as evidências médicas comprovarem que inexistem agravos causados pelo ruído à audição dos trabalhadores o não recolhimento está justificado;

b) Se, ao contrário, agravos ocorrerem, não há como justificar o não recolhimento e a Previdência pode constituir o crédito.

Até o momento, as afirmativas originadas pela empresa se revestem de foro de veracidade, cabendo à Previdência o ônus da prova em contrário — Lei n. 10.403 de 8.1.2002. Mas isso poderá se alterar.

Atualmente os Ministérios da Previdência Social, da Saúde e do Trabalho e Emprego fazem retoques finais na proposta de Política Nacional de Segurança e Saúde do Trabalhador, cujo objetivo é construir no Brasil um novo sistema de SST, com vistas a reduzir as atuais estatísticas de três mortes a cada duas horas e de três acidentes não fatais a cada um minuto. Esse é o tema "ponto alto" da 3ª Conferência Nacional de SST, em junho de 2005.

A partir de um esboço criado pelo Ministério da Previdência a proposta está alicerçada em três bases: 1) instituição do FAP, Fator Acidentário Previdenciário, que flexibiliza de 50% a 100% a atual alíquota de 1%, 2% ou 3% do SAT (Seguro Acidente de Trabalho), conforme a CNAE (Classificação Nacional de Atividades Econômicas); 2) constituição do nexo epidemiológico, a partir de metodologia aprovada na resolução já citada, com base na CID (Classificação Internacional de Doença) e CNAE, e conseqüentemente a extinção do nexo causal individual; 3) inversão do ônus da prova do nexo acidentário.

Atualmente, a empresa informa via SEFIP/GFIP que as condições de saúde e segurança estão sob controle e compete à Previdência o ônus da prova ao contrário (Lei n. 10.403 de 8.1.2002). Com a nova política, o acidente/doença presumir-se-á ocupacional com base no nexo epidemiológico geral, ficando para a empresa a opção de comprovar o contrário mediante apresentação das demonstrações ambientais, como o PPRA (Programa de Prevenção de Riscos Ambientais) e PCMSO (Programa de Controle Médico e Saúde Ocupacional).

Por isso, a prova fática de que efetivamente há proteção dos trabalhadores é a estabilidade dos resultados de exames de monitoração biológica, pois não havendo tal estabilidade as informações prestadas não se sustentam tecnicamente.

Dessa forma a correta definição do código que é apresentado no sistema SEFIP/GFIP depende de duas variáveis:

1ª Variável de ordem técnica: informação sobre existência e aplicação efetiva de EPI ou EPC que neutralizem ou atenuem os efeitos da nocividade dos agentes em relação aos limites de tolerância estabelecidos (*dados do LTCAT*).

2ª Variável médica: Evidências médicas de que realmente as condições nocivas estão neutralizadas/atenuadas, pela demonstração documental de que há conformidade entre o que se afirmou e o que efetivamente ocorre (*dados do PCMSO*).

Uma observação óbvia é de que apenas a adoção de uma variável para codificação da GFIP é insuficiente para dar sustentabilidade técnica e real à mesma. Na questão do ruído a variável médica é bastante complexa de ser resolvida. Apenas para registro, a gestão audiométrica ocupacional não envolve nenhuma novidade que já não esteja sendo explicitada na legislação trabalhista, pelos critérios da Portaria n. 19, de 9.4.1998 do MTE.

Apenas, basta que seja implementada dessa forma:

1. Realização de testes audiométricos confiáveis, testados em boas condições quanto aos instrumentais, profissionais habilitados, ambientes do teste e repouso auditivo (Anexo I, Quadro II da NR-7: 3.2, 3.3, 3.6.1.1 e 3.6.12).

2. Retestes audiométricos para confirmar os achados (Anexo I, Quadro II da NR-7: 4.2.4).

3. Testes interpretados seqüencialmente segundo as exigências legais (Anexo I, Quadro II da NR-7: 4).

4. Diagnóstico da perda auditiva (Anexo I, Quadro II da NR-7: 5).

5. Realizar condutas preventivas (Anexo I, Quadro II da NR-7: 6): EPC/EPI.

Mesmo que essas exigências sejam cumpridas, ainda restará a atividade de considerar o que é realmente uma eficaz neutralização/atenuação dos efeitos da nocividade dos agentes em relação aos limites de tolerância estabelecidos.

Uma resposta simplista poderia ser a de que isso ocorre quando os indivíduos expostos não desenvolvem/agravam perdas auditivas. Mas, quando consideramos a perda auditiva apenas como um sinal e/ou sintoma de alguma causa geradora, e como sob esse rótulo de "perda auditiva" podem existir centenas de causas que a originem (as nosoacusias, socioacusias, presbiacusia, exposição ao ruído ocupacional), não é uma tarefa simples realizar o diagnóstico adequado da alteração, e nem avaliar se o agente nocivo ruído está neutralizado/atenuado convenientemente.

Mas seja de que forma for, é necessário definir e identificar essa situação (nexo causal da perda auditiva com a exposição ao ruído ocupacional), pois a organização está informando à Previdência uma determinada condição (p.ex: agente neutralizado/atenuado = GFIP 0 (zero); não há contribuição adicional ao SAT), e isso precisa ser comprovado de forma documental, para resguardo da organização. Na IN-100, de 18.12.2003, Seção I, que aborda a Fiscalização do INSS, o art. 400 diz que para fins da cobrança da contribuição prevista (expressa pela GFIP) o INSS, por intermédio de sua fiscalização, verificará (item III) a veracidade das informações declaradas em GFIP.

A Figura 1 mostra uma diretriz de procedimento aceitável na Gestão Audiométrica Ocupacional, que envolve o prestador de serviço audiológico em diversas atividades, e que envolve além da realização do teste a análise seqüencial, o reteste, e um levantamento de dados referentes à situação auditiva observada, anamnese, resultados de exames clínicos e eventuais patologias do indivíduo, para que o Nexo Causal possa ser feito pelo médico.

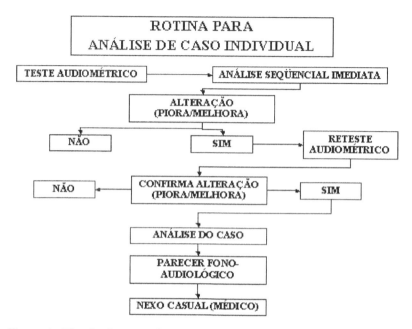

Figura 1. Diretriz de procedimentos fonoaudiológicos para análise de alterações auditivas individuais.

Além de realizar-se apenas o nexo causal individual, é necessário também estabelecer o nexo epidemiológico. O termo epidemiologia é criado pela combinação de três palavras gregas:

Epí — sobre

Demos — povo

Logos — estudo, palavra, discurso.

Assim temos que epidemiologia é a ciência do que ocorre sobre o povo.

A realidade epidemiológica pode indicar que as condições gerais de SST são adequadas, mesmo que casos eventuais mostrem uma doença de características ocupacionais. Essa abordagem é significativa em doenças ocupacionais que têm um único sinal/sintoma, mas que podem ter inúmeras causas, como ocorre na perda auditiva.

Para essa tarefa, a escolha de um estudo transversal é vantajosa pois nesse todas as medições são feitas num único "momento", não existindo, portanto, período de seguimento dos indivíduos, além de que a medida de exposição e doença é feita ao mesmo tempo.

Este tipo de estudo é apropriado para descrever características das populações no que diz respeito a determinadas variáveis e os seus padrões de distribuição.

Para levar a cabo um estudo transversal o investigador tem que, primeiro, definir a questão a responder, depois, definir a população a estudar e um método de escolha da população/amostra e, por último, definir os fenômenos a estudar e os métodos de medição das variáveis de interesse.

Suponha-se uma situação em que um investigador faz um estudo transversal para responder à questão: qual a prevalência de perda auditiva — desencadeamento/agravamento — (variável dependente) na população e qual a sua relação com a exposição ao ruído ocupacional (variável independente)? Para isso, o investigador começa por definir a população em estudo, e o grupo controle. Esse último constituído por indivíduos que têm características de hábitos e ambientes semelhantes aos que formam o grupo em estudo, mas não estão expostos ao ruído ocupacional.

Supondo-se que no grupo dos expostos ao ruído — 100 indivíduos, p.ex. — 20 apresentaram testes audiométricos alterados por desencadeamento/agravamento da perda no último ano. No grupo controle — 30 indivíduos, p.ex — 3 apresentaram a alteração no ano.

O RR é obtido pela razão entre duas probabilidades condicionadas: (I) a probabilidade de ocorrência de uma dada condição nos indivíduos expostos ao fator de risco, e (II) a probabilidade de ocorrência da mesma condição nos indivíduos não expostos ao mesmo fator de risco. Se o RR =1, diz-se que é nulo, sem associação; se for >1 há associação, indicando fator de risco, e se for <1 há associação indicando fator protetor.

Assim, a prevalência de perda auditiva na população exposta foi de 20% e na amostra não exposta de 10%, e concluiu-se haver uma associação entre a exposição ao ruído e a perda auditiva com um risco relativo (RR) de (20/100)/(3/30) = 2,0.

Neste exemplo encontra-se uma importante medida de freqüência que é, caracteristicamente, encontrada a partir de estudos transversais — a prevalência (de fato, este tipo de estudo é muitas vezes designado de "estudo de prevalência"). A prevalência de uma determinada doença é definida como a proporção de indivíduos de uma população que apresentam tal doença num determinado momento no tempo.

No exemplo, encontramos, também, uma medida de associação — o risco relativo ou razão de riscos. No modelo encontrou-se um risco relativo de 2,0 o que é interpretado como sendo 2 vezes superior o risco de perda auditiva nos que estão expostos ao ruído ocupacional em comparação com aqueles que não estão.

A aplicação desse método mostrou para uma empresa em que 368 empregados estavam expostos ao ruído e um grupo controle constituído de 85 indivíduos, um RR < 1 (Figura 2). Isso significa uma associação indicando fator protetor, ou seja, o nexo epidemiológico da perda auditiva indica que no grupo exposto havia menor possibilidade de surgimento de novos casos/agravamento do que no grupo controle.

CONCLUSÃO AUDIOMÉTRICA SEQUENCIAL	GRUPO			
	EXPOSTO: n= 368		CONTROLE: n=85	
	N	%	N	%
ESTÁVEL	267	72,5	64	74,8
NOVO CASO	13	3,5	4	4,2
AGRAVAMENTO	14	3,9	3	4,1
DESENCADEAMENTO	19	5,2	6	6,8
MELHORA	47	12,8	7	8,6
1o TESTE	8	2,1	1	1,5

GRUPO EXPOSTO: 27 (7,4%)
GRUPO NÃO EXPOSTO: 7 (8,3%)
RISCO RELATIVO (RR) = (7,4/368)/(8,3/85) = 0,02/0,09 = 0,2
Como RR < 1 = Associação indicando fator protetor.

Figura 2. Aplicação do método epidemiológico transversal de análise de alterações auditivas.

Outro método baseado na variabilidade dos limiares auditivos observados ano após ano é proposto pela ANSI S12.13 TR 2002, pela avaliação do banco de dados audiométricos (ABDA). O critério utilizado é a comparação de pares seqüenciais de audiogramas anuais. Nesse curto período de tempo o efeito da idade pode ser desconsiderado.

Os conhecimentos desses aspectos epidemiológicos impõem-se para justificar o recolhimento da GFIP, mas é necessário estar atento às novas propostas que poderão criar a Política Nacional de Segurança e Saúde do Trabalhador, pois muitas ações estão sendo desenvolvidas e poderemos ter grandes novidades nessa área.

Há, portanto, um verdadeiro círculo de interatividades entre:

GESTÃO AUDIOMÉTRICA OCUPACIONAL e EPC/EPI: As evidências médicas (audiométricas) só se mantêm estáveis se há proteção ao trabalhador, seja pelo EPC ou pelo EPI. Ou seja: A eficácia do EPC/EPI depende das evidências médicas.

GESTÃO AUDIOMÉTRICA OCUPACIONAL e LTCAT: As evidências médicas (audiométricas) se constituem na prova fática de que há proteção ao trabalhador, indicada pelo LTCAT.

GESTÃO AUDIOMÉTRICA OCUPACIONAL e GFIP: As evidências médicas (audiométricas) dão veracidade às informações declaradas em GFIP.

Como a gestão audiométrica ocupacional é a base para essas diversas situações/necessidades legais, impõem-se algumas medidas de controle as quais, por sua vez, muitas vezes irão requerer mudanças comportamentais e culturais diante do que sejam adequadas posturas em SST, tanto por parte do tomador de serviço como pelo prestador do mesmo.

Dessa forma:

1ª É preciso evitar a realização de testes audiométricos em "pipoca", ou seja, aquela que salta de um prestador de serviço para outro. Por um lado, a necessidade de análise seqüencial obriga a que os testes sejam centralizados, tanto quanto possível em um único serviço continuadamente, para que as informações necessárias para a análise estejam disponíveis. Por outro lado, para que as condições ambiento-instrumentais em que os testes se realizam sejam mantidas, e com isso, mesmo que não sejam ideais, o erro padrão fica mantido.

2ª Não é admissível a realização de teste audiométrico sem um reteste, quando isso for necessário, seja ele imediato ou não. Isso porque, devido à inconsistência e inconfiabilidade da audiometria ocupacional, se não ocorrer o reteste, a empresa irá admitir como "certo" o que pode estar "errado".

E assim, poderão ser incorporados à história do trabalhador dados que talvez não correspondam à realidade, além de que essa exigência legal — o reteste — não estará sendo cumprida, com possível repercussão negativa nas análises seqüenciais e epidemiológicas.

3ª O tomador de serviço de audiometria ocupacional necessita do prestador de serviço não apenas o documento audiométrico mas todo um conjunto de informações quanto aos diversos aspectos de seqüencialidade, sejam eles os ditados pela legislação pertinente, sejam os que fornecem subsídios epidemiológicos, como vimos acima.

4ª Por todas essas ponderações a audiometria baseada exclusivamente em formato físico, sem um suporte informatizado, dificulta e muitas vezes até inviabiliza qualquer análise seqüencial dos exames, pelos critérios da Portaria n. 19 de 9.4.1998 do MTE.

COMO EU FAÇO: AVALIAÇÃO DO PCA POR MEIO DO RELATÓRIO ANUAL DO PCMSO

Airton Kwitko

O Programa de Conservação Auditiva (PCA) existe em muitas empresas. Os aspectos básicos do mesmo incluem monitorização adequada da exposição ao ruído, medidas de controle coletivas e individuais e realização de testes audiométricos. Como só se administra corretamente aquilo que se conhece, toda iniciativa que esteja incluída no PCA precisa ser avaliada, para saber se está adequada ou não. Assim, a avaliação da exposição ao ruído pode ser facilmente estimada pois os documentos gerados permitem essa observação, e isso também é válido para medidas de controle, sejam coletivas ou individuais. Quanto aos testes audiométricos a avaliação não é tão simples. Destinados em princípio a saber se a audição do trabalhador está conservada ou não — vale dizer: se quem ingressou com audição normal a mantém assim, e se quem tinha alguma alteração não sofreu nenhum agravamento — os testes audiométricos, na maioria das vezes, mais se constituem em problemas do que em solução para as necessidades específicas.

A prática de realizar testes audiométricos somente no formato "papel" e seu arquivamento na pasta do empregado, gera uma massa de informações usualmente não manipuladas, e que se avolumam sem controle.

As perguntas básicas a respeito da realidade audiométrica dos trabalhadores da empresa — a) qual o número e percentual de empregados com perdas auditivas caracterizadas como sugestivas e não sugestivas de causa ocupacional, e b) qual o número e percentual de trabalhadores com audição estável em um determinado período, ou com desencadeamento ou agravamento — permanecem muitas vezes sem resposta.

Se isso ocorre, não se pode dizer que exista um "PCA" implantado, pois não se sabe se o mesmo é eficiente ou não. Numa linguagem do "economês": o que existe é despesa, não investimento!

Por outro lado, o Relatório Anual exigido do Médico Coordenador pela NR-07, parágrafo 7.4.6.1., é insuficiente para mostrar a realidade auditiva dos empregados.

Isso porque o Quadro III apenas requer informação sobre os resultados considerados anormais, e em se tratando de perda auditiva, já há aqui uma simplificação precária: perdas auditivas anormais podem ser consideradas como sugestivas de ter ou não causa ocupacional. Isso está registrado no Anexo I, Quadro II, parágrafos 4.2.1 e 4.2.2, que define critérios para caracterizar ocupacional e não ocupacional, enquanto que o Relatório não entra nesse mérito.

Ainda, a inserção nesse quadro de resultados anormais fará com que empresas que admitam empregados com perda auditiva (e aqui um parênteses: essa conduta está absolutamente certa na maioria dos casos, e não por questões sociais mas porque a progressão da perda diminui de forma acentuada à medida que a alteração se torna mais acentuada, com o que a possibilidade de agravamento é reduzida de forma expressiva; fecho parênteses e sugiro a releitura da frase desde o início, ignorando agora o entre — parênteses) terão resultados estatísticos com número maior de resultados anormais, e isso poderá ser considerado como uma má gestão de saúde e segurança no trabalho.

QUADRO III

PROGRAMA DE CONTROLE MÉDICO DE SAÚDE OCUPACIONAL
RELATÓRIO ANUAL

Responsável:			Data:			
			Assinatura:			
Setor	Natureza do Exame	N.º Anual de Exames Realizados	N.º de Resultados Anormais	N.º de Resultados Anormais x 100 / N.º Anual de Exames	N.º de Exames para o Ano Seguinte

Figura 1. Quadro III da NR-07

Sugerimos que o campo de "n. de resultados Anormais" tenha uma apresentação mais detalhada no que se refere ao tópico audiometria. A Figura 2 mostra um exemplo de como o relatório pode ser implementado.

Observe-se que ele é dividido em duas partes: uma que aborda os resultados anormais pelo critério de interpretação atual e outra que trata da interpretação seqüencial (NR-07, Anexo I, Quadro II, § 4º).

No exemplo, dos 1073 testes realizados no ano de 2004, 384 (35,79%) apresentam algum tipo de resultado anormal como interpretação do *status* do teste (Critério Interpretação Atual), sendo 35 considerados como não-sugestivos de causa ocupacional e 349 de causa ocupacional. Aqui já separamos uma perda de tipo não ocupacional de outra perda com características de ter causa ocupacional. Esses são ainda categorizados em perda leve, moderada, severa e profunda. Essa necessidade se impõe pois não é a mesma coisa se dizer que um indivíduo tem perda auditiva e outro *idem*, sendo que a "gravidade" de ambas não é semelhante.

Na verdade esses resultados de Interpretação Atual pouco importam na questão "audiometria" pois não refletem a realidade da evolução auditiva dos empregados, e podem mesmo ser contaminados por casos de novas perdas auditivas que tenham ingressado na empresa no ano em estudo.

A parte mais significativa do relatório é a que aborda o que denominamos de Critério Interpretação Seqüencial, em que abordamos os testes numa análise longitudinal. Dos 1073 testes realizados em 2004, 196 (18,27%) apresentam alguma das situações descritas no relatório, enquanto que 877 (81,73%) têm audição estável. Aqui se constata que a maioria dos empregados da empresa apresentou em 2004 audição estável.

Sobre "melhora" escrevemos um artigo que está disponível no site www.seguir.com.br (artigo n. 73: "AUDIOMETRIA OCUPACIONAL: A MELHORA AUDIOMÉTRICA). Sobre "desencadeamento" também há um artigo no mesmo site (artigo n. 56: DESENCADEAMENTO DE PERDA AUDITIVA: UM EQUÍVOCO DA PORTARIA N. 19).

Utilizamos o termo "novo caso" para distinguir do "desencadeamento", porque na NR-07, Anexo I, Quadro II, parágrafo 4.2.2, os casos que antes tinham audição aceitável e passam a ter uma perda sugestiva de causa ocupacional são denominados de "também sugestivos de desencadeamento"! O uso da palavra "também" não é muito preciso...! E "agravamento" significa o que o próprio termo indica.

Assim, esse relatório detalhado é mais completo em termos de informação e pode contribuir para que a realidade auditiva dos empregados seja melhor conhecida. Mesmo assim ele só mostra uma realidade: a dos indivíduos expostos ao ruído. Nesse sentido, a estatística de "resultados anormais" sempre irá mostrar valores que não significam rigorosamente nada, pois qualquer que seja o valor — 1%? 5%? 10% 30% — ele não tem nenhum significado pela falta de um parâmetro de referência. Podemos dizer que um indivíduo é alto se ele mede 2,10m e a média de altura da população é de 1,70m, e se ele é baixo se mede 1,50m. Podemos fazer várias afirmativas (gordo, rico, frio, calor, etc.) pois sempre comparamos uma determinada situação com algum parâmetro conhecido ou estimado. Mas, e quanto ao percentual de exames audiométricos alterados? Ele será muito alto ou não? Isso inclusive depende da ótica do observador e de aspectos "políticos" da consideração, o que remete a questão para um subjetivismo inconclusivo e inadmissível diante do aspecto técnico inerente ao tema.

Considerando ainda que perda auditiva é alteração multi-fatorial e que a exposição ao ruído é apenas uma causa possível entre os inúmeros fatores causais da perda, para se estimar o percentual de resultados anormais observados, há que se analisar também um grupo de indivíduos não expostos ao ruído (grupo controle), de preferência representados por empregados da empresa que fazem audiometria e que não estão expostos a níveis de ruído que possam ser considerados como insalubres (usualmente 85 dB(A)) e até mesmo abaixo do nível de ação (usualmente 80 dB(A)). Essa análise pode ser feita para o conjunto de empregados de uma empresa e também para cada setor.

Se há disponibilidade de testes audiométricos para indivíduos não expostos ao ruído, pode-se fazer uma avaliação estatística muito simples e que informa o risco relativo.

Para um fator estar causalmente associado com uma doença a taxa de doença nos indivíduos expostos tem que ser diferente da taxa de doença no grupo não exposto. As duas variáveis dicotômicas (fator e doença) estão relacionadas.

	DOENTE (*)	NÃO DOENTE (**)	TOTAL
EXPOSTOS	A	B	A + B
NÃO EXPOSTOS	C	D	C + D

(*) Doente = "novos casos" + "agravamento"
(**) Não Doente = estável" + "desencadeamento" + "melhora".

A medida da força de associação entre um fator e uma doença é quantificada pelo conceito de Risco Relativo (RR) que é a relação entre a proporção de doentes no grupo exposto e no grupo não exposto:

RR = [a/(a+b)]/[c/(c+d)]

Se RR = 1 não há associação entre o fator e a doença e se RR< > 1 há provavelmente associação entre doença e fator, sendo que se RR for <1 haverá fator protetor (detalhes sobre o Risco Relativo podem ser vistos no site mencionado acima, no artigo de n. 70: GESTÃO AUDIOMÉTRICA OCUPACIONAL: LTCAT, EPI/EPC, GFIP E EVIDÊNCIAS MÉDICAS).

RELATÓRIO PARA PCMSO (CFE. NR-7.4.6.1) DE 01/01/2004 A 31/12/2004

Exames realizados no período: 1073
Admissionais: 0
Semestrais: 0
Periódicos: 1073
Mudança de função: 0
Retorno ao trabalho: 0
Demissionais: 0
Exames para o próximo período: 1073

Resultados Anormais							
Critério Interpretação Atual	384	35,79%	Critério Interpretação Sequencial		196	18,27%
Não sugestiva:	35	3,26%	Melhora:		40	3,73%
Leve:	246	22,93%	Novo caso:		87	8,11%
Moderada:	87	8,11%	Agravamento:		40	3,73%
Severa:	13	1,21%	Desencadeamento:		29	2,70%
Profunda:	3	0,28%				

Figura 2. Sugestão de implementação do quadro III da NR-07

Essa simples análise estatística pode oferecer resposta quanto à eficiência do PCA, e ainda amparo técnico diante de inúmeras questões que atualmente envolvem as relações entre empresas e empregados e, principalmente, Previdência Social.

No âmbito das relações empresa/empregado, uma análise com essas características oferece subsídios ao departamento jurídico para defesas em ações trabalhistas/cíveis, mostrando que o nexo epidemiológico entre perda auditiva e ruído pode inexistir. Diante da Previdência Social é possível mostrar que uma informação registrada no sistema GFIP/SEFIP (campo 33, "ocorrência") de não pagamento de alíquotas majoradas (dígito "0" ou "1") pode ter amparo técnico. Ou não! Nesse caso, a empresa terá elementos para rever seus critérios de contribuição.

RELAÇÃO DOS MEDICAMENTOS OTOTÓXICOS E ATIVIDADES LABORAIS

Kerly Maire Servilieri
Rogério Dias Regazzi
Elza Maria Sartorelli
Ariane Bocolli Minari
Edenir Sartorelli
Leonardo Bernardes Lima
Sônia Regina Valentin Santos Bastos
Valter Costa
Cristiane Yonezari

1. Introdução

A exposição ao ruído em forte intensidade é a principal causa de problemas auditivos em adultos. Diariamente as pessoas são expostas a diferentes níveis de pressão sonora em seus ambientes de trabalho, sem ter o conhecimento dos danos e das leis que regem o assunto. A segunda maior causa são as substâncias ototóxicas, poluentes ambientais e alguns medicamentos, este trabalho cita os principais grupos medicamentosos relacionados à toxicidade das células do órgão vestibular e coclear.

O som é fundamental para as relações pessoais e sociais do ser humano. Na natureza existem milhares de sons, alguns inclusive imperceptíveis à orelha humana. E a partir destes sons ou do significado que eles transmitem, o ser humano reage de maneiras diferentes. Ele pode significar alegria, alerta, medo e irritação. No entanto, todos os sons têm potencial para serem descritos como ruídos, o ruído é considerado aceitável quando não causar incômodo nem interferência nos sinais de fala dos ocupantes de um ambiente (*Couto* e *Lichtig*,1997; *Lheureux* e *Penaloza*, 2004).

2. Objetivo

O objetivo desta pesquisa foi verificar a importância da orientação do profissional farmacêutico sobre efeitos medicamentosos, principalmente sobre os medicamentos ototóxicos e seu sinergismo com o agente físico ruído.

3. Material e Métodos

Foram realizadas pesquisas literárias e menção da legislação vigente.

4. Revisão da Literatura

4.1. Fisiologia Auditiva

A orelha humana é um órgão sensível que capacita a percepção e interpretação das mais variadas freqüências de ondas sonoras (20 a 20.000 Hz). A captação do som até sua percepção e interpretação é uma seqüência de transformações de energia iniciando pela sonora, passando pela mecânica, hidráulica e finalizando com a energia elétrica dos impulsos nervosos que chegam ao cérebro.

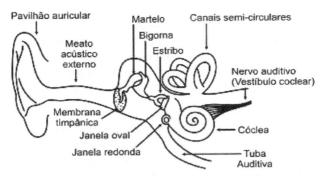

Figura 1: Representação Esquemática da Estrutura da Orelha Humana

A energia sonora é captada pelo pavilhão auricular, a orelha externa, penetra pelo meato acústico externo que termina em uma delicada membrana, a membrana timpânica.

A membrana timpânica transforma as vibrações sonoras em vibrações mecânicas que se comunicarão com os ossículos: martelo, bigorna e estribo. Os ossículos funcionam como alavancas, aumentando a força das vibrações mecânicas. O último ossículo, o estribo, pressiona a janela oval da cóclea, as vibrações mecânicas se transformam em ondas de pressão hidráulica que se propagam no fluído que a preenche. Finalmente, as ondas no fluído são detectadas pelas células ciliadas do órgão de *Corti* que enviam ao cérebro sinais nervosos (elétricos) que são interpretados como som. Os sinais nervosos levados pelo nervo auditivo ao cérebro já contêm as informações das freqüências que compõem o som que está sendo recebido. Essa análise se processa na membrana basilar da cóclea, sobre a qual estão dispostas as milhares de células ciliadas. Essa sensibilidade espectral da orelha se processa da seguinte maneira: as células ciliadas mais próximas à janela oval (início das ondas hidráulicas) têm uma sensibilidade maior às altas freqüências (*Oliveira*, 1993).

4.2. Efeitos do Ruído na Audição

Uma das maiores ocorrências, atualmente, são as chamadas perdas auditivas ocupacionais, que podem ser provocadas por exposição em níveis de pressão sonora elevados e a produtos químicos ototóxicos (*Melnick*, 1999).

A perda auditiva induzida por ruído é a "doença" que mais atinge o sistema auditivo, podendo provocar lesões irreversíveis na orelha interna, sendo, assim, extremamente importante a sua prevenção. Sem dúvida alguma, o ruído ocupacional é um dos mais graves problemas sociais do trabalhador brasileiro (*Kós & Kós*, 1998).

Hoje em dia estamos constantemente expostos a níveis elevados de ruído no trabalho, no trânsito, no cabeleireiro, nos momentos de lazer: em bares, danceterias, parques de diversão, aulas em academias de ginástica, que podem prejudicar a nossa audição e nossa qualidade de vida. O ruído pode provocar no organismo efeitos auditivos e extra-auditivos.

Os efeitos auditivos do ruído são: zumbido, sensação de plenitude auricular, desconforto para sons intensos, dificuldade para entender em locais ruidosos, perda auditiva temporária e, quando instalada, a alteração auditiva é irreversível (*Katelan* e *Peres*, 2001).

Segundo *Danillo* e *Manhanini* (2000), os efeitos extra-auditivos do ruído são: dor de cabeça, alterações no sistema digestório, falta de concentração, irritabilidade e estresse. A exposição ao ruído, por todo seu efeito no organismo, prejudica muito a qualidade de vida do indivíduo.

Oliveira e *Cols* (1997), consideraram que o ruído é nocivo à saúde humana quando ultrapassa 85 dBNA, sendo este o limite para uma exposição diária de oito horas, porém não se deve estabelecer rigorosamente um nível de intensidade, pois cada indivíduo possui características peculiares.

De acordo com a Portaria n. 19, 1998, do Ministério do Trabalho, "Entende-se por perda auditiva em níveis de pressão sonora elevados as alterações dos limiares auditivos, do tipo sensorioneural, decorrente da exposição ocupacional sistemática a níveis de pressão sonora elevados. Tem como características principais a irreversibilidade e a progressão gradual com o tempo de exposição ao risco. A sua história natural mostra, inicialmente, o acometimento dos limiares auditivos em uma ou mais freqüências da faixa de 3.000 a 6.000 Hz. As freqüências mais altas e mais baixas poderão levar mais tempo para serem afetadas. Uma vez cessada a exposição, não haverá progressão da redução auditiva."

Os efeitos do ruído sobre a audição podem ser divididos geralmente em três categorias: mudança temporária do limiar, mudança permanente do limiar e trauma acústico (*Melnick*, 1999).

O termo trauma acústico é restrito aos efeitos de exposições únicas ou exposições aos NPS muito elevados. Neste caso, o NPS que atinge as estruturas da orelha interna ultrapassam os limites mecânicos dessas produzindo frequentemente uma destruição completa e lesão do órgão de *Corti*. Pessoas que passam pela experiência de tais exposições a ruídos elevados podem também sofrer a ruptura da membrana timpânica e danos aos ossículos da orelha média. A perda auditiva a partir do trauma acústico é, na maioria dos casos, permanente (*Melnick*, 1999).

De acordo com *Santos & Morata* (1994), é muito provável que quando as células externas são atingidas, o "feedback" que elas realizam no órgão de *Corti*, no que se refere ao funcionamento na transmissão do som, estará afetado. A mudança dessa performance pode aumentar a susceptibilidade das células ciliadas internas e das estruturas que a cercam, resultando lesões por hiper-estimulação. Quando ocorre exposição aos ruídos, as orelhas são dotadas de mecanismos protetores que alteram a sensibilidade auditiva durante e após a estimulação acústica. Ocorre a ação de um fenômeno descrito como mascaramento, toda vez que a percepção de um som é diminuída em presença de um ruído de maior intensidade que encubra este som. Se a sensibilidade auditiva é reduzida durante a exposição de um estímulo sonoro intenso e duradouro, diz-se que houve adaptação auditiva. Quando, porém, isto ocorre após o término do estímulo, entra-se em fadiga auditiva, também chamada mudança temporária do limiar. A mudança permanente no limiar é decorrente de um acúmulo de exposições ao ruído, normalmente diárias, repetidas constantemente, por um período de muitos anos. Posteriormente, o limiar auditivo não se recupera mais, dando lugar a uma perda auditiva neurossensorial bilateral mais acentuada para as freqüências altas, o que leva a dificuldades de compreensão de fala, principalmente em presença de ruído ambiental e intolerância a sons intensos.

A PAIR (Perda Auditiva Induzida por Ruído) é sempre neurossensorial, em razão do dano causado às células do órgão de *Corti*. Uma vez instalada, a PAIR é irreversível e quase sempre similar bilateralmente. Raramente leva a perda auditiva profunda, pois, geralmente, não ultrapassam os 40dBNA nas baixas freqüências e os 75dBNA nas altas freqüências. Manifesta-se, primeira e predominantemente, nas freqüências de 6 e 4kHz, e nas freqüências de 8, 2, 1, 0,5 e 0,25kHz, as quais levam mais tempo para serem comprometidas. Tratando-se de uma patologia coclear, o portador da PAIR pode apresentar intolerância a sons intensos e zumbidos, além de ter comprometida a inteligibilidade de fala, prejudicando o processo de comunicação. Não deverá haver progressão da PAIR uma vez cessada a exposição ao ruído intenso. A instalação da PAIR é influenciada pelas características físicas do ruído (tipo, espectro e NPS), tempo de exposição e susceptibilidade individual. A PAIR não torna a orelha mais sensível a futuras exposições a ruídos intensos. À medida que os limiares auditivos aumentam, a progressão da perda torna-se mais lenta. A PAIR geralmente atinge seu nível máximo para as freqüências de 3, 4 e 6kHz nos primeiros 10 a 15 anos de exposição sob condições estáveis de ruído (*Souza et al.,* 2001; *Sisnando,* 2002).

O ruído pode provocar lesões na orelha interna, isto pode levar à diminuição de concentração e de memorização, insônia, irritação, ansiedade e depressão, aumento do número de acidentes no trabalho.

4.3. Efeitos dos Medicamentos Ototóxicos na Audição

Medicamentos também podem provocar problemas auditivos. A utilização de medicamentos ototóxicos, isto é, tóxicos para a orelha interna, pode levar à lesão permanente das células ciliadas da cóclea, resultando em perda auditiva neurossensorial irreversível (*Oliveira, Demarco* e *Rossato*, 2005).

É importante conhecer os diferentes tipos de drogas que podem provocar ototoxicidade, para sugerir medidas preventivas. O aparecimento da perda auditiva mediante medicamentos ototóxicos pode ser rápido ou insidioso, podendo ocorrer durante a exposição ou meses depois do uso do medicamento ter sido interrompido. A perda pode ser precedida ou acompanhada por um *tinitus* agudo. Se o sistema vestibular for danificado, o paciente pode referir tontura e marcha oscilante. O grau inicial da perda pode ser instável. Por exemplo, depois que a exposição tenha cessado, a perda auditiva pode recuperar-se para os limiares normais e em outros casos pode progredir para um grau mais severo. O quadro clínico é o de uma labirintopatia periférica e o paciente pode apresentar sinais e sintomas relacionados com lesão coclear, como hipoacusia, zumbidos de alta freqüência e plenitude auditiva ou relacionados com a função vestibular, especialmente vertigens, desequilíbrios, nistagmo (movimentos oculares anormais) e manifestações neurovegetativas. A alteração auditiva, bem como a disfunção vestibular, pode ser unilateral ou bilateral (*Oliveira*,1990; *Lheureux* e *Penaloza*, 2004).

Os efeitos ototóxicos provocados por medicamentos envolvem lesões progressivas e destruição das células sensoriais da cóclea e órgão vestibular da orelha, alterando duas funções importantes do organismo: a audição e o equilíbrio (*Page et al*, 2000).

As primeiras detecções de lesões ototóxicas foram observadas nos primeiros tratamentos de Sífilis com mercúrio. Houve descrições de casos com desenvolvimento de surdez, tremores e "loucura", sugerindo tanto oto como neurotoxidade (*Surdo*, 2004).

4.3.1. Fármacos Ototóxicos

As drogas podem produzir efeitos benéficos ou maléficos ao organismo. Os fármacos têm como principal ação os efeitos terapêuticos, porém podem ocorrer os efeitos nocivos, que são os efeitos adversos aos medicamentos (RAM). Os efeitos adversos inclusos na primeira categoria da classificação de *Rawlins* e *Thompson* são previsíveis, podendo ser designada como reação adversa do "Tipo A", enquanto reações adversas idiossincráticas são denominadas do "Tipo B" (*Rang et al*, 2000).

É importante conhecer os diferentes tipos de medicamentos que podem provocar ototoxicidade, com objetivo de prevenir os danos auditivos. Os fatores de risco são dependentes de: 1. Idade; 2. Susceptibilidade individual; 3. Função renal; 4. Interações com outras drogas ototóxicas; 5. Modo de administração da droga: ototoxicidade é maior após injeções, e portanto ela deve ser fornecida em baixas doses, divididas em vários tempos; 6. Dose acumulativa.

Os sintomas mais comuns sugestivos de ototoxicidade são: 1. Otalgia; 2. Zumbido: ocorre em 2% a 36% dos pacientes. Geralmente é transitório, desaparecendo após algumas horas ou semanas do fim do tratamento; 3. Sintomas vestibulares: podem ocorrer ocasionalmente em pacientes com função vestibular anormal pré-existente; 4. Perda auditiva ocorre em 9% a 91% dos pacientes. Geralmente é bilateral e inicialmente nas altas freqüências (6000-8000 Hz), que podem se estender a freqüências menores com o tratamento prolongado. O paciente pode apresentar certo grau de reversibilidade, mas se a perda for profunda, geralmente é permanente. A perda pode ser progressiva e cumulativa ou pode ser súbita.

4.3.1.1. Antibióticos Aminociclitóis

Esta classe de Antibióticos Aminociclitóis (AA) inclui tanto os antibióticos aminiglicosídicos (aminoaçúcar), quanto os antibióticos que possuem um aminociclitol.

Os AA são mais aplicados em combate a infecções por bacilos Gram-negativas aeróbicos. Fazem parte desta classe a estreptomicina, a espectinomicina, a framicetina (neomicina B), a diidroestreptomicina, a neomicina, a kanamicina A e B, a paramomicina, a aminosidina, a gentamicina, a amicacina, a tobramicina, a netilmicina. Desse grupo, a estreptomicina, a tobramicina, a gentamicina têm maior tendência a interferir na função vestibular; os outros são mais cocleotóxicos, afetando principalmente a audição. A netilmicina é a menos ototóxica de todos, sendo preferida quando houver necessidade de terapia prolongada. A ototoxicidade pode ser potencializada com o uso concomitante de outros fármacos ototóxicos como os diuréticos de alça (*Korolkovas*, 2004; *Page et al*, 2000; *Lheureux & Penaloza*, 2004).

Alguns autores estudaram o mecanismo de ação ototóxica provocada por estes antibióticos. Os AA combinam com receptores das membranas das células ciliadas do órgão de *Corti*, da mácula sacular e da utricular, e também das cristas do sistema vestibular. Esses receptores são os polifosfoinosítideos, são lipídeos componentes da membrana celular. A formação de complexos entre os AA e os polifosfoinosítideos produz modificações na fisiologia da membrana e na sua permeabilidade, acabando por afetar a estrutura e função dos cílios, e depois da própria membrana e, finalmente, pode causar destruição das células receptoras (*Schacht et al*, 1977).

Rishardson (1991) realizou, a partir de técnicas de cultivo celular das células ciliadas de órgão de *Corti* de camundongos, estudos com microscopia óptica e eletrônica para avaliação dos AA. Esses estudos demonstram que as células ciliadas da espira apical cultivadas são menos sensíveis do que as das espirais basais.

Hayashida (1989) também utilizou cultivo celular para o estudo da ototoxicidade aguda de medicamentos *in vitro*, utilizaram-se células ciliadas do órgão de *Corti* isoladas de cobaia e mantidas em meio de cultura. Foram estudados os efeitos da gentamicina, por exemplo, na viabilidade celular e nas respostas móveis das células. Não há também modificação da viabilidade das células ciliadas externas, nem alteração da contractilidade das células ao estímulo elétrico. *Sheppard et al* (2004) avaliaram padrões de danos ototóxicos sustentados de gentamicina aplicado diretamente à janela oval em veículos variados. O objetivo dos autores é encontrar um método seguro de distribuição do fármaco para a orelha interna. O veículo de "Fibrin/Gelfoam" foi o único sistema mais seguro. O dano ototóxico dependeu do veículo.

Existem numerosos estudos na relação entre administração de AA e danos cocleares. *Kusunoki et al* (2004), observou falência das células ciliadas precoce com administração de AA. Os grupos deste estudo receberam gentamicina, kanamicina ou tobramicina, e demonstraram que, em um período curto (2 semanas) após administração de AA, houve uma diminuição no número de células ciliadas do Órgão de *Corti*.

4.3.1.2. Antibióticos Macrolídeos

Os antibióticos macrolídeos (AM) são um grupo considerado geralmente como drogas seguras. A eritromicina é o protótipo desta classe, desde sua descoberta em 1952 por *McGuire*, se transformou em uma droga popular utilizada por indivíduos sensíveis à penicilina. O primeiro relato de ototoxicidade da eritromicina foi por *Mintz et al.* em 1972, relataram dois casos da perda de audição sensorioneural reversível após a administração intravenosa. Em cada caso, um audiograma revelou uma deficiência da percepção auditiva bilateral (níveis do dB de 50-55) que retornou ao normal após ter interrompido a droga (*Brummett*, 1993). Foi pesquisado a possível toxicidade coclear em cobaias, dos macrolídeos como a eritromicina (ER), a azitromicina (AZ) e a claritromicina (CL), utilizando medidas de emissões otoacústicas. Uma única dose de 125 mg/kg de ER (IV) não causou mudança em emissões otoacústicas, 45 mg/kg (VO) de AZ e 75 mg/kg de CL (IV) reduziram a resposta de emissão, porém reversivelmente. Os resultados sugerem que seja planejado nas pesquisas clínicas a monitoria em pacientes que recebem doses altas de AZ ou CL (*Uzun et al*, 2001).

4.3.1.3. Outros Antibióticos

Alguns antibióticos têm sido citados na literatura como ototóxicos. Dentre estes estão o cloranfenicol, principalmente por ação tópica; a ampicilina; a minocilina, e a tetraciclina com ação vestibulotóxica; a cefalosporina, a viomicina; a capreomicina, com maior toxicidade vestibular; a polimixina B e E (colistina).

A vancomicina é muito utilizada por ser eficaz principalmente em bactérias Gram-positivas como os estafilococos e enterococos resistentes, tem seus efeitos ototóxicos em discussão, de acordo com *Goodman* e *Gilman*, e a Farmacopéia americana foi confundida com um AA por causa do sufixo do "micina". Postulou-se que porque muitos indivíduos souberam da ototoxicidade da neomicina e estreptomicina na época da descoberta da vancomicina, em 1950, ela foi considerada como ototóxica também. Muitos casos de ototoxicidade da vancomicina foram relatados na literatura, entretanto, em muitos destes relatos houve potencialização com o uso de outros agentes ototóxicos, como pacientes que fizeram a terapia com AA anteriormente (*Brummett*, 1993). Atualmente a vancomicina tem registros de efeitos indesejáveis como a ototoxicidade (*Korolkovas*, 2004; *Page et al*, 2000); e esta ototoxicidade ocorre quando o nível sérico supera 80 mg/ml (*Gerbras*, 2005; *Gao et al*, 2004). Nos estudos com animais experimentais, novos glicopeptídeos como norvancomicina apresentaram resultados semelhantes à vancomicina, em pesquisas de ototoxicidade com cobaias, em dosagens de 54, 108 mg/kg não houve ototoxicidade funcional e morfológica, na dose de 216 mg/kg houve rebaixamento do limiar de audição, mas sem alterações morfológicas (*Gao et al*, 2004).

4.3.1.4. Antiinflamatórios

Medicamentos antiinflamatórios, como os salicilatos (aspirina), os quininos, podem provocar alterações auditivas, a cocleotoxicidade dos salicilatos são reversíveis, perdas auditivas temporárias bilaterais, simétricas, horizontais ou descendentes (maior nas altas freqüências). É conhecido que o salicilato afeta as células ciliadas externas ou o suprimento sangüíneo da cóclea. Outras pesquisas têm mostrado que o salicilato afeta a liberação de neurotransmissores na junção das células ciliadas internas e do nervo auditivo, afetando-as bastante. Outro achado é a demonstração de que o salicilato reduz *in vitro* a motilidade das células ciliadas externas artificialmente induzida pela estimulação elétrica. Isso se deve a alterações observadas nas cisternas laminares supostamente necessárias para a contração dessas células. Para detecção de ototoxicidade por salicilatos utilizaram-se métodos de cultivo de células ciliadas externas isoladas (*Shebata*, 1991). Os salicilatos também apresentam reações adversas no sistema auditivo tais como zumbido (*Page et al*, 2000).

4.3.1.5. Antimaláricos

O quinino e seus derivados, procainamida e quinidina são utilizados como antimaláricos, porém são ototóxicos, embora esteja sendo substituído por substâncias semi-sintéticas, como a cloroquina, com menor ototoxicidade, está sendo investigado seu sinergismo com os salicilatos devido às suas manifestações tóxicas similares (*Lheureux* e *Penaloza*, 2004).

4.3.1.6. Agentes Antineoplásicos

Antineoplásicos podem ser ototóxicos, como é o caso da cisplatina, da mostarda nitrogenada e da vincristina, 6-amino nicotinamida misonidazole DL-difluorometil ornitina. Essa cocleotoxicidade pode ser reversível ou irreversível.

Estudos recentes em animais de experimentação mostraram a ação ototóxica similar da cisplatina com os aminoglicosídeos, com acometimento das células ciliadas externas da espira basal da cóclea inicialmente e da espira apical posteriormente. Sua ação está relacionada à redução da sua motilidade, bloqueando os canais de transdução e eventualmente destruição das células. Experimentalmente, observou-se lesão da estria vascular apenas com injeção em altas doses endovenosas de cisplatina levando a redução do potencial endococlear, o que não foi observado com múltiplas injeções em baixas doses. Dose acumulativa: estudos prospectivos sobre a ototoxicidade da cisplatina latina mostram que: a) dose de 20 mg/m$_2$ — 9% desenvolvem perda auditiva; b) dose de 50 mg/m$_2$ — 46% desenvolvem perda auditiva; c) dose de 100-120 mg/m$_2$ — 81% desenvolvem perda auditiva. O efeito da ototoxicidade é determinado mais pela quantidade fornecida em cada dose do que pela dose cumulativa. Devido à importância da cisplatina como quimioterápico, é essencial a investigação de métodos para alterar a dose limite de toxicidade, sem causar redução em sua atividade antineoplásica (*Ekborn et al*, 2004).

Plinkert e *Krober* (1991) estudaram as alterações do registro das emissões otoacústicas, em pacientes que se encontravam em tratamento citostático com cisplatina, comparando estes resultados com os limiares auditivos tonais. Eles demonstraram redução da amplitude das emissões significativamente anterior às modificações dos limiares tonais.

A carboplatina é um derivado da cisplatina, e sua vantagem se dá pela diminuição dos efeitos ototóxicos, porém é mais mielotóxica (*Page et al*, 2000). *May et al* (2004) estudaram em macacos a ação ototóxica da carboplatina. Através de infusões de carboplatina, induziram um prejuízo auditivo nos macacos tratados. Este estudo sugeriu que a sensibilidade à toxicidade é das células ciliadas do Órgão de *Corti* e não é compartilhada pelos neurônios auditivos.

4.3.1.7. Anticoncepcionais e Repositores Hormonais

Os contraceptivos orais ou medicamentos de reposição hormonal podem provocar em alguns casos perdas auditivas uni ou bilaterais progressivas e irreversíveis. Os medicamentos à base de medroxiprogesterona têm efeito ototóxicos comprovados (*Oliveira*,1990; *Janczewski*, 1995).

4.3.1.8. Diuréticos

Diuréticos, como o ácido etacrínico, a furosemida, a bumetanida, a piretamida e a indapamida, são cocleotóxicos, mas as alterações auditivas são reversíveis. Essas drogas não são vestibulotóxicas; entretanto podem potencializar a ação tóxica dos AA.

A furosemida é um diurético de alça, a incidência de ototoxicidade é de 6,4%. Pode causar uma hipoacusia temporária e totalmente reversível, existindo, porém, casos permanentes. Sua eliminação urinária diminui de maneira significante em pacientes com insuficiência renal podendo prolongar a meia vida de eliminação, de 30 minutos para 10 a 20 horas, levando a um aumento no nível plasmático e assim a um maior risco de ototoxicidade geralmente associado a níveis maiores que 50 mg/L. Existem estudos referindo que a ototoxicidade da furosemida possa ser minimizado com uso de infusão contínua em baixas doses para evitar um pico sérico, que estaria associado a um maior risco (*Lheureux* e *Penaloza*, 2004).

4.3.2. Considerações Preventivas

As alterações cocleares subclínicas causadas pela exposição a substâncias ototóxicas, como alguns diuréticos, salicilatos, (AA), podem ser diagnosticadas precocemente, ainda em fase reversível, através dos registros das emissões otoacústicas (*Garruba et al.*, 1990).

5. Discussão

O principal objetivo de um programa de conservação auditiva é a prevenção da perda auditiva e a promoção da saúde e qualidade de vida dos funcionários que trabalham expostos ao ruído em forte intensidade.

O trabalhador que faz uso de medicamentos ototóxicos deverá ser colocado em condições especiais, com o objetivo de evitar danos auditivos uma vez que é um sujeito com maior susceptibilidade: trocar o trabalhador de posto de trabalho proporcionando a ele um ambiente de conforto auditivo durante o tratamento medicamentoso; mesmo que o ruído ambiental não ultrapasse o limite de tolerância estabelecido na NR-15 — anexo 1, os responsáveis poderão sugerir que o trabalhador, que está em fase de terapêutica medicamentosa com os fármacos citados, utilizem os equipamentos de proteção individual (EPIs), como exemplo plugue de inserção e/ou abafadores (concha).

Colocando em prática estas sugestões a empresa poderá evitar transtornos fisiopatológicos como estes citados por *Santos* e *Okamoto* (1994), os quais podem aumentar o número de erros ocupacionais: a) Diminuição do rendimento nos testes de fala; b) Alterações cardiovasculares; c) Visão; d) Alterações gastrintestinais; e) Alterações neuropsíquicas.

6. Conclusão

Com ênfase na saúde do trabalhador exposto ao ruído e que faz uso de fármacos ototóxicos, a medicina, a fonoaudiologia, a farmacologia e a engenharia de segurança do trabalho buscam evitar a evolução de danos auditivos ocupacionais potencializados pelo uso desses medicamentos. Os medicamentos ototóxicos podem promover alterações no sistema auditivo causando assim sintomas como hipoacusia, que podem ser reversíveis ou a destruição das células ciliadas do órgão de *Corti* gerando assim a perda auditiva irreversível. O NPS elevado causa fadiga celular podendo aumentar ainda mais os efeitos nocivos à audição quando o indivíduo exposto faz uso concomitantemente dos medicamentos ototóxicos. A somatória destes fatores pode aumentar a sensibilidade das células ciliadas aos danos.

Há uma necessidade evidente de conscientização sobre ruído no ambiente de trabalho. Desde a monitorização da exposição ao ruído: controle de ruído na fonte, realização de exames audiométricos periodicamente nos funcionários, indicação de equipamentos de proteção individual, alerta quanto à utilização de medicamentos ototóxicos, educação, treinamento e motivação do pessoal envolvido no programa. Os objetivos de um programa desta natureza visam a beneficiar tanto a empresa quanto ao trabalhador.

Com relação à qualidade de vida na saúde ocupacional, há necessidade de um trabalho multidisciplinar preventivo e de orientação. Além de médicos do trabalho, fonoaudiólogos, engenheiros de segurança do trabalho, fisioterapeutas e enfermeiros ocupacionais, o farmacêutico é um profissional qualificado para fazer avaliações quanto às reações adversas e interações dos medicamentos relacionados aos fatores de riscos ambientais, como exemplo o ruído. Portanto a atenção farmacêutica ocupacional poderá otimizar os resultados em saúde ocupacional, melhorar a qualidade de vida de seus pacientes, os trabalhadores, e garantir o aumento da produtividade na empresa.

Referências Bibliográficas

ARLIEN-SOBORG P.; SIMONSEN L. "Chemical neurotoxic agents". *In: Enc of occup health and safety.* 4ª ed. Geneva: International Labor.

BASELT, R. C.; R. H. CRAVEY. "Disposition of toxic drugs and chemicals in man." 3ª ed. Chicago: *Yeav Book Medical*, 1990, pp. 875.

BEGO, V.; BUTORAC, J.; ILIC, D. "Realization of the Kilogram by measuring at 100 kV with the Voltage Balance ETF". *IEEE Trans. Instrum. Meas*, vol. 48, n. 2, 1999, pp. 212-215.

BRAUN, E.; WARNECKE, P.; LEONTIEW, H. "Reproduction of the Ohm using the quantum Hall effect". *Metrologia*, vol. 22, 1986, pp. 226-228.

BRUMMETT RE. "Ototoxic liability of erythromycin and analogues". *Otol Clin*, 26(5): 811-820, 1993.

_____. "Ototoxicity of vancomycin and analogues". *Otol Clin*, 26(5): 821-828, 1993.

BUSZMAN, E.; D. WRZESNIOK, B. MATUSINSKI. "Ototoxic drugs. I. Aminoglycoside antibiotics". *Wiad Lek,*. vol. 56(5-6), 2003, pp. 254-9.

CATELAN, H. e PERES, K. *Avaliação do Padrão Auditivo e Vocal de Funcionários de uma Casa Noturna da Cidade de São Paulo.* Trabalho de Conclusão de Curso. Centro Universitário São Camilo, São Paulo, 2001.

COUTO, M. I. V.; LIGCHTIG, I. "Efeitos do ruído e reverberação na Percepção da fala de escolas". *In:* LIGCHTIG, I.; CARVALHO, R. M. M. *Audição: Abordagens Atuais.* Carapicuiba: Pró-Fono, 1997, cap. 9, p. 214.

DANILLO, A. C. e MANHANINI, M. *Das Relações dos distúrbios Auto Perceptivos Causados por Zumbido e a Exposição ao Ruído.* Trabalho de Conclusão de Curso. Centro Universitário São Camilo, São Paulo, 2000.

DIÁRIO OFICIAL, n. 131, Edital n. 3, de 9 de julho de 1997. Portaria do INSS com respeito à perda auditiva por ruído ocupacional.

EKBORN, A.; HANSSON, J.; EHRSSON, H.; EKSBORG, S.; WALLIN, I.; WAGENIUS G.; LAURELL G. *High-dose Cisplatin with amifostine: ototoxicity and pharmacokinetics.* Laryngoscope 114(9): 1660-7, 2004.

FRANKS, K. S. J. R.; MORATA, T. C. "Ototoxic effects of chemical alone or in concert with noise: a review of human studies". *In: Axelsson A; Medical Publishers*, 1996, pp. 437-66.

FUNDACENTRO. Ministério do Trabalho e Emprego. [on line] http://www.fundacentro.gov.br, 30.8.2004.

GAO, W.; ZHANG, S.; LIU, H.; ZHANG, Y.; DIAO, M.; HAN, H.; DU, L. *Ototoxicity of a new glycopeptide, norvancomycin with multiple intravenous administrations in guinea pigs.* J Antibiot (Tokyo). 57(1): 45- 51, 2004.

GARRUBA, V.; GRANDONI, F.; LAMORETTI, M. P.; ANTONELLI, A. "Evoked Otoacoustic Emission", *in Sensorineural Hearing Loss: A Clinical contribution.* Adv. Audiol., Basel, Karger, 7: 149-155, 1990.

GERBRAS: Química Farmacêutica Ltda. Disponível "on line" http://www.gerbras.com.br/atb9.html em 15.3.2005.

GIAMPAOLI, E.; SAAD, I. F. S. D. e CUNHA, I. A. *Norma de Higiene Ocupacional. Procedimento Técnico. Avaliação da Exposição Ocupacional ao Ruído.* Fundacentro — Ministério do Trabalho e do Emprego, 1999.

HAYASHIDA, T.; HIEL, H.; DULON, D.; ERRE, J. P.; GUILHAUME, A.; ARAN, J. M. *Dynamic changes following combined treatment with gentamicin and ethacrynic acid with and without acoustic stimulation.* Cellular uptake and functional correlates. Acta Otolaryngol:108(5-6): 404-13, 1989.

JANCZEWSKI, G.; GOZDZIK-ZOLNIERKIEWICZ, T.; KRAUZE, A. *Ototoxicity of drugs.* Wiad Lek: 48(1-12): 125-31, 1995.

KOHUT, R.; HINOJOSA, R. "Sudden Sensory Hear Loss". *In* BAYLEY, B. J. *Head and Neck Surgery — Otolaryngology,* 1993, 138, 1820.

KÓS, A. O. A., KÓS, M. I. "Etiologia das perdas auditivas e suas Características audiológicas". *In:* FROTAS, S. *Fundamentos em Fonoaudiologia e Audiologia.* Rio de Janeiro: Guanabara — Koogan, 1998, cap. 10.

KUSUNOKI, T.; CUREOGLU, S.; SCHACHERN, P. A.; SAMPAIO, A.; FUKUSHIMA, H.; OKTAY, M. F.; PAPARELLA, M. M. "Effects of aminoglycoside administration on cochlear elements", *in human temporal bones.* Auris Nasus Larynx:31(4): 383-8, 2004.

LHEUREUX, P.; PENALOZA, A. *Ototoxicity-related dysequilibrium.* J. Pharm Belg: 59(3): 83-90, 2004.

MAY, B. J.; GUARNIERI, M.; CARSON, B. S. S. R.; BACHANI, A.; JALLO, G. I. "Long-term effects of carboplatin brainstem infusions on hearing thresholds", *in monkeys.* Arch Otolaryngol Head Neck Surg: 130(12): 1411-5, 2004.

MELNICK, W. "Saúde auditiva do trabalhador". *In:* KATZ, J. *Tratado de Audiologia Clínica.* 4ª ed. São Paulo: Manole, 1999, cap. 35, p. 529-546.

OKAMOTO, V. A.; SANTOS, U. P. "Outros efeitos do ruído no organismo". *In:* SANTOS, U. P. *Ruído — riscos e prevenção,* 2ª ed. São Paulo: Hicitec, 1996, cap. 8, p. 89-91.

OLIVEIRA, J. A. *Ototoxicity.* Rev Laryngol Otol Rhinol (Bord) 111(5): 491-6, 1990.

_____. "O mecanismo eletrobiomecânico ativo da cóclea". *Rev. Bras. de Otorrinolaringologia,* vol. 59, n. 4, 1993.

_____. SCHUKNECHT, R. J.; GLYNN, H. F. "In search of cochlear orphologic correlates for tinnitus". *Arch Otolaryngol Head Neck Surg,* vol. 116(8), pp. 937-9, 1990.

_____. DEMARCO, R. e ROSSATO, M. *Regeneração de células ciliadas externas após ototoxicidade com aminoglicosideos nam cóclea de aves.* Site. www.otorrino.com.br, 21 de fevereiro de 2005.

PLINKERT, P. K.; KROBER, S. *Frueherkennug einer Cisplatin ototoxizitaet durch Evozierte Otoakustische Emissionen*. Laryngo-Rhino-Otol., 70: 457-462, 1991.

PORTARIA DO INSS COM RESPEITO À PERDA AUDITIVA POR RUÍDO OCUPACIONAL. Diário Oficial n. 131, sexta-feira, 11 de julho de 1997, seção 3, pp. 14.244 à 14.249. EDITAL N. 3, DE 9 DE JULHO DE 1997.

RANG, H. P.; DALE, M. M.; RITTER, J. M. *Farmacologia*. 4ª ed. Rio de Janeiro: Guanabara-Koogan, 2000.

REGAZZI, R. D.; ARAUJO, G. M. "Perícia e Avaliação de Ruído e Calor". *Passo a Passo*, 2ª ed., Rio de Janeiro, 2002, p. 1.448.

RICHARDSON, G. P.; RUSSELL, I. J. *Cochlear cultures as a model system for studying aminoglycoside induced ototoxicity*. Hear Res: 53(2): 293-31, 1991.

RUSSO, I. C. P.; SANTOS, T. M. M. *A prática da Audiologia Clínica*. 4ª ed. São Paulo: Cortez, 1993.

SANTOS, U. P.; MORATA, T. C. "Efeitos do ruído na audição". *In:* SANTOS, U. P. *Ruído — riscos e prevenção*. 2ª ed. São Paulo: Hicitec, 1996, cap. 4, pp. 43- 53.

SCHACHT, LODHI, S.; WEINER, N. D. "Effects of neomycin on polyphosphoinositides in inner ear tissues and monomolecular films". *Adv Exp Med Biol*. vol. 84, 1977, pp.191-208.

SEGURANÇA E MEDICINA DO TRABALHO NR-15 — ATIVIDADES E OPERAÇÕES INSALUBRES, disponível "on line": http://www.audiologiabrasil.org.br/documentos/NR15 em 8.8.2004.

SHEPPARD, W. M.; WANAMAKER H. H.; PACK, A.; YAMAMOTO, S.; SLEPECKY, N. "Direct round window application of gentamicin with varying delivery vehicles: a comparison of ototoxicity". *Otolaryngol Head Neck Surg*. 131(6):890-6, 2004.

SISNANDO, M. S. M. "Perfil auditivo em Disc Jockeys". *Revista Fono Atual*, s/l: Pancast ano 5, n. 19, 1º trimestre de 2002.

SOUZA, N. S. S.; CARVALHO, M. F. ; FERNANDES, R. C. P. "Hipertensão arterial entre trabalhadores de petróleo expostos a ruído". *Caderno de Saúde Pública*, v. 17, n. 6, 2001, pp. 1481-1488.

SURDO. "Drogas Ototóxicas", s/l, [on line] http://www.surdo.org.br, 15.8.2004.

TAYLOR, J. R. "An introduction to error analysis". *University Science Books*, Sausalito, 1997.

UZUN, C.; KOTEN, M.; ADALI, M. K.; YORULMAZ, F.; YAGIZ, R.; KARASALIHOGLU, A. R. *Reversible ototoxic effect of azithromycin and clarithromycin on transiently evoked otoacoustic emissions in guinea pigs*. J Laryngol Otol: 115(8): 622-8, 2001.

DEFICIENTE AUDITIVO E DECRETO N. 5.296: CARACTERIZAÇÃO MAIS ADEQUADA

Airton Kwitko

1. Introdução

O repúdio preconceituoso e a segregação "caridosa" do portador de deficiência cederam passo, progressivamente, à idéia de integração plena dessas pessoas. Desde 1983, quando foi ratificada pelo Brasil a Convenção da OIT n. 159 por meio do Decreto Legislativo n. 51, até 2003, até a Resolução n. 17 do Conselho Nacional dos Direitos da Pessoa Portadora de Deficiência que alterou critérios que caracterizam o deficiente auditivo, há grande movimentação para a integração dos deficientes na sociedade (ANEXO 1).

A pessoa portadora de uma deficiência, conforme o Decreto n. 3.298, de 20.12.1999, no art. 4º, é aquela que se enquadra nas seguintes categorias de deficiências:

I - FÍSICA	II - AUDITIVA	III - VISUAL

IV - MENTAL	V - MÚLTIPLA

Dessas, a deficiência auditiva e a visual recebem uma "quantificação", sendo que a primeira é baseada nos limiares auditivos para enquadrar os indivíduos, apresentada tanto no art. 4º do Decreto n. 3.298/99, como no art. 3º da Resolução n. 17/2003 do CONADE e agora no art. 70 do Decreto n. 5.296 de 12 de dezembro de 2004.

As "quantificações" estabelecidas pelo Decreto n. 3.298/99 e pela Resolução n. 17 eram inadequadas para bem caracterizar o deficiente auditivo. Dessa forma, o mérito de toda iniciativa de inclusão poderia ser prejudicado pela utilização *ipsis litteris* dos textos legais, com o que indivíduos não exatamente deficientes poderiam vir a ser assim considerados, em detrimento dos realmente deficientes.

O Decreto n. 5.296 corrige essa inadequação. Pretendemos nesse trabalho mostrar a evolução da legislação pertinente e a correção de uma situação que poderia não privilegiar os reais deficientes auditivos.

2. Entendendo a Audiometria

Audiometria é o exame que mede o nível de audição das pessoas.

É um gráfico de coordenadas e abscissas, em que são informados para cada freqüência, expressos em Hz, os limiares de audição em dB(NA) (NA significa Nível de Audição) (Figura 1).

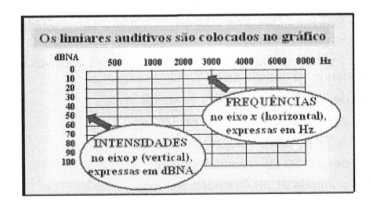

Figura 1. Gráfico do audiograma

Quanto mais próximo de 0 (zero) o limiar auditivo, melhor a audição do indivíduo. O limite considerado aceitável pela legislação trabalhista[1] considera casos cujos limiares auditivos são menores ou iguais a 25 dB(NA), em todas as freqüências examinadas.

As freqüências testadas, usualmente de 250 ou 500 a 8000 Hz, têm importância diferente no entendimento da palavra, e a necessidade de comunicação, que é a base das atividades sociais, levou à identificação das freqüências importantes para a comunicação verbal.

No Brasil, há um estudo de *Russo* e *Behlau*[2] que mostra a distribuição dos diversos fonemas para a língua portuguesa. Na Figura 2 observa-se que as freqüências entre 5000 e 3000 Hz são significativamente mais importantes para a audição do que as demais.

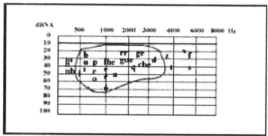

Figura 2. Freqüências significativas para a audição

3. Insuficiência na caracterização do deficiente auditivo pelas legislações anteriores ao Decreto n. 5.296

A) Segundo o art. 4º do Decreto n. 3.298, é considerada como deficiência auditiva:

"(...) perda parcial ou total das possibilidades auditivas sonoras, variando de graus e níveis na forma seguinte:

a) de 25 a 40 decibéis (dB) — surdez leve;

b) de 41 a 55 dB — surdez moderada;

c) de 56 a 70 dB — surdez acentuada;

d) de 71 a 90 dB — surdez severa;

e) acima de 91 dB — surdez profunda;

f) anacusia".

(*) As referências se encontram na p. 191.

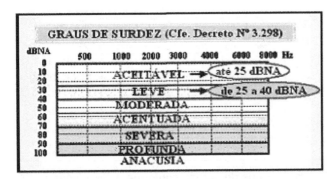

Figura 3. Graus de surdez conforme o Decreto n. 3.298.

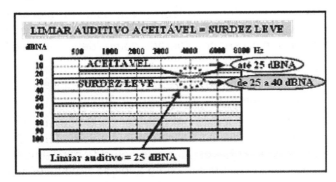

Figura 4. Segundo a legislação trabalhista é audição aceitável um limiar auditivo até 25 dB. Assim, um indivíduo pode ter uma audição que o caracterize como "SURDEZ LEVE" pelos critérios do Decreto n. 3.298 e ao mesmo tempo ser considerado como limiar auditivo "ACEITÁVEL" pela legislação trabalhista.

Ou seja, por essa legislação, bastava que o indivíduo tivesse um limiar de 25 dB(NA) em alguma freqüência, em algum ouvido para ser considerado como "deficiente auditivo".

B) Segundo o art. 3º da Resolução n. 17, é considerada como deficiência auditiva:

"Considera-se deficiência auditiva a perda parcial ou total bilateral, de 25 (vinte e cinco) decibéis (dB) ou mais, resultante da média aritmética do audiograma, aferida nas freqüências de 500, 1000, 2000 e 3000 Hz (...)".

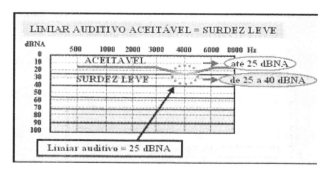

Figura 5. Graus de surdez conforme a Resolução n. 17.

Ou seja, também por essa legislação, bastava que o indivíduo tivesse um limiar médio de 25 dB(NA) nas freqüências consideradas, em algum ouvido, para ser considerado como "deficiente auditivo".

A observação dos critérios definidos pelo Decreto n. 3.298 e pela Resolução n. 17/2003, indica que eram ambos insuficientes para caracterizar de forma adequada a Deficiência Auditiva.

A "quantificação" proposta pelo Decreto n. 3.298, ao estabelecer limites entre limiares auditivos, utiliza um intervalo de 25 a 40 dB(NA), denominado de "Surdez Leve", mas que coincide parcialmente com o limiar de 25 dB(NA), considerado como audição "Aceitável" pela legislação brasileira. Ainda, os critérios do Decreto não indicavam se os limites definidos deveriam ser observados em qual freqüência, e se eram válidos para um ouvido ou para ambos. Dessa forma, se um indivíduo tivesse um limiar de 25 dB(NA) em qualquer freqüência e ouvido, poderia ser considerado como "deficiente", mesmo tendo audição Aceitável.

A proposta de alteração dos critérios acima, sugeridos pela Resolução n. 17/2003, pretendeu corrigir o que denominava de "inadequado dimensionamento da deficiência auditiva". Entretanto, a nova caracterização apresentada para a deficiência auditiva também não era precisa, e igualmente manteve a insuficiência ao caracterizar a deficiência auditiva como uma média de valor mínimo de 25 dB(NA) entre os limiares observados nas freqüências de 500 a 3000 Hz, em ambos os ouvidos. Aqui, também, o indivíduo poderia ter audição "Aceitável" e ser rotulado como deficiente auditivo. Para que isso ocorresse, bastava que os limiares observados nas freqüências determinadas, e em ambos os ouvidos, fossem de 25 dB(NA). Obviamente, a média seria de 25 dB(NA), com o que a exigência da Resolução estaria satisfeita, mesmo sendo o indivíduo portador de audição Aceitável.

Apesar disso, a caracterização apresentada pela Resolução n. 17 apresentava, inegavelmente, um avanço em relação à definida pelo Decreto n. 3.298. Ela já enfocava a questão considerando as freqüências de 500 a 3000, as mais significativas para a compreensão da palavra, pela necessidade de comunicação, que é a base das atividades sociais.

Isso porque o que deve ser considerado na adequada caracterização do deficiente auditivo, são aspectos não só da perda auditiva como também aqueles relacionados com a real necessidade de comunicação verbal e questões ligadas à segurança, representados pelos rotineiros meios de comunicação utilizados nos ambientes ruidosos, principalmente aqueles que alertam sobre riscos presentes nas áreas de produção.

4. Caracterização do deficiente auditivo pelo Decreto n. 5.296

O art. 70 desse Decreto altera o art. 4º do Decreto n. 3.298, de 20 de dezembro de 1999, que passa a vigorar com as seguintes alterações:

"Art. 4º ...

II — deficiência auditiva — perda bilateral, parcial ou total, de quarenta e um decibéis (dB) ou mais, aferida por audiograma nas freqüências de 500HZ, 1.000HZ, 2.000Hz e 3.000Hz".

Essa legislação se ajusta melhor ao que possa ser entendido como uma caracterização audiométrica do deficiente auditivo, tanto pela quantificação da perda (> de 40 dBNA), como pela indicação das baixas freqüencias para configurar a deficiência.

5. Comentários

A palavra surdez tem sido empregada para designar qualquer tipo de perda de audição, parcial ou total, audição socialmente prejudicada ou incapacitante. Segundo *Northern & Downs*[3], uma perda auditiva inabilitante é qualquer grau de audição que reduza a inteligibilidade de uma mensagem falada a um grau impróprio para a interpretação acurada.

Com referência à intensidade da perda, *Sheldon* e *Sokol*[4], exemplificaram que, quando a perda atinge até 40dB, ainda ocorre um desempenho social adequado; de 40 a 70dB permite a comunicação, mas traz transtornos sociais; de 70 a 95 dB é muito dificultada a comunicação, que se torna impossível além desses valores.

Uma perda auditiva leve, caracterizada como alterações entre 26-40 dB, pode originar ao indivíduo uma sensação de abafamento do som, alterando a qualidade auditiva, fazendo com que o mesmo tenha dificuldade para perceber detalhes importantes que uma informação sonora pode trazer. Do ponto de vista perceptual, o efeito da perda auditiva leve é parecido com o que se sente quando se coloca um plugue na orelha, ou seja, os sons são reduzidos, perdem a sua profundidade, sua riqueza e sua dimensão.

Para adultos com essa alteração leve, todas as estratégias para a interpretação da fala já se desenvolveram por completo. Nossa habilidade para compreender a fala e a linguagem depende das experiências e vivências que já experimentamos; se perdermos alguns sons ou informações, pelo contexto da situação podemos inferir do que se trata. Isso quer dizer que um adulto não precisa ouvir todos os sons para captar o conceito do que está sendo dito, mesmo que a fala chegue de maneira distorcida (ruídos de fundo) ou seja interrompida. Ou seja: mesmo com alteração auditiva leve um adulto tem a capacidade de compreender o que está sendo dito. A deficiência auditiva leve não trás praticamente nenhum prejuízo a um adulto.

Se a alteração leve não causa grandes transtornos nas atividades da vida diária, as que se caracterizam por perdas maiores do que 40 dBNA são preocupantes. Isso porque a relação entre a fala e a audição do indivíduo pode estar muito abaixo do desejado para que a compreensão da voz e da linguagem se faça de forma adequada.

Considerando-se que uma conversa entre indivíduos, em tom normal, oscila em torno de 60 dB(A), e uma voz alta (sem gritar) está ao redor de 75 dB(A), entende-se que um indivíduo com audição em limiares considerados aceitáveis (25 dB(A)) irá ouvir e compreender melhor do que um com audição em limiares maiores.

Por isso a alteração nos critérios e valores adotada pelo Decreto n. 5.296 irá permitir que seja feita uma caracterização do deficiente auditivo mais adequada.

6. Recomendações

Durante o processo de escolha dos indivíduos com alteração auditiva que podem preencher os atuais critérios legais, e caracterizarem-se como deficientes, é útil considerar a situação da audição que era observada por ocasião da admissão.

Se a audição já se apresentava alterada na admissão, compatível com os requisitos legais, e não ocorreu nenhum agravamento durante o tempo de trabalho, o indivíduo pode ser caracterizado como deficiente e isso não irá originar nenhum transtorno à empresa, que não é responsável pela perda auditiva e nem por algum agravamento da mesma.

Entretanto, se o indivíduo desenvolveu ou agravou alguma perda durante o período de trabalho, sua caracterização como deficiente auditivo é um reconhecimento implícito por parte da empresa de que a alteração pode ser de sua responsabilidade.

Referências Bibliográficas

1. Norma Regulamentadora n. 7 do MTE, Anexo I — Quadro II.

2. NORTHERN, Jerry L.; DOWNS, MARION, P. *Audição em Crianças*. São Paulo: Manole, 1989.

3. Russo, I. C. P.; Behlau, M. *Percepção da Fala: Análise Acústica do Português Brasileiro*. São Paulo: Lovise, 1993.

4. Sheldon, N.; Sokol, A. "Dental noise and hearing conservation". *Dental Journal*, 50:6-10. New York, 1984.

Anexo 1 — Evolução da Legislação

1988 — A Constituição desse ano é a primeira Carta Constitucional que enfatiza a tutela da pessoa portadora de deficiência no trabalho. No art. 7º, inciso XXXI: "Proibição de qualquer discriminação no tocante a salário ou critérios de admissão do trabalhador portador de deficiência". O art. 37, inciso VIII determina que "A lei reservará percentual dos cargos e empregos públicos para as pessoas portadoras de deficiência e definirá os critérios de sua admissão".

1989 — A Convenção da OIT n. 159, ratificada pelo Brasil através do Decreto n. 51, de 28.8.1989 assim conceitua o portador de deficiência: "Para efeitos da presente Convenção, entende-se por 'pessoa deficiente' todo indivíduo cujas possibilidades de obter e conservar um emprego adequado e de progredir no mesmo fiquem substancialmente reduzidas devido a uma deficiência de caráter físico ou mental devidamente reconhecida".

1989 — A Lei n. 7.853 de 24/10 assegura às pessoas portadoras de deficiência o pleno exercício de seus direitos básicos neles incluídos o direito ao trabalho.

1991 — A Lei n. 8.213 no art. 93, definiu que a empresa com 100 (cem) ou mais empregados está obrigada a preencher de 2% a 5% dos seus cargos com beneficiários reabilitados ou pessoas portadoras de deficiência, habilitadas, na seguinte proporção:

I -	até 200 empregados	2%;
II -	de 201 a 500	3%;

III -	de 501 a 1000	4%;
IV -	de 1.001 em diante	5%.

1999 — O Decreto n. 3.298 no art. 4º considera pessoa portadora de deficiência a que se enquadra nas seguintes categorias: I — deficiência física, II — deficiência auditiva, III — deficiência visual, IV — deficiência mental e V — deficiência múltipla. Nesse mesmo artigo, observa-se a quantificação da deficiência auditiva, estabelecida como "(...) perda parcial ou total das possibilidades auditivas sonoras, variando de graus e níveis na forma seguinte:

a) de 25 a 40 decibéis (dB) — surdez leve;

b) de 41 a 55 dB — surdez moderada;

c) de 56 a 70 dB — surdez acentuada;

d) de 71 a 90 dB — surdez severa;

e) acima de 91 dB — surdez profunda;

f) anacusia".

2003 — A Resolução n. 17 do CONADE no art. 3º, oferece uma nova redação da caracterização da deficiência auditiva, para o art. 4º do Decreto n. 3.298/99: "Considera-se deficiência auditiva a perda parcial ou total bilateral, de 25 (vinte e cinco) decibéis (db) ou mais, resultante da média aritmética do audiograma, aferida nas freqüências de 500Hz, 1.000 Hz, 2.000 Hz e 3.000Hz (...)".

2004 — O Decreto n. 5.296 no art. 70 altera o art. 4º do Decreto n. 3.298, de 20 de dezembro de 1999, que passa a vigorar com as seguintes alterações:

"Art. 4º ...

II — deficiência auditiva — perda bilateral, parcial ou total, de quarenta e um decibéis (dB) ou mais, aferida por audiograma nas freqüências de 500HZ, 1.000HZ, 2.000Hz e 3.000Hz".

METODOLOGIA DE AVALIAÇÃO DAS ALTERAÇÕES AUDITIVAS OCUPACIONAIS: ATIVIDADE MÉDICA NO PPCA

Airton Kwitko

Apresentação

Apresentamos a metodologia e a técnica utilizadas por uma empresa para a qual prestamos consultoria no ano de 2005, no campo do controle da saúde auditiva dos empregados da mesma.

Esse trabalho possibilitou a compreensão da realidade da saúde auditiva dos empregados da empresa, bem como o monitoramento seqüencial da mesma. Pode ser utilizado no enfrentamento das auditorias do INSS, nas inspeções dos auditores do trabalho, na fundamentação técnica para a esfera jurídica da empresa, para distinguir o que é ou não ocupacional (inversão do ônus da prova nas questões do FAP/NTEP). A definição de indicadores de desempenho do PPCA permite a auditoria do mesmo, a fim de que, se necessário, possam ser implementadas medidas de prevenção dos problemas auditivos que, sobretudo, contribuem para a promoção da saúde dos empregados.

Pretendemos nessa apresentação para os especialistas da área de saúde e segurança do trabalho das empresas do segmento siderúrgico nacional obter dos mesmos um endosso ou uma refutação técnica para que a metodologia possa ou não ser adotada como uma diretriz geral para o referido segmento.

Introdução

A prevenção da perda auditiva ocupacional do trabalhador é uma das responsabilidades médicas. Para isso organiza-se uma série de atividades que recebem a denominação de Programa de Conservação Auditiva, o PCA, ao qual adicionamos outro "P", de Permanente.

O PPCA é o Programa Permanente de Conservação Auditiva, constituído, basicamente, de cinco fases interativas:

I — PROCEDIMENTOS DE AVALIAÇÃO E PESQUISA DO RUÍDO;

II — MÉTODOS DE CONTROLE DO RUÍDO;

III — PESQUISA MÉDICA;

IV — TREINAMENTO;

V — AVALIAÇÃO DO PROGRAMA.

O propósito do PPCA é prevenir a ocorrência ou o agravamento de perdas auditivas. Para isso, no âmbito do PPCA, realizam-se audiometrias, que podem a um tempo identificar alterações auditivas, mas também indicar deficiências no PPCA.

A Pesquisa Médica trata basicamente de audiometrias, mas abrange também atividades não-audiométricas. Como perda auditiva é apenas o sinal e/ou sintoma de alguma patologia, e a exposição ao ruído, ocupacional ou não, é apenas uma das causas de perda auditiva, no PPCA se avaliará a audição de grupos de indivíduos que estiverem identificados com outras causas possíveis de perdas auditivas, tais como fumo, obesidade, alterações metabólicas, etc. A finalidade principal dessa avaliação é de caráter social, e a secundária, evitar que perdas auditivas ocorram e que possam ser atribuídas à exposição ao ruído ocupacional.

O Boletim n. 3 do Comitê Nacional do Ruído, o qual aborda as Condutas na Perda Auditiva Induzida pelo Ruído, cita que se deve "considerar de alto risco a admissão do trabalhador com PAIR em empresas nas quais não esteja implantado um Programa de Conservação Auditiva (PCA)", e que é preciso "afastar da exposição ao risco o trabalhador com PAIR em progressão na empresa em que não esteja implantado um PCA".

O que significa exatamente estar "implantado um PCA"? Pode-se dizer que existe um quando há uma ata de fundação? Talvez um marco comemorativo? Uma data festiva que será lembrada e comemorada? Pensamos que caso inexista alguma medida de avaliação do PPCA não se pode dizer que o mesmo foi "implantado" ou que é existente.

Todo processo ou programa necessita ter um componente — avaliação — que é fundamental. O PPCA não foge a essa regra. Ao menos três métodos são comumente discutidos na literatura para estimar a adequação de PPCA: auditoria qualitativa, tabulação das alterações auditivas, e o *audiometric data base analysis (ADBA)*. Esse último é apresentado na norma ANSI S12.13 TR 2002 denominada de *Evaluating the Effectiveness of Hearing Conservation Programs through Audiometric Data Base Analysis* (observe-se que esse documento foi aprovado como um relatório técnico — TR — e não como uma norma ANSI definitiva).

Assim, a avaliação do PPCA pode ser uma alternativa quantitativa ou qualitativa. O *American College of Occupational and Environmental Medicine*, em manifestação de 2002, afirma que não existem métodos aceitáveis universalmente para avaliar a eficácia do PPCA. Enfatiza que, assim, estimativas qualitativas sobre realização dos procedimentos básicos do PPCA podem ser aceitáveis[1]. Inclusive a NIOSH apresenta uma lista para avaliar a realização das atividades que constituem o programa[2]. O método qualitativo é subjetivo e envolve coletar uma grande variedade de informações em profundidade, sendo mais difícil tabular em categorias. Por isso mesmo, a interpretação é também subjetiva e no caso, passível de equívocos.

P.ex: como se pode afirmar que um PPCA é eficaz, através de respostas qualitativas? O fato de que audiometrias sejam realizadas, ou uma cabina audiométrica foi adquirida, fonoaudiólogos estejam disponíveis para realizar o teste, que é feito exatamente conforme as exigências da NR-07, pode ser considerado como um PPCA eficaz?

O método quantitativo pressupõe questões que possam ser estatisticamente tabuladas e analisadas. A partir da tabulação dos resultados dos exames audiométricos, pretendemos nesse artigo mostrar como a atividade médica tem capacidade de contribuir para fornecer indicadores de desempenho quantitativos do PPCA, ferramentas que podem ser usadas para:

• Avaliar o *status* geral;

• Identificar áreas em que o programa é vigoroso e áreas que necessitam de implementação;

• Fornecer indicadores para que metas de melhorias possam ser buscadas;

• Monitorar o progresso do programa;

• Manter uma história quantitativa do desempenho do programa.

---

(1) As referências se encontram no final do capítulo, p. 205.

A atividade médica é sistematizada, e o fluxograma abaixo facilita a compreensão do todo. Comentários sobre as etapas esclarecem os passos.

1. Teste audiométrico e análise seqüencial imediata

A NR-7 disciplina ambas as atividades, e quanto à análise seqüencial, define critérios para que seja realizada. Executar audiometria e simplesmente incorporar à história auditiva do trabalhador o resultado obtido, sem efetuar a análise seqüencial é atividade que cumpre minimamente a legislação. Audiometria ocupacional não é um teste que necessita ser realizado porque apenas precisa ser realizado e ponto. Ele tem uma finalidade, que é a de saber se quem tem audição normal a mantém assim, e se para quem a tem alterada, não ocorreu agravamento.

2. Alteração (piora ou melhora)

Análise seqüencial imediata poderá identificar se ouve uma estabilidade, ou se ocorreu alguma alteração, tanto para pior como para melhor. A piora audiométrica é identificada pela NR-7 como desencadeamento, também desencadeamento e agravamento.

Dessas, o desencadeamento é tema de um artigo[3]. Ao "também desencadeamento" denominamos de "novo caso" pois, para que ocorra, é necessário que a orelha referencial tenha limiares aceitáveis e na seqüencial em pauta haja uma alteração sugestiva de perda auditiva induzida pelo ruído (PAI-NPSE). A melhora audiométrica, freqüentemente observada e não contemplada na legislação, é tema de artigo publicado no nosso site[4].

3. Reteste audiométrico

Exigência expressa da NR-7, também tema de artigo publicado[5].

4. Confirma alteração

Se a alteração observada antes do reteste não se confirma, ou seja, há uma estabilidade auditiva, não há necessidade de qualquer intervenção ocupacional.

Caso a alteração se confirme, ela poderá ser de tipo não-sugestivo de PAI-NPSE: nesse caso há indicação de encaminhamento a médico otorrino para avaliação. Se for do tipo sugestivo de PAI-NPSE, será necessário proceder a duas análises epidemiológicas: a coletiva e a individual.

A análise coletiva avalia, nos casos sugestivos de PAI-NPSE, as situações de novos casos e agravamentos, definidas pela NR-7. Nessa análise as perdas auditivas não recebem consideração a respeito de eventual nexo causal com a exposição ao ruído. Sabemos que perdas auditivas significam apenas o sinal e/ou sintoma de alguma alteração, e nunca a definição de uma PAI-NPSE plenamente identificada. Por isso se justifica o uso do termo "sugestivo". Pelo fato de que na análise coletiva se estimam perdas auditivas em grupos expostos e controles, mantém-se o erro sistemático.

A análise individual considera o caso, e pretende definir o nexo causal com a exposição ao ruído.

5. Análise epidemiológica coletiva

O Quadro 1 resume e exemplifica os grupos das doenças relacionadas de acordo com a classificação proposta por *Schilling*[6]. A relação entre as *"doenças relacionadas* com o trabalho" é sutilmente distinta em cada grupo.

A perda auditiva observada em trabalhadores expostos a níveis elevados de ruído não pode ser rotulada de "doença profissional" (Grupo I), pois essas caracterizam agravos inerentes a indivíduos que desenvolvem alguma atividade específica. Ao contrário, se constituem em "doenças comuns" (Grupo II) relacionadas ao trabalho, as quais, embora não possuam especificidade com determinado tipo de ocupação, podem apresentar maior incidência em trabalhadores envolvidos em determinadas atividades e expostos a específicos agentes nocivos. Elas têm uma etiologia múltipla.

- **Grupo I:** Doenças em que o Trabalho é causa necessária, tipificadas pelas "doenças profissionais", *strictu sensu*, e pelas intoxicações profissionais agudas.
- **Grupo II:** Doenças em que o Trabalho pode ser um fator de risco, contributivo, mas não necessário, exemplificadas por todas as doenças "comuns", aparentemente sem qualquer relação com o trabalho, mais freqüentes ou mais precoces em determinados grupos ocupacionais, e que, portanto, o nexo causal é de natureza eminentemente epidemiológica.
- **Grupo III:** Doenças em que o Trabalho é provocador de um distúrbio latente, ou agravador de doença já estabelecida ou pré-existente, ou seja, concausa, tipificadas pelas doenças alérgicas de pele e respiratórias e pelos distúrbios mentais, em determinados grupos ocupacionais ou profissões.

Quadro 1. Classificação de *Schilling* para Doenças relacionadas com o trabalho.

Nestas "doenças comuns", em que se enquadra a perda auditiva, o trabalho poderia ser entendido como um fator de risco, ou seja, "um atributo ou uma exposição que está associada com uma probabilidade aumentada de ocorrência de uma doença, não necessariamente um fator causal". *Schilling* coloca que para esse grupo só a epidemiologia poderá apontar soluções. Nasce então a denominação "nexo epidemiológico", adotada pelo Ministério da Previdência Social. Exige-se um estudo mais acurado a partir da epidemiologia, mais especificamente no que se refere à estimativa da chamada razão de chance (RC) como medida de associação estatística. Empregada como um critério para a definição da causalidade entre um fator e um desfecho de saúde, qual seja, ter um diagnóstico clínico para o acidente ou enfermidade. Essa medida por si só não determina a causalidade, até porque as doenças são eventos multicausais complexos; todavia é reconhecida como fundamental para a inferência causal.

Toda conclusão a respeito de exames alterados necessita ser precedida de análise epidemiológica, para que eventuais informações não recebam um viés de interpretação, baseado em análise descritiva, que apenas informa um valor numérico e/ou percentual em grupo de trabalhadores expostos sem estabelecer qualquer parâmetro de comparação com grupos não-expostos.

Dessa forma a existência do grupo controle é necessária porque geralmente a pergunta básica diante de alterações auditivas observadas em indivíduos expostos ao ruído ocupacional é se essa exposição altera ou não a história natural da doença estudada. Assim sendo, é fundamental que haja um grupo com o qual a evolução do grupo exposto possa ser comparada. Em nosso estudo o grupo controle e o exposto são idênticos em todos os aspectos relevantes, exceto na exposição ao agente físico ruído, que apenas existe no grupo exposto.

Pode-se considerar na constituição do Grupo Controle (GC) indivíduos que no ano da análise estão expostos a níveis de ruído = 85, a qual segundo a NR-15, Anexo I configura uma exposição não insalubre, e como Grupo Exposto (GE) indivíduos expostos a > 85, que é uma exposição insalubre pela legislação trabalhista.

Análise estatística entre resultados observados nos grupos exposto e controle é realizada através da metodologia que preconiza a avaliação do risco relativo[7]. Sugere-se um estudo transversal no qual o fator (exposição ou não a níveis elevados de ruído) e os efeitos (existência ou não de perdas auditivas) são observados no mesmo momento histórico. A associação entre perdas auditivas observadas no GE e GC é quantificada através do cálculo dos *Odds Ratio* (OR) e respectivos Intervalos de Confiança a 95% (IC 95%).

Para que o ruído possa estar causalmente associado com uma doença a taxa de perdas auditivas constatadas nos indivíduos expostos tem que ser diferente da taxa observada no grupo não exposto. As duas variáveis dicotômicas (fator e doença) estão relacionadas. Através dessa metodologia se obtém o nexo epidemiológico.

Assim, a associação entre perdas auditivas observadas no GE e no GC, quantificada através do cálculo dos *Odds Ratio* (OR) e respectivos Intervalos de Confiança a 95% (IC 95%) será considerada para os "novos casos" e os "agravamentos". A partir disso, teremos os *índices epidemiológicos*, que são medidas transversais.

Para um *odds-ratio* igual a 1,0 consideramos um efeito nulo da variável; acima de 1,0 representa uma associação de risco ou um efeito causador, e um *odds-ratio* abaixo desse valor representa um efeito protetor. Já para RC = 1,0 denota-se que as probabilidades em ambos os grupos são idênticas e conseqüentemente inexiste associação entre a perda auditiva e a exposição ao ruído. Para avaliar a consistência se houve o risco ou proteção contra a perda auditiva, o intervalo de confiança é calculado.

Esse índice pode ser obtido mensalmente, e ser utilizado como uma avaliação prévia das condições de saúde e segurança do trabalho (SST) adotadas. No final do ano de vigência do PPCA se terá o índice cumulativo, resultado da soma dos índices mensais, um dos que são usados para avaliar o PPCA.

6. Significância estatística

Caso a RC da análise epidemiológica mostrar valor = 1,0 não há necessidade de intervenção ocupacional. Presume-se que as condições de SST sejam satisfatórias. Caso o valor seja > 1.0 a qualidade das ações de SST pode estar comprometida, e ser insatisfatória. Providências necessitam ser adotadas, sempre em termos de implementação da prevenção, com ênfase para a coletiva e em seguida, na individual.

Essa análise epidemiológica pode contribuir para indicar qual(is) o(s) setor(es) crítico(s), aquele(s) que necessita(m) prioridade para ações implementadoras em SST. Para isso, duas variáveis são consideradas: os índices epidemiológicos e o número de empregados em cada setor. P.ex: setores numerosos podem ter índices baixos e o contrário.

7. Análise epidemiológica individual

Necessária por exigência legal da NR-7 e também para que seja efetuado ou descartado o nexo causal com a exposição ao ruído. Recorde-se que, até agora, estamos estudando alterações audiométricas com base na legislação, que oferece fórmulas matemáticas para acompanhamento. Por melhor que seja a nossa legislação quanto aos algoritmos para estimar alterações audiométricas, são tantas as variáveis envolvidas nos limiares auditivos que a análise individual de casos selecionados é indispensável. Esse tópico é tema de artigo publicado no nosso site[8].

As situações de "também desencadeamento" (que aqui recebem a denominação de "novo caso") e de "agravamento", definidas pela NR-7 — no Anexo I — Quadro II, nos parágrafos 4.2.3 e 4.2.4, constituem a base para análise individual.

Se a alteração observada após a análise não aponta para um caso sugestivo de ter nexo com a exposição ao ruído ocupacional, não há necessidade de qualquer intervenção ocupacional, sendo uma ocorrência que talvez precise de intervenção médica otorrinolaringológica. Isso porque mesmo sendo a perda com características de ter causa ocupacional, os achados da análise individual descartaram essa situação. Assim, a alteração precisa ser investigada para que outra causa seja detectada, se isso já não ocorreu durante o processo de análise.

Se a alteração observada após a análise indicar que é um caso sugestivo de ter nexo com a exposição ao ruído ocupacional, é necessário que esse caso receba um tratamento personalizado:

a) Emissão de CAT: Fundamentada pela ocorrência e/ou agravamento de doença relacionada com o trabalho, indicar à empresa de emissão da Comunicação de Acidente do Trabalho (CAT) para o INSS.

b) Revisão de EPC e/ou EPI: Para identificar as causas dos achados e evitar que os mesmos se perpetuem.

c) Afastar trabalhadores do ruído: A decisão quanto ao afastamento do trabalho é difícil, exigindo que inúmeras variáveis de caráter médico e social sejam consideradas:

• Os casos com incapacidade total, temporária, devem ser afastados do trabalho pela mudança da função e afastamento da situação de risco. Aqui surge outra dificuldade, que é a de definir o que significa incapacidade do ponto de vista de uma alteração auditiva, que afeta altas freqüências e conserva as baixas, muito freqüentemente não originando dificuldades funcionais, mesmo que hajam limitações sociais;

• No caso do trabalhador ser mantido em atividade, devem ser identificadas as alternativas compatíveis com as limitações do paciente e consideradas sem risco de interferência na evolução de seu quadro de saúde. No caso da perda auditiva, alterações acentuadas geralmente não exigem afastamento, pois já se estabeleceram e a progressão, pela história natural da perda auditiva ocupacional, será muito lenta depois de um certo patamar;

• Quando o dano apresentado é pequeno, ou existem atividades compatíveis com as limitações do paciente e consideradas sem risco de agravamento de seu quadro de saúde, ele pode ser remanejado para outra atividade, em tempo parcial ou total, de acordo com seu estado de saúde;

• Quando houver necessidade de afastar o paciente do trabalho e/ou de sua atividade habitual, o médico deve emitir relatório justificando as razões do afastamento, encaminhando-o ao médico da empresa, ou ao responsável pelo PCMSO.

A partir da análise individual, constataremos a ocorrência ou agravamento da perda auditiva de causa ocupacional. A taxa da ocorrência é denominada em epidemiologia de incidência, já que esse mede novos eventos de qualquer tipo. O agravamento se qualifica mais como inserido na prevalência, que mede eventos existentes.

Pelas peculiaridades das perdas auditivas ocupacionais, em que tanto o surgimento de um caso novo como o agravamento de alteração pré-existente pode significar uma condição inadequada de SST e exigir medidas corretivas semelhantes, para fins da atividade médica no PPCA, propomos que ambas as situações — ocorrência e/ou agravamento — passem a representar o que iremos denominar de Taxa de Ocorrência e/ou Agravamento. Essa é, então, observada pelo número de casos novos ou de agravamentos surgidos em uma população. Indica o número de pessoas em uma população, em particular, que não tinha a perda auditiva ocupacional e que a desenvolveu dentro de um período determinado de tempo, ou já a tinha e mostrou agravamento. É uma medida longitudinal.

A Taxa de Ocorrência e/ou Agravamento é calculada dividindo-se o n. de casos novos/agravados pelo n. de indivíduos que realizaram testes audiométricos periódicos, semestrais e/ou demissionais no período, multiplicando-se o resultado por 100. Os testes admissionais são descartados do cálculo, pois obviamente para esses empregados não existem dados para comparação seqüencial; os testes demissionais são mantidos pois, mesmo que os empregados que os realizaram não mais estejam na empresa, o que nos interessa é o conhecimento das taxas, pelo que elas representam como indicadores para avaliação do PPCA.

Essas taxas podem ser obtidas mensalmente, e serem utilizadas como uma avaliação prévia das condições de SST adotadas. No final do ano de vigência do PPCA ter-se-ão as taxas cumulativas, resultado da soma das taxas mensais, que são usadas para avaliar o PPCA.

8. Índices para acompanhamento anual do PPCA

Para os objetivos estratégicos do PPCA é necessária a criação de indicadores de desempenho. Esses são quantificadores que devem medir o grau de atendimento de um objetivo estratégico ou de uma meta de desempenho. Para isso, são expressos em unidades de medida que sejam significativas para aqueles que vão utilizá-los no monitoramento ou para a confecção de planos de ação com base na informação coletada. Um quantificador de desempenho é composto de um número ou percentual, que indica a magnitude, e de uma unidade de medida que dá ao número ou percentual um significado.

A atividade médica no PPCA pode elaborar 3 indicadores de desempenho:

Índices Epidemiológicos de Novos Casos e de Agravamentos: expressos em *odds ratio*, e Taxa de Ocorrência e/ou Agravamento, expressa em percentual. Por esses indicadores o PPCA pode ser auditado anualmente, ao mesmo tempo em que metas podem ser definidas para que resultados cada vez melhores sejam buscados.

Esses 3 indicadores podem ser utilizados quando existem testes audiométricos que podem ser caracterizados como "grupo controle"; caso não existam, a auditoria do PPCA é feita apenas através das Taxas de Ocorrência e/ou Agravamento.

9. Ferramenta de trabalho

Embora não seja uma questão imprescindível, a utilização do NETPluss — Sistema de Gestão de Saúde e Segurança do Trabalho (www.netpluss.com.br) é ferramenta útil para o desenvolvimento dos passos acima explicitados.

O segmento do Sistema que trata da gestão dos exames audiométricos auxilia no desenvolvimento das ações necessárias. O tópico "Elaboração do PPCA" disciplina as atividades, facilita o acompanhamento das mesmas, serve como uma auditoria a qualquer tempo do que está sendo realizado ou falta realizar, e seus relatórios identificam os casos "alvo" (novos casos e/ou agravamentos) e mostram os resultados das análises epidemiológicas utilizadas.

Por ser uma aplicação na net, permite que seja acessado de qualquer lugar e hora facilitando a atividade de gestão e consultoria.

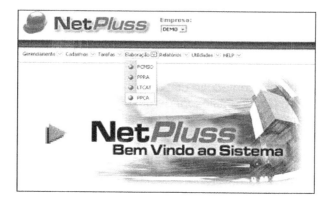

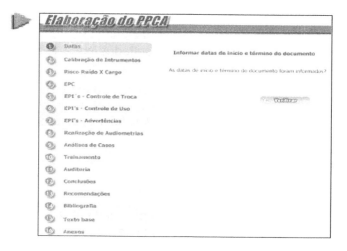

Referências Bibliográficas

1. American College of Occupational and Environmental Medicine. "Position Statements/Guidelines". 2002. (http://www.acoem.org/position/statements.asp?CATA_ID=53)

2. Centers for Disease Control and Prevention. "Hearing Conservation Checklist". <http://www.cdc.gov/niosh/topics/noise/workplacesolutions/hearingchecklist.html>.

3. KWITKO, A. *Análise seqüencial da audiometria ocupacional: desventuras e frustrações.* Em www.seguir.com.br, artigo n. 84.

4. _____. *Audiometria ocupacional: a 'melhora' audiométrica.* Em www.seguir.com.br, artigo n. 73.

5. _____. "Desencadeamento da perda auditiva: um equívoco da Portaria n. 19". *Coletânea n. 2.* São Paulo: LTr, 2004.

6. _____. "Reteste audiométrico". *Coletânea n. 2.* São Paulo: LTr, 2004.

7. OLIVEIRA, P. R. "Segurança e Saúde no Trabalho e a Previdência Social: A nova metodologia de financiamento dos benefícios acidentários". *Informe da Previdência Social,* junho de 2004, vol. 16, n. 06 (http://www.previdenciasocial.gov.br/docs/inf_junho04.pdf).

8. SCHILLING, R. S. F. "More effective prevention in occupational health practice". *Journal of the Society of Occupational Medicine,* 39:71-9, 1984.

ESTUDO DE GERENCIAMENTO DE RISCO FÍSICO RUÍDO

Airton Kwitko

1. Introdução

Recebemos solicitação da Empresa XXXXXXXXXXXX para proceder a uma análise do sistema de gerenciamento do risco físico ruído ocupacional, com vistas à elaboração de um diagnóstico sobre as alterações auditivas dos empregados da empresa.

A solicitação da empresa se atém exclusivamente para a análise do gerenciamento e controle do risco físico ruído pela proteção da saúde dos trabalhadores e pela sua vinculação ao financiamento de aposentadorias especiais: a exposição ocupacional ao ruído dá ensejo à aposentadoria especial quando os níveis de pressão sonora estiverem acima de 90 dB(A) a partir de 6.3.1997 e até 18.11.2003, sendo que a partir de 19.11.2003 o enquadramento para concessão se situa em valores acima de 85 dB(A), face ao texto do Dec. n. 4.882, de 18.11.2003.

A eficácia do sistema de gerenciamento pode ser avaliada através de medidas de desempenho, qualitativas e quantitativas, que monitoram:

a) o atendimento da legislação pertinente e o controle dos riscos do trabalho;

b) os indicadores clínicos e aspectos ligados aos resultados.

A manutenção da normalidade e/ou da alteração auditiva sem agravamento é um indicador clínico das condições de controle da exposição ao ruído ocupacional. Medidas quantitativas podem ser usadas como guias para monitorar e avaliar a qualidade desse controle.

Pretendemos nessa análise considerar os indicadores clínicos relativos à exposição ao agente físico ruído ocupacional, cujo indicador biológico de exposição é o teste audiométrico ocupacional. Esse indicador biológico é um teste exigido pela legislação trabalhista para realização periódica, e mostra a realidade auditiva dos empregados da empresa, em termos de normalidade e anormalidade.

O conhecimento dessa última situação oferece parâmetros para estimar o controle efetivo ou não do risco ruído ocupacional, pois se o mesmo não está sendo realizado de forma eficaz, havendo exposição acima dos limites de tolerância, sem a adequada proteção, ocorrerá um aumento de número de casos de perdas auditivas. Como corolário, se o risco ruído estiver sob controle, o indicador biológico mostrará inexistência de perdas auditivas, tanto de desencadeamento de novas alterações, como de agravamento de danos pré-existentes. O indicador biológico é pois a evidência clínica da eficácia do controle.

O indicador biológico é capaz de indicar uma exposição ambiental do agente ruído ocupacional acima do limite de tolerância, mas não possui, isoladamente, significado clínico próprio, pois sua presença não é típica da exposição ao ruído, podendo existir perdas auditivas originadas por outras causas.

Ou seja: as medidas quantitativas do indicador biológico apenas indicam a realidade auditiva dos trabalhadores da empresa, mas não podem ser utilizadas para avaliar a qualidade das medidas de controle dos riscos à exposição ao ruído ocupacional. Isso porque esses dados, constantes do Relatório Anual exigido do Médico Coordenador do PCMSO pela NR-7, parágrafo 7.4.6.1, Quadro III, apenas informam sobre os resultados considerados anormais, e em se tratando de alteração auditiva, há uma simplificação: perdas auditivas anormais podem ser consideradas como sugestivas de ter ou não causa ocupacional. Isso está registrado na NR-7, Anexo I, Quadro II, parágrafos 4.2.1 e 4.2.2, que definem critérios para caracterizar perdas auditivas ocupacionais e não ocupacionais, enquanto que o Relatório Anual não entra nesse mérito.

Diante disso, é necessário identificar a alteração e depois analisá-la para definir a etiologia, e nesse processo estabelecer o nexo causal com a exposição ao ruído ocupacional. Assim, a eficácia do sistema de gerenciamento do ruído ocupacional é validada pelos indicadores biológicos (testes audiométricos) que indicam relação entre causa e efeito com a exposição ao ruído.

Esse estudo formula duas hipóteses para discutir a qualidade do controle do ruído ocupacional na empresa:

Hipótese Nula (H_0): O número de audiometrias alteradas em 2003 é estatisticamente elevado, pelo que o controle do risco físico ruído praticado pela empresa é deficiente.

Hipótese Alternativa (H_1): O número de audiometrias alteradas em 2003 não é estatisticamente elevado, pelo que o controle do risco físico ruído praticado pela empresa é eficaz.

2. Material e Métodos

2.1. Fundamentação teórica da metodologia utilizada no estudo

A classificação de *Schilling*[1] ajuda a entender o conceito de "doença relacionada ao trabalho", ampliando o conceito de nexo entre trabalho e doença. A classificação propõe enquadrar as doenças em três grupos:

• *Grupo I:* Doenças em que o trabalho é causa necessária, tipificadas pelas "doenças profissionais", *strictu sensu*, e pelas intoxicações profissionais agudas.

• *Grupo II:* Doenças em que o trabalho pode ser um fator de risco, contributivo, mas não necessário, exemplificadas por todas as doenças "comuns", aparentemente sem qualquer relação com o trabalho, mais frequentes ou mais precoces em determinados grupos ocupacionais, e que, portanto, o nexo causal é de natureza eminentemente epidemiológica.

• *Grupo III:* Doenças em que o trabalho é provocador de um distúrbio latente, ou agravador de doença já estabelecida ou pré-existente, ou seja, concausa, tipificadas pelas doenças alérgicas de pele e respiratórias e pelos distúrbios mentais, em determinados grupos ocupacionais ou profissões.

A perda auditiva observada em trabalhadores expostos a níveis elevados de ruído não pode ser rotulada de "doença profissional", pois essas caracterizam agravos inerentes a indivíduos que desenvolvem alguma atividade específica. Ao contrário, se constituem em "doenças comuns" relacionadas ao trabalho, as quais, embora não possuam especificidade com determinado tipo de ocupação, podem apresentar

---

(1) As referências se encontram no final do capítulo, p. 228.

maior incidência em trabalhadores envolvidos em determinadas atividades e expostos a específicos agentes nocivos.

Nestas "doenças comuns", em que se enquadra a perda auditiva, o trabalho poderia ser entendido como um *fator de risco*, ou seja, "um atributo ou uma exposição que está associada com uma probabilidade aumentada de ocorrência de uma doença, não necessariamente um fator causal"[2]. Segundo *Oliveira*[1], "o próprio *Schilling* coloca que para esse grupo só a epidemiologia poderá apontar soluções. Nasce então a denominação "nexo epidemiológico", adotada pelo Ministério da Previdência Social Exige-se um estudo mais acurado a partir da epidemiologia, mais especificamente no que se refere à estimativa da chamada razão de chance (RC) como medida de associação estatística. Empregada como um critério para a definição da causalidade entre um fator e um desfecho de saúde, qual seja, ter um diagnóstico clínico para o acidente ou enfermidade. Essa medida por si só não determina a causalidade, até porque as doenças são eventos multicausais complexos; todavia é reconhecida como fundamental para a inferência causal".

Esse estudo irá avaliar as audiometrias ocupacionais através do nexo causal individual, para diagnóstico etiológico, e também epidemiológico, realizando associação estatística através da RC (*Odds Ratio*).

2.2. Caracterização da exposição ao ruído e da constituição do Grupo Exposto ao ruído e do Grupo Controle

Utilizaram-se avaliações da exposição ao ruído realizadas por empresa de assessoria através de dosimetria do ruído, no ano de 2002.

A exposição dos empregados ao ruído foi estratificada em 4 níveis:

• = 80 dB(A) = exposição não insalubre/não nociva;

• > 80 e = 85 = nível de ação, segundo NR-9, 3.6.2, "b"= exposição não insalubre/não nociva;

• > 85 e = 90 = exposição insalubre (segundo NR-15, Anexo I — legislação trabalhista), mas não nociva (legislação previdenciária);

• > 90 = exposição insalubre (segundo NR-15, Anexo I) e nociva (enquadramento para ensejo de aposentadoria especial no período entre 6.3.1997 e até 18.11.2003).

Considerada nesta análise, a Tabela 1 mostra, para o ano de 2003, a exposição ao ruído e a distribuição dos empregados entre os diversos níveis.

EXTRATIFICAÇÃO DA EXPOSIÇÃO AO RUÍDO	EXPOSIÇÃO em dB(A)	NORMAL	ALTERADO	TOTAL
Exposição não insalubre/não nociva.	≤ 80	537 (76,5)	165 (23,5)	702 (18,1)
Exposição de nível de ação, não insalubre/ não nociva.	> 80 e ≤ 85	277 (74,9)	93 (25,1)	370 (9,5)
Exposição insalubre, mas não nociva.	> 85 e ≤ 90	774 (78,0)	218 (22,0)	992 (25,6)
Exposição insalubre e nociva.	> 90	1379 (75,9)	438 (24,1)	1817 (46,8)
TOTAL		2.967 (76,3)	921 (23,7)	3.881 (100.0)

Tabela 1. Número e percentual de empregados expostos aos diferentes extratos de ruído.

Para seleção da amostra analisada, consideraram-se os empregados que em 2003 trabalhavam em cargos nos quais a exposição ao ruído ocorria em valores acima de 90 dB(A), pois abaixo dessa mensuração, pela legislação previdenciária, inexistia nocividade, conforme Anexo IV do Dec. n. 2.172 de 5.3.97.

A Tabela 2 mostra o grupo de empregados, num total de 438 indivíduos expostos a ruído maior do que 90 dB(A) e que apresentaram, por vários motivos, os exames audiométricos alterados, sendo que desses 414 (94,5%) se encontram em atividade na empresa e foram analisados de forma individual. Essa amostra recebeu o nome de "Grupo Exposto" (GE).

ANO	> 90 dB(A) = GE	
	TOTAL	ANALISADOS
2003	438 (100,0)	414 (94,5)

Tabela 2. Quantidade e percentual de casos existentes e analisados, sendo esses últimos considerados como GE.

O "Grupo Controle" (GC) foi constituído pelos 703 empregados da empresa em atividade, que exerciam em 2003 atividades em cargos cuja exposição ao ruído era menor do que 80 dB(A).

2.3. Caracterização dos testes audiométricos ocupacionais

Utilizaram-se resultados de testes audiométricos realizados por empregados da empresa desde a sua admissão, sendo essa análise retrospectiva e de delineamento transversal, com os dados sendo coletados e analisados pela situação auditiva referenciada ao ano de 2003.

Os testes audiométricos foram realizados em cabina própria da empresa, e considerou-se audiometria normal aquela que apresentava em todas as freqüências pesquisadas (500, 1000, 2000, 3000, 4000, 6000 e 8000 Hz) limiares iguais ou menores do que 25 dB(NA).

Considerou-se como audiometria alterada aquela que em uma ou mais freqüências de uma ou ambas as orelhas apresentava limiar(es) maior(es) do que 25 dB(NA).

As perdas foram estratificadas em:

• Leves: de 30 a 40 dB(NA);

• Moderadas: de 45 a 60 dB(NA);

• Severas: de 65 a 80 dB(NA);

• Profundas: limiar maior de 85 dB(NA).

2.4. Qualificação das considerações utilizadas no estudo para caracterizar os casos como ocupacionais ou não

Os indivíduos do GE tiveram suas audiometrias analisadas de forma individual, para caracterizar ou não o nexo de causalidade etiológico com a exposição ao ruído. Foram consideradas as seguintes variáveis para realizar as análises e enquadrar os casos em OCUPACIONAL ou NÃO-OCUPACIONAL:

2.4.1. Casos OCUPACIONAIS

Agravamento ao:

Considerados casos em que já existiam perdas auditivas em ambas as orelhas, observadas de forma pré-admissional, e ocorreu a situação de agravamento da perda.

Novo Caso ao:

Considerados casos em que inexistiam perdas auditivas em ambas as orelhas e ocorreu o surgimento da perda.

Agravamento com Nosoacusia

Considerados casos em que já existiam perdas auditivas em ambas as orelhas, observadas de forma pré-admissional, e ocorreu a situação de agravamento da perda, mas existe igualmente nosoacusia que pode ser uma intercorrência da perda.

Agravamento ao assimétrico sem dados de socioacusia

Considerados casos em que já existiam perdas auditivas em ambas as orelhas, observadas de forma pré-admissional, e ocorreu a situação de agravamento assimétrico da perda, mas sem informações sobre eventual socioacusia que possa caracterizar uma intercorrência.

Agravamento OD

Considerados casos em que já existiam perdas auditivas em ambas as orelhas, observadas de forma pré-admissional, e ocorreu a situação de agravamento unilateral (orelha direita) da perda.

Agravamento OE

Considerados casos em que já existiam perdas auditivas em ambas as orelhas, observadas de forma pré-admissional, e ocorreu a situação de agravamento unilateral (orelha esquerda) da perda.

2.4.2. Casos NÃO-OCUPACIONAIS

Perda estável desde admissão

Considerados casos em que já existiam perdas auditivas em ambas as orelhas, observadas de forma pré-admissional, não ocorrendo nenhum agravamento após a admissão. A responsabilidade da empresa sobre a audição do empregado inicia quando ele é admitido.

Perda unilateral não ocupacional

Considerados casos em que ocorreu alteração da audição em apenas uma orelha. A unilateralidade da perda auditiva não é uma característica de alteração do tipo ocupacional, observada em categorias funcionais como as que trabalham na empresa, pois a exposição ao eventual ruído é circundante e não localizado em uma ou outra orelha.

Perda estável desde admissão, considerada pela freqüência de 4.0 khz

Considerados casos em que não ocorreu nenhuma alteração da audição quando considerada a freqüência de 4.0 kHz em ambas as orelhas. Essa situação aprecia o fato de que a legislação a respeito das freqüências a serem testadas na audiometria ocupacional alterou-se, passando de necessidade de pesquisa apenas nas freqüências de 0,5, 1.0, 2.0 e 4.0 kHz para pesquisa em freqüências adicionais de 3.0, 6.0 e 8.0 khz, definida pela Portaria n. 19, de 9.4.1998. Dessa forma, para empregados admitidos antes de 04/1998 os limiares nessas freqüências adicionais não eram pesquisados, com o que não há como realizar análise seqüencial, desde a admissão.

Perda estável com exame admissional divergente dos demais, realizados pouco tempo após

Considerados casos em que a audição manteve-se estável a partir de exame realizado em data próxima da admissão, sendo o exame admissional muito divergente dos demais, mostrando limiares incompatíveis com a história auditiva subseqüente.

Perda sem característica de ser ocupacional

Considerados casos em que as características das perdas auditivas não permitem enquadrá-las como de causa ocupacional. São elas:

• Afetando preponderantemente baixas e médias freqüências: Esse traçado é do tipo ascendente, e afeta predominantemente as freqüências de 05, 1.0 e 2.0.

• Afetando igualmente todas as freqüências: Esse perfil é denominado de "plano".

• Afetando apenas a freqüência de 8.0 kHz: As perdas auditivas de causa ocupacional indicam um entalhe nas freqüências de 3.0, e/ou 4.0 e/ou 6.0 kHz. A alteração isolada em 8.0 kHz não tem característica de perda causada por exposição ao ruído ocupacional.

Desencadeamento/Agravamento sem reteste

Considerados casos em que ocorreu alteração da audição, seja de surgimento de perda em situação onde os limiares eram normais, seja em agravamento de perda já observada no exame admissional. Entretanto, pela acentuada divergência entre os limiares observados nessas situações e os anteriores, apreciou-se o fato de que pudessem ser incompatíveis com a realidade da progressão audiométrica, podendo ser mais um artefato do exame, do que representar a realidade da audição do indivíduo.

Perda estável desde admissão, com melhoria

Considerados casos em que já existiam perdas auditivas em ambas as orelhas, observadas de forma pré-admissional, não ocorrendo nenhum agravamento, e até pelo contrário, tendo ocorrido melhorias nos resultados dos exames.

Perda auditiva observada no exame desse ano, que é o admissional

Considerados casos em que já existiam perdas auditivas em ambas as orelhas, observadas em indivíduos que ingressaram na empresa em 2003, sendo esse o exame admissional.

Perda auditiva leve com tempo de trabalho maior do que 10 anos

Considerados casos em que ocorreu alteração da audição, seja de surgimento de perda em situação onde os limiares eram normais, seja em agravamento de perda já observada no exame admissional, mas essas alterações apresentaram-se como leves (de 30 a 40 dB(NA)), portanto alteração discreta e incompatível com a história natural da perda auditiva, apreciando-se o fato de que os indivíduos trabalhavam em níveis de ruído > 90 dB(A). A história natural da perda auditiva de causa ocupacional indica que a perda geralmente atinge o nível máximo para as freqüências de 3, 4 e 6 kHz nos primeiros 10 a 15 anos de exposição. Dessa forma uma alteração leve em ambas as orelhas (entre 30 e 40 dBNA) é incompatível com tempo prolongado de trabalho. Para fins desse estudo considerou-se como tempo prolongado uma atividade = 10 anos.

Agravamento Assimétrico

Considerados casos em que ocorreu alteração da audição de agravamento de perda já observada no exame admissional, mas de forma bastante assimétrica entre as orelhas. A simetria é uma das características das perdas auditivas de causa ocupacional. A desproporção entre os achados auditivos entre as orelhas indicaria uma causa não ocupacional. Para fins desse estudo considerou-se como perda auditiva assimétrica aquela em que numa orelha a alteração é leve e em outra moderada, ou severa ou profunda.

2.5. Caracterização da análise para estimar o nexo epidemiológico

Análise estatística entre resultados observados nos grupos exposto e controle foi realizada através da metodologia preconizada: o risco relativo. Optou-se por um estudo transversal no qual o fator (exposição ou não a níveis elevados de ruído) e os efeitos (existência ou não de perdas auditivas) são observados no mesmo momento histórico. A associação entre perdas auditivas observadas no GE e GC foi quantificada através do cálculo dos *Odds Ratio* (OR) e respectivos Intervalos de Confiança a 95% (IC 95%).

3. Resultados

A Tabela 3 mostra os dados sobre exames audiométricos considerados como normais ou alterados para a população de indivíduos expostos a um nível de ruído = 80 dB(A) e > 90 dB(A).

ANO	$\leq$ 80 dB(A)		> 90 dB(A)	
	AUDIOMETRIA (n = 702)		AUDIOMETRIA (n = 1.817)	
2003	NORMAL= 537 (76,5)	ALTERADA= 165 (23,5)	NORMAL= 1379 (75,9)	ALTERADA= 438 (24,1)

Tabela 3. Quantidade e percentual de audiometrias normais e alteradas existentes na população exposta a nível de ruído = 80 dB(A) e > 90 dB(A).

A Tabela 4 mostra resultados da análise estatística epidemiológica realizada com os casos alterados das populações expostas em nível de ruído = 80 dB(A) e > 90 dB(A), antes que a pesquisa sobre a etiologia das alterações fosse realizada.

ANO	Odds Ratio ANTES DA ANÁLISE INDIVIDUAL DOS CASOS
2003	(OR=1,0 [IC95% (OR)=0,84 – 1,26])

Tabela 4. OR e IC para o ano de 2003, considerando audiometrias alteradas nas populações expostas a níveis de ruído = 80 dB(A) e > 90 dB(A), utilizando-se para análise estatística as quantidades observadas anteriores à análise da etiologia individual dos casos.

A Tabela 5 mostra para o GE as quantidades e percentuais de audiometrias analisadas para diagnóstico etiológico, e consideradas como de causa não-ocupacional e ocupacional.

ANO	> 90 dB(A) = GE	
	AUDIOMETRIA (n=414)	
2003	NÃO-OCUPACIONAL	OCUPACIONAL
	375 (90,6)	39 (9,4)

Tabela 5. Quantidade e percentual de audiometrias analisadas e dividindo-as nos grupos de causa não-ocupacional e ocupacional, dentro do GE.

A Tabela 6 mostra resultados da análise estatística realizada com os casos alterados considerados como de causa ocupacional no GE, após o nexo etiológico causal individual ter sido realizado.

ANO	*Odds Ratio* DEPOIS DA ANÁLISE INDIVIDUAL
2003	(OR=0,3 [IC95% (OR)=0,20 – 0,46])

Tabela 6. OR e IC para o ano de 2003, apenas considerando audiometrias alteradas no GE, utilizando-se para análise estatística as quantidades observadas depois da análise individual etiológica.

A Tabela 7 mostra o número e o percentual das justificativas que enquadraram as audiometrias alteradas do GE como de causa ocupacional e não-ocupacional quanto à relação com a exposição ao ruído ocupacional.

Perda Ocupacional 39 (9,4%)	
Justificativa	Valores
AGRAVAMENTO AO	15 (38,5%)
NOVO CASO AO	11 (28,2%)
AGRAVAMENTO COM NOSOACUSIA	6 (15,4%)
AGRAVAMENTO AO ASSIMÉTRICO SEM DADOS DE SOCIOACUSIA	4 (10,3%)
AGRAVAMENTO OD	2 (5,1%)
AGRAVAMENTO OE	1 (2,5%)

Perda Não Ocupacional 375 (90,6%)	
Justificativa	Valores
PERDA ESTÁVEL DESDE ADMISSÃO	174 (46,4%)
PERDA UNILATERAL NÃO OCUPACIONAL	86 (23,0%)
PERDA ESTÁVEL DESDE ADMISSÃO, CONSIDERADA PELA FREQÜÊNCIA DE 4.0 KHZ	48 (12,8%)
PERDA SEM CARACTERÍSTICA DE SER OCUPACIONAL	14 (3,7%)
PERDA ESTÁVEL COM EXAME ADMISSIONAL DIVERGENTE DOS DEMAIS, REALIZADOS POUCO TEMPO APÓS	12 (3,2%)
DESENCADEAMENTO/ AGRAVAMENTO SEM RETESTE	11 (2,9%)
PERDA ESTÁVEL DESDE ADMISSÃO, COM MELHORIA	10 (2,7%)
AGRAVAMENTO ASSIMÉTRICO	8 (2,1%)
PERDA AUDITIVA NA ADMISSÃO	7 (1,9%)
PERDA AUDITIVA LEVE COM TEMPO DE TRABALHO MAIOR DO QUE 10 ANOS	5 (1,3%)

Tabela 7. Análise estratificada dos casos de alterações auditivas nas classes ocupacional e não ocupacional — Quantidade e percentual de situações observadas na análise dos casos considerados como de causa ocupacional e não-ocupacional no GE.

Justificativa	Valores
PERDA ESTÁVEL DESDE ADMISSÃO	174 (46,4%)
PERDA ESTÁVEL DESDE ADMISSÃO, CONSIDERADA PELA FREQÜÊNCIA DE 4.0 KHZ	48 (12,8%)
PERDA ESTÁVEL COM EXAME ADMISSIONAL DIVERGENTE DOS DEMAIS, REALIZADOS POUCO TEMPO APÓS	12 (3,2%)
PERDA ESTÁVEL DESDE ADMISSÃO, COM MELHORIA	10 (2,7%)

Tabela 8. Casos de alterações auditivas estáveis observadas desde a admissão no GE e, portanto, consideradas como alterações sem responsabilidade da empresa (TOTAL = 65,1%).

4. Discussão

O ruído ocupacional é objeto de estudo devido às diferentes alterações que causa ao trabalhador. Pessoas que trabalham em ambientes com ruído superior a 75-80 dBNPS estão susceptíveis a alterações gástricas, cardiovasculares, redução do desempenho no trabalho, alterações psicológicas gerais, e principalmente, auditivas.

O controle médico da exposição ocupacional ao ruído é realizado através dos testes audiométricos. Os mesmos aplicam-se para informar se indivíduos com audição normal não apresentam alteração e se aqueles que têm já alguma perda não mostram agravamento.

A perda auditiva neuro-sensorial é alteração multi-fatorial. Entre suas principais causas, observam-se as:

Causas pré-natais

De origem hereditária (surdez herdada monogênica, que pode ser uma surdez isolada da orelha interna por mecanismo recessivo ou dominante ou uma síndrome com surdez); e uma surdez associada a aberrações cromossômicas.

• De origem não hereditária (causas exógenas), que pode ser:

• Infecções maternas por rubéola, citomegalovírus, sífilis, herpes, toxoplasmose.

• Drogas ototóxicas e outras, alcoolismo materno.

- Irradiações, por exemplo Raios X.
- Toxemia, diabetes e outras doenças maternais graves.

Causas perinatais

- Prematuridade e/ou baixo peso ao nascimento.
- Trauma de Parto — Fator traumático/Fator anóxico.
- Doença hemolítica do recém-nascido (icterícia grave do recém-nascido).

Causas pós-natais

- Infecções — meningite, encefalite, parotidite epidêmica (caxumba), sarampo.
- Drogas ototóxicas.
- Traumas físicos que afetam o osso temporal.
- Perda auditiva induzida por ruído (PAIR).

A exposição ao ruído é apenas uma causa possível entre os inúmeros fatores causais da perda auditiva, e para se estimar o percentual de resultados anormais observados que têm relação causal com a exposição ao ruído ocupacional, é necessário analisar cada caso para realizar o nexo etiológico, que significa a verificação do fator causal que gerou o agravo, para fins comprobatórios de relação existente entre o quadro clínico e a atividade do indivíduo afetado.

A perda auditiva sugestiva de causa ocupacional por exposição a níveis elevados de ruído tem características definidas pelo "Comitê Nacional de Ruído e Conservação Auditiva", através do Boletim n. 1: "Perda auditiva induzida pelo ruído relacionada ao trabalho".

O Comitê Nacional de Ruído e Conservação Auditiva[3] é órgão interdisciplinar composto por membros indicados pela Associação Nacional de Medicina do Trabalho (ANAMT) e pelas Sociedades Brasileira de Acústica (SOBRAC), Fonoaudiologia (SBFa), Otologia (SBO) e Otorrinolaringologia (SBORL), e a definição e caracterização da perda auditiva induzida pelo ruído (PAIR) relacionada ao trabalho tem o objetivo de apresentar o posicionamento oficial da comunidade científica brasileira sobre o assunto.

Eis as características principais da PAIR:

1. A PAIR é sempre neuro-sensorial, em razão do dano causado às células do órgão de *Corti*.

2. Uma vez instalada, a PAIR é irreversível e, quase sempre, similar bilateralmente.

3. Raramente leva à perda auditiva profunda, pois não ultrapassa os 40 dBNA, nas freqüências baixas e médias e os 75 dBNA nas freqüências altas.

4. Manifesta-se primeira e predominantemente nas freqüências de 6, 4 e 3 kHz e, com agravamento da lesão, estende-se às freqüências de 8, 2, 1, 0,5 e 0,25 kHz, as quais levam mais tempo para serem comprometidas.

5. Tratando-se de uma doença predominantemente coclear, o portador da PAIR relacionada ao trabalho pode apresentar intolerância a sons intensos, zumbidos, além de ter comprometida a inteligibilidade da fala, em prejuízo do processo de comunicação.

6. Uma vez cessada a exposição ao ruído não deverá haver progressão da PAIR.

7. A PAIR relacionada ao trabalho é, principalmente, influenciada pelos seguintes fatores: características físicas do ruído (tipo, espectro e nível de pressão sonora), tempo de exposição e suscetibilidade individual.

8. A PAIR relacionada ao trabalho geralmente atinge o nível máximo para as freqüências de 3, 4 e 6 kHz nos primeiros 10 a 15 anos de exposição, sob condições estáveis de ruído. Com o passar do tempo, a progressão da lesão torna-se mais lenta.

9. A PAIR relacionada ao trabalho não torna o ouvido mais sensível a futuras exposições.

10. O diagnóstico nosológico de PAIR relacionada ao trabalho só pode ser estabelecido por meio de um conjunto de procedimentos que envolvam anamnese clínica e ocupacional, exame físico, avaliação audiológica e, se necessário, exames complementares.

11. A PAIR relacionada ao trabalho pode ser agravada pela exposição simultânea a outros agentes, como por exemplo produtos químicos e vibrações.

12. A PAIR relacionada ao trabalho é uma doença passível de prevenção e pode acarretar ao trabalhador alterações funcionais e psicossociais capazes de comprometer sua qualidade de vida.

A escolha do nível de exposição ao ruído > 90 dB(A) como parâmetro para definir os trabalhadores que constituem o GE é justificada por ser esse o nível mínimo de ruído que ensejava o enquadramento para direito à aposentadoria especial a partir de 6.3.1997 e até 18.11.2003 (Anexo IV do Dec. n. 2.172 de 5.3.97 do Ministério da Previdência Social).

Como o que determina o benefício à aposentadoria especial é a efetiva exposição ao ruído acima dos limites de tolerância especificados na legislação previdenciária, o grupo de trabalhadores que necessita ser analisado para estimar a sua realidade auditiva é apenas aquele que terá direito ao benefício. Para os demais, não tendo havido a exposição acima dos limites de tolerância definidos pela legislação previdenciária, não poderia haver nenhuma contribuição adicional, e conseqüentemente não há, para os objetivos desse estudo, nenhum interesse na avaliação da sua realidade auditiva.

Na empresa, de um total de 3.888 empregados que realizaram exames audiométricos em 2003, somente 1.817 (46,8%) estavam expostos a níveis de ruído > 90 dB(A) (Tabela 1).

Ainda se analisou também um grupo de indivíduos não expostos ao ruído (GC), representados por empregados da empresa que fazem também audiometria e que não estão expostos a níveis de ruído que possam ser considerados como insalubres (usualmente 85 dB(A)) e abaixo do nível de ação (usualmente 80 dB(A)).

A escolha do nível de exposição ao ruído = 80 dB(A) como parâmetro para definir os trabalhadores que constituem o GC é justificada por ser esse o nível máximo de exposição ao ruído que não é considerado pela legislação trabalhista nem como "nível de ação" — > 80 e = 85 dB(A) — e nem como nível insalubre — > 85 dB(A).

Na empresa, de um total de 3.888 empregados que realizaram exames audiométricos em 2003, 702 (18,1%) estavam expostos a níveis de ruído = 80 dBA) (Tabela 1).

A análise audiométrica individual para estimar diagnóstico etiológico foi realizada para 414 (94,5%) dos 438 casos de audição alterada, identificada entre os indivíduos expostos a níveis de ruído > 90 dBA) (Tabela 2).

Considerações da literatura teórica sobre a matéria

Pesquisa bibliográfica mostrou em *Araújo*[4] o estudo da audição de 187 metalúrgicos e encontrou 21% sugestivos de PAIR, 72% normais, 7% outras patologias. *Andrade e cols.*[5] mostram casuística constituída de 19 músicos do grupo de frevo e 31 músicos do grupo de maracatu. A configuração de curvas audiométricas sugestivas de PAIR foi de 42,10% e 16,13%, nos grupos de frevo e de maracatu, respectivamente. *Franco e col.*[6] analisaram 3.117 prontuários de candidatos aos empregos. Os resultados indicaram que 19,6% apresentaram alteração audiométrica. *Maximiliano e cols.*[7] têm estudo em que a prevalência de casos sugestivos de perda auditiva induzida por ruído foi de 15,9%. Em *Martins e col.*[8], com estudo da perda auditiva em motoristas e cobradores de ônibus, em *Miranda e cols.*[9], análise de perda auditiva induzida pelo ruído em trabalhadores industriais e em *Miranda e cols.*[10], que avaliaram perda auditiva induzida pelo ruído em trabalhadores em bandas e em trios elétricos, a alteração auditiva oscilou entre 28,5 a 46,2%.

A grande variação entre as prevalências observadas pode ser explicada pelo fato de que esses estudos foram realizados em diferentes categorias de trabalhadores brasileiros. Também pode estar relacionada com diferentes níveis de exposição ao ruído ocupacional a que os trabalhadores estudados estavam submetidos. Ainda, pode refletir uma realidade pontual, em que o estudo da prevalência não considere nem a história seqüencial e nem características que permitam definir a perda auditiva observada como sugestiva de causa ocupacional.

Na pesquisa bibliográfica realizada a respeito da prevalência da perda auditiva ocupacional, o estudo de agravos à saúde é feito, quase exclusivamente, examinando-se a ocorrência da doença em determinada população, exposta ao ruído. Embora essa abordagem se justifique pelos resultados que provêm para o conhecimento da prevalência nessa população, mantém obscuros fatos da maior importância concernentes à prevalência da perda auditiva em grupo controle.

Estudos que objetivam informar sobre a distribuição de um evento em termos quantitativos, sejam de incidência ou prevalência, são apenas descritivos. Existem referências a percentuais de perdas auditivas sem que ocorra uma comparação com grupo controle. Nesse caso a informação é unilateral, e não permite conclusões quanto à quantificação, pois apenas uma informação é disponível. O estudo descritivo tem por objetivo detalhar a apresentação de um achado médico sem se preocupar em buscar associações de fatores entre si. Este tipo de estudo descreve uma observação, sem, contudo, analisá-la (estudo analítico)[11][12][13]. Nos estudos descritivos não existe tratamento estatístico dos dados pois o objetivo do estudo não é analítico. Por isso, normalmente, eles são considerados estudos de menor importância epidemiológica.

Diferente dos estudos descritivos o estudo apresentado é um ensaio clínico pelo qual se verifica a prevalência de casos de perdas auditivas nos grupos de expostos e não-expostos, e que avalia se existe associação entre um determinado fator e um desfecho. Neste caso, é essencial o tratamento estatístico dos dados coletados na pesquisa, o que caracteriza um estudo analítico. O estudo observacional consistiu em um corte transversal, pelo qual se avaliou a associação entre a exposição e o desfecho em apenas um instante na linha do tempo e, assim, foi possível avaliar a prevalência da doença e utilizar a razão de prevalência para avaliar a força da associação entre a exposição e a doença nos dois grupos.

Estudos sobre prevalência de perdas auditivas em indivíduos não-expostos ao ruído são pouco frequentes. Niskar[14][15] apresenta resultado de audiometrias realizadas em crianças entre 6 e 19 anos, onde observa em um trabalho com um n = 6.166, prevalência de 14,9 % de alterações, e em outro trabalho (n = 5.249) 12,5% de perdas auditivas. Karlsmose[16] observou que 18,0% de indivíduos que fizeram um teste de saúde preventivo apresentaram perda auditiva.

Também pouco frequentes são os trabalhos que comparam perdas auditivas em indivíduos expostos e não-expostos ao ruído ocupacional (grupo controle). Clark e col.[17] estudaram a audição de 9.427 ferroviários e concluiram que não diferem auditivamente da população. Leme[18], em estudo audiométrico comparativo entre trabalhadores de área hospitalar expostos e não-expostos a ruído, concluiu que havia diferença estatisticamente significante entre ambos, com o grupo exposto mostrando limiares audiométricos com valores maiores. Kwitko e cols.[19] em testes audiométricos ocupacionais em 187 empregados de um hospital geral, não encontraram diferenças significativas entre os grupos.

A existência do grupo controle é necessária porque geralmente a pergunta básica diante de alterações auditivas observadas em indivíduos expostos ao ruído ocupacional é se essa exposição altera ou não a história natural da doença estudada. Assim sendo, é fundamental que haja um grupo com qual a evolução do grupo exposto possa ser comparada. Em nosso estudo o grupo controle e o exposto são idênticos em todos os aspectos relevantes, exceto na exposição ao agente físico ruído, que apenas existe no grupo exposto.

Toda conclusão a respeito de elevados percentuais de exames alterados necessita ser precedida de análise epidemiológica, para que eventuais informações não recebam um outro viés de interpretação, baseado em análise descritiva, que apenas informa um valor numérico e/ou percentual em grupo de trabalhadores expostos sem estabelecer qualquer parâmetro de comparação com grupos não-expostos.

Para que o ruído possa estar causalmente associado com uma doença a taxa de perdas auditivas constatadas nos indivíduos expostos tem que ser diferente da taxa observada no grupo não-exposto. As duas variáveis dicotômicas (fator e doença) estão relacionadas. Através dessa metodologia se obtém o nexo epidemiológico que, para fins deste texto, aplica-se a proposta da Previdência Social de se utilizar conceitos de prevalência e incidência de doenças para fins de concessão de benefícios previdenciários acidentários[20].

Comentários

Se o ruído é realmente o fator causal de perdas auditivas, então é lógico supor que essas deveriam se manifestar de forma mais significativa no grupo exposto do que no grupo controle. Para testar a relação entre audição normal e alterada no GE e GC, afastando assim a hipótese de que esta relação seja aleatória, podendo acometer qualquer indivíduo da população, os resultados foram submetidos a análise estatística.

Este estudo utilizou o método epidemiológico analítico transversal e a medida de risco OR (*Odds Ratio* — também chamado de razão de chances) para verificar a associação entre as variáveis. A técnica escolhida da regressão logística é aconselhável quando as variáveis a serem analisadas têm natureza dicotômica. O OR estima a chance de se observar casos expostos ao fator de risco sobre a chance de se observar controles não expostos ao mesmo fator de risco.

Após as análises epidemiológicas e individuais etiológicas são apresentados, nas Tabelas 3 a 6, valores descritivos da situação auditiva dos indivíduos e um OR para o ano de 2003, que equivale ao risco de desenvolver a audição alterada.

Para um *odds-ratio* igual a 1,0 consideramos um efeito nulo da variável; acima de 1,0 representa uma associação de risco ou um efeito causador, e um *odds-ratio* abaixo desse valor representa um efeito protetor. Já para RC = 1,0 denota-se que as probabilidades em ambos os grupos são idênticas e conseqüentemente inexiste associação entre a perda auditiva e a exposição ao ruído. Para avaliar a consistência se houve o risco ou proteção contra a perda auditiva, o intervalo de confiança foi calculado.

A observação dos dados estatísticos mostrados nas Tabelas 4 e 6 indica que as perdas auditivas não mostraram prevalência no GE no ano de 2003, avaliada através de uma abordagem epidemiológica, refletindo a não-significância estatística de correlação entre os GE e GC, tanto para análises estatísticas epidemiológicas como individuais etiológicas.

Na Tabela 7 observa-se que, entre as alterações auditivas observadas no nosso estudo e consideradas na análise individual como de causa não-ocupacional, as perdas eram pré-existentes à admissão na empresa em 174 (46,4%) dos casos, sendo que alterações unilaterais — não características de perdas auditivas por exposição ao ruído ocupacional nesse grupo funcional — foram observadas em 86 (23,0%) indivíduos, e perda estável desde a admissão quando consideradas pela freqüência de 4.0 kHz — a que se mantém constante nas diferentes exigências legais quanto à pesquisa de limiares auditivos — foi observada em 48 (12,8%) indivíduos. Essas situações explicam os achados de perdas não-ocupacionais em 82,2% dos casos.

Conclusão

A eficácia do sistema de gerenciamento do risco físico ruído pode ser avaliada através de medidas de desempenho, qualitativas e quantitativas, que monitoram:

a) o atendimento da legislação pertinente e controle dos riscos do trabalho;

b) os indicadores clínicos e aspectos ligados aos resultados.

Esse estudo analisou os indicadores clínicos relativos à exposição ao ruído ocupacional através dos testes audiométricos ocupacionais realizados pelos empregados da empresa. Esses indicadores espelham a realidade fática do gerenciamento do risco físico ruído pois quanto melhor controlado, menor a prevalência de perdas auditivas entre trabalhadores expostos, e vice-versa.

Como perda auditiva é apenas sinal e/ou sintoma de alguma patologia, não a própria patologia em si, podendo ser causada por diversos fatores, ela se enquadra no Grupo II de *Schilling*. Esse grupo agrega doenças em que o trabalho pode ser um fator de risco, contributivo, mas não necessário, exemplificadas por todas as doenças "comuns", aparentemente sem qualquer relação com o trabalho, mais frequentes ou mais precoces em determinados grupos ocupacionais, e nas quais, portanto, o nexo causal é de natureza eminentemente epidemiológica.

A metodologia utilizada nesse estudo foi a mesma preconizada pela Previdência Social, e apresentada em trabalho denominado de "Segurança e Saúde no Trabalho e a Previdência Social: A nova metodologia de financiamento dos benefícios acidentários". Por ela é definido que doenças enquadradas no Grupo II de *Schilling* tenham estabelecido o seu nexo causal epidemiológico, realizando associação estatística através da RC (*Odds Ratio*).

O estudo apresentado é um ensaio clínico pelo qual se verifica no ano de 2003 a prevalência de casos de perdas auditivas nos grupos de expostos e não-expostos a ruído ocupacional, e que avalia a existência de associação entre um determinado fator — ruído ocupacional — e um desfecho — perda auditiva. É realizado o tratamento estatístico dos dados coletados na pesquisa, característica de um estudo analítico. A pesquisa observacional consistiu em um corte transversal, pelo qual se avaliou a associação entre a exposição e o desfecho em apenas um instante na linha do tempo e, assim, foi possível avaliar a prevalência da doença e utilizar a razão de prevalência para avaliar a força da associação entre a exposição e a doença nos dois grupos.

Para procedermos à análise epidemiológica, foram os dados coletados por amostra de achados audiométricos de grupo exposto a níveis de pressão sonora > 90 dB(A). A escolha desse nível como parâmetro para definir os trabalhadores que constituem o Grupo Exposto (GE) é justificada por ser esse o nível mínimo de ruído que ensejava o enquadramento para direito à aposentadoria especial a partir de 6.3.1997 e até 18.11.2003 (Anexo IV do Dec. n. 2.172 de 5.3.97). Constitui-se um Grupo Controle (GC) composto pela população de indivíduos não expostos ao ruído, representados por empregados da empresa que fazem audiometria e que não estão expostos a níveis de ruído que possam ser considerados como insalubres (85 dB(A)) e abaixo do nível de ação (80 dB(A)). A escolha do nível de exposição ao ruído = 80 dB(A) como parâmetro para definir os trabalhadores que constituem o GC é justificada por ser esse nível o máximo de exposição ao ruído que não é considerado pela legislação trabalhista nem como "nível de ação" — > 80 e = 85 dB(A) — e nem como insalubre — > 85 dB(A).

Quando a RC é maior do que 1,0 tem-se que entre os trabalhadores do GE há maior possibilidade de desenvolver perda auditiva do que no GC. Diz-se que há "excesso de risco". Ao contrário, se RC < 1,0, diz-se que não há fator de risco. Já para RC = 1,0 denota-se que as probabilidades em ambos os grupos são idênticas e conseqüentemente inexiste associação entre a perda auditiva e exposição ao ruído.

Após a análise estatística dos dados coletados, verificou-se que não houve diferença estatisticamente significativa entre os grupos na prevalência de perdas auditivas no ano de 2003 (OR=1,0 [IC95% (OR) = 0,84 — 1,26]).

Dessa forma, os achados estatísticos permitem a esse estudo concluir pela existência de adequado gerenciamento do risco físico ruído ocupacional na empresa, com o que a hipótese nula é rejeitada.

Após a conclusão da inexistência do nexo epidemiológico entre exposição ao ruído e perdas auditivas observadas procedeu-se à análise individual etiológica dos casos alterados no GE. Essa mostrou que 174 (46,4%) dos casos eram perdas pré-existentes à admissão na empresa, sendo que alterações unilaterais — não características de perdas auditivas por exposição ao ruído ocupacional nesse grupo funcional — foram observadas em 86 (23,0%) indivíduos, e perda estável desde a admissão quando consideradas pela freqüência de 4.0 kHz — a que se mantém constante nas diferentes exigências legais quanto à pesquisa de limiares auditivos — foi observada em 48 (12,8%) indivíduos.

Esses achados explicam 82,2% dos casos, sendo que para os demais foram observadas outras justificativas, em menores percentuais.

Ainda, em 2003 existiam 39 trabalhadores (9,4% do GE) com perda auditiva sugestiva de ser causada pela exposição ao ruído. Esses casos também não apresentam, na análise estatística, significância que possibilite a certeza da conclusão diagnóstica.

Os achados do estudo revelam que estudos apenas descritivos a respeito de prevalência de perdas auditivas não indicam uma realidade auditiva dos empregados que aponte para a responsabilidade das empresas pelos danos auditivos, e ainda podem originar um problema social, pois o valor informado se for considerado como elevado, mesmo que inexista comparação com algum parâmetro, incentiva a exclusão do mercado de trabalho de indivíduos com perdas auditivas, os quais teriam dificultada sua admissão em empresas onde exista ruído ocupacional, pois se já haveria a existência de um número "elevado", não há porque aumentá-lo ainda mais.

Na empresa em tela, a existência de um percentual de 65,1% das perdas auditivas que apresentavam alteração observada antes do ingresso, e que não tiveram nenhum agravamento durante o tempo de trabalho, indica que inexiste discriminação quanto à admissão do lesado auditivo, evidência de uma diretriz corporativa de inclusão social.

Nesse estudo reconhecemos a complexidade e a natureza dos problemas levantados quanto à dificuldade de se analisar audiogramas, mas enfatizamos que toda conclusão a respeito desses exames, em termos de número, percentual, nexo epidemiológico e individual, necessita ser realizada através de análise epidemiológica para que eventuais informações não sejam apenas descritivas.

Referências Bibliográficas

1. OLIVEIRA, Paulo Rogério A. de. "Segurança e Saúde no Trabalho e a Previdência Social: A nova metodologia de financiamento dos benefícios acidentários". *Informe da Previdência Social*, junho de 2004, vol. 16, n. 06. (http://www.previdenciasocial.gov.br/docs/inf_junho04.pdf).

2. LAST, J. M. *Dictionary of Epidemiology*. 3rd ed. Oxford, Oxford University Press, 1995.

3. COMITÊ NACIONAL DE RUÍDO E CONSERVAÇÃO AUDITIVA. Perda auditiva induzida pelo ruído relacionada ao trabalho. Acta AWHO, 13:126-7, 1994.

4. ARAÚJO, S. A ."Perda auditiva induzida pelo ruído em trabalhadores de metalúrgica". *Rev. Bras. Otorrinolaringol.* v. 68, n. 1, 47-52, jan./fev. 2002.

5. ANDRADE, A. I. A.; RUSSO, I. C. P.; LIMA, M. L. L. T.; OLIVEIRA, L. C. S. "Avaliação auditiva em músicos de frevo e maracatu". *Rev. Bras. Otorrinolaringol.* v. 68(5), 714-20, set./out. 2002.

6. FRANCO, E. S.; RUSSO, I. C. P. "Prevalência de perdas auditivas em trabalhadores no processo admissional em empresas na região de Campinas /SP". *Rev. Bras. Otorrinolaringol.* vol. 67(5), set/out. 2001.

7. GUERRA, M. R.; LOURENÇO, P. M. C.; TEIXEIRA, M. T. B.; Alves, M. J. M. "Prevalência de perda auditiva induzida por ruído em empresa metalúrgica". *Rev. Saúde Pública.* vol. 39, n. 2, São Paulo, abr./2005.

8. MARTINS A. L.; ALVARENGA, K. F.; BEVILACQUA, M. C.; COSTA FILHO, A. "Perda auditiva em motoristas e cobradores de ônibus". *Rev. Bras. Otorrinolaringologia*. vol. 67(4): 467-73, 2001.

9. MIRANDA, C. R.; DIAS, C. R.; PENA, P. G. L.; NOBRE, L. C. C.; AQUINO, R. "Perda auditiva induzida pelo ruído em trabalhadores industriais da região metropolitana de Salvador, Bahia". *Inf. Epidemiol. SUS,* 1998, 7(1): 87-94.

10. MIRANDA, C. R.; DIAS, C. R. "Perda auditiva induzida pelo ruído em trabalhadores em bandas e em trios elétricos de Salvador, Bahia". *Rev. Bras. Saúde Ocup*.,1998, 25(93/94): 99-118.

11. FLETCHER, R. H.; FLETCHER, S. W. e WAGNER, E. H. *Epidemiologia clínica: elementos essenciais*. 3ª ed. Porto Alegre: Artmed, 1996.

12. GOMES, M. M. *Medicina baseada em evidências: princípios e práticas*. Rio de Janeiro: Reichmann & Affonso, 2001.

13. HENNENCKENS, C. H. e BURING, J. E. *Epidemiology in medicine*. Boston, Little, Brown and company 1987.

14. NISKAR, A.S.; KIESZAK, S. M.; HOLMES, A.; ESTEBAN, E.; RUBIN, C.; BRODY, D. J. *Prevalence of hearing loss among children 6 to 19 years of age: the Third National Health and Nutrition Examination Survey*. JAMA, 1998, apr 8; 279(14): 1071-5.

15. NISKAR, A. S.; KIESZAK, S. M.; HOLMES, A. E.; ESTEBAN, E.; RUBIN, C.; BRODY, D. J. *Estimated prevalence of noise-induced hearing threshold shifts among children 6 to 19 years of age: the Third National Health and Nutrition Examination Survey*, 1988-1994, United States. Pediatrics, 2001, jul. 108 (1): 40-3.

16. KARLSMOSE, B.; LAURITZEN, T.; ENGBERG, M.; PARVING, A. "A randomised controlled trial of screening for adult hearing loss during preventive health checks". *British Journal of General Practice*, 1 may 2001, vol. 51, n. 466, pp. 351-355(5).

17. CLARK, W. W., POPELKA, G. R. "Hearing levels of railroad trainmen". *The Laryngoscope*, v. 99, pp. 1.151-1.157, 1989.

18. LEME, A. "Estudo audiométrico comparativo entre trabalhadores de área hospitalar expostos e não-expostos a ruído". *Rev. Bras. Otorrinolaringologia*, v. 67(6), 837-43, nov./dez. 2001.

19. KWITKO, A.; FERREIRA, P. G.; FRANÇA, M. T.; ZANINI, C.; STEGGIORIN, S. "Perdas auditivas ocupacionais: análise de variáveis e diagnóstico". *Rev. Bras. Med*. 3: 151-64, 1996.

20. Portaria Interministerial n. 800, de 3.5.2005 — Ministério da Previdência Social Gabinete do Ministro — DOU Edição n. 85 de 5.5.2005.

ANÁLISE SEQÜENCIAL DA AUDIOMETRIA OCUPACIONAL: DESVENTURAS E FRUSTRAÇÕES

Airton Kwitko

Audiometria ocupacional é o teste mais realizado no âmbito laboral; por meio dele se pretende saber se a audição do trabalhador está conservada: se era normal e ainda continua a sê-lo, ou se agravada, não ocorreu nenhuma piora.

Como audiometria é expressa em limiares auditivos para cada freqüência — ou seja, números — o acompanhamento audiométrico é realizado pela variação desses números.

O acompanhamento de um extrato bancário é fácil e claro: tenho 5 e, deposito mais 5: fico com 10; retiro 4: fico com 6.

Ocorre que em audiometria ocupacional as coisas não se processam com essa simplicidade. Não temos uma única variável que oscila: temos inúmeras variáveis na combinação quase infinita entre os limiares (expressos em decibéis de nível de audição: dBNA) e as freqüências que são pesquisadas (expressas em kHz, de 250 ou 500 a 8.000), e ainda temos duas orelhas.

Para disciplinar essas análises audiométricas seqüenciais existem diretrizes bem definidas, que estão na Portaria n. 19, de 9.4.98, do Secretário de Segurança e Saúde no Trabalho, publicada no DOU de 22.4.98.

Pelos parâmetros estabelecidos na Portaria n. 19, basicamente a evolução seqüencial é conceituada em *desencadeamento, desencadeamento também e agravamento*.

O exame audiométrico tem uma interpretação própria, sendo definido apenas em termos de aceitável, sugestivo de PAI-NPSE[1] ou não sugestivo de PAI-NPSE. Assim, cada uma das situações de interpretação seqüencial depende da combinação entre o exame atual e o

---

(1) PAI-NPSE — Perda Auditiva Induzida por Níveis de Pressão Sonora Elevados.

que é o referencial para a análise. Ainda, essa análise seqüencial deve ser feita para cada orelha em separado. Isso porque a seqüencialidade é uma conseqüência da situação atual, e poderemos ter em cada orelha uma situação diferente. A Tabela 1 sumariza esses conceitos e interpretações.

INTERPRETAÇÃO DO EXAME REFERENCIAL	INTERPRETAÇÃO DO EXAME ATUAL	SITUAÇÃO NA ANÁLISE SEQÜENCIAL
Aceitável	Aceitável	Desencadeamento
Aceitável	Sugestivo de PAI-NPSE	Desencadeamento também[2]
Sugestivo de PAI-NPSE	Sugestivo de PAI-NPSE	Agravamento

Tabela 1. Sumário das interpretações e combinações

A Portaria n. 19 não menciona uma situação óbvia na qual exista estabilidade dos limiares, pelo que a esses parâmetros é conveniente acrescentar-se o *Estável*.

Ainda, existe uma situação muito conhecida por todos que se dedicam à prática da audiometria ocupacional que é a "melhora". Esse achado, difícil de explicar à luz do conceito de perda auditiva ocupacional — que é dita irreversível — se justifica pelo fato de que a "melhora" não é uma reversão da perda, mas uma melhor resposta ao estímulo audiométrico, seja porque o indivíduo aprendeu a responder, seja porque as condições ambientais (atenuação na cabina) melhoraram, ou até mesmo pela existência de outras variáveis (diferentes audiômetros, mais tempo disponibilizado ao indivíduo, menos stress, repouso auditivo, etc.). Com isso, é conveniente também que se acrescente ao rol das situações seqüenciais a *Melhora*.

Após essas considerações para equalizar os conhecimentos a respeito da análise audiométrica seqüencial, vamos abordar o tema do ponto de vista da realidade diária, na qual muitas vezes inúmeros testes podem estar disponíveis, e as interpretações precisam ser realizadas.

---
(2) Para distinguir o *Desencadeamento* do *Desencadeamento Também* adotamos uma outra nomenclatura: o Novo Caso.

Na Tabela 2, extraída de um relatório fornecido pelo *software Audio Data Pluss*, observam-se em formato tabular os limiares auditivos das orelhas direita e esquerda, de 17 testes realizados desde 01/1992 a 09/2003. Nesse mesmo relatório são mostradas as interpretações seqüênciais que o *software* executa de forma automática, exatamente de acordo com os critérios definidos pela Portaria n. 19.

Tabela 2. Limiares auditivos seqüenciais

Na última coluna de cada orelha, a da "*I.Seq*" (Interpretação Seqüencial), vemos que o teste de 01/1992 é o 1º Exame (evidentemente, sem nenhuma interpretação seqüencial) e, após, temos na Tabela 3 as seguintes situações:

ANO	INTERPRETAÇÃO SEQÜENCIAL ORELHA DIREITA	INTERPRETAÇÃO SEQÜENCIAL ORELHA ESQUERDA
1992	Estável	Estável
1993	Melhora	Melhora
1993	Estável	Estável
1994	Estável	Novo Caso
1995	Estável	Estável
1995	Novo Caso	Estável
1996	Estável	Estável
1997	Melhora	Melhora
1997	Estável	Desencadeamento
1998	Novo Caso	Novo Caso

ANO	INTERPRETAÇÃO SEQÜENCIAL ORELHA DIREITA	INTERPRETAÇÃO SEQÜENCIAL ORELHA ESQUERDA
1998	Agravamento	Agravamento
1999	Melhora	Melhora
2000	Estável	Estável
2001	Estável	Estável
2002	Estável	Estável
2003	Agravamento	Estável

Tabela 3. Sumário das interpretações seqüenciais

A observação das interpretações acima mostra que dependendo do momento em que a análise é feita, uma situação é definida. Se por um lado, a situação de *Estável* repete-se com freqüência, por outro as demais também aparecem, e nem sempre na mesma orelha a situação é idêntica. Vejam, por exemplo, que em 1996 a audição era *Estável* em ambas orelhas, mas em 1997 ocorreu uma *Melhora*; ainda em 1997 a *Melhora* foi substituída por um *Estável* na orelha direita e um *Desencadeamento* na esquerda, para em 1998 passar a existir um *Novo Caso* e um *Agravamento* bilateral; mas em 1999 houve uma *Melhora*, e assim por diante.

Esse comportamento não-simétrico dos limiares auditivos, e conseqüentemente das interpretações seqüenciais, deve-se aos diversos erros observados.

Os principais tipos de erro de medida são:

Erro sistemático: é a média que resultaria de um infinito número de medições do mesmo mensurando, efetuadas sob condições de repetitividade, menos o valor verdadeiro do mensurando.

Erro aleatório: resultado de uma medição menos a média que resultaria de um infinito número de medições do mesmo mensurando, efetuadas sob condições de repetitividade. O erro aleatório é igual ao erro menos o erro sistemático.

Erro grosseiro: pode decorrer de leitura errônea, de operação indevida ou de dano no sistema de medição. Seu valor é totalmente imprevisível, podendo seu aparecimento ser minimizado no caso de serem feitas, periodicamente, aferições e calibrações dos instrumentos.

Um erro pode decorrer do sistema de medição e do operador, sendo muitas as possíveis causas. O comportamento metrológico[3] do sistema de medição é influenciado por perturbações externas e internas.

Fatores externos (metrológicos, de instrumentação[4]) podem provocar erros, alterando diretamente o comportamento do sistema de medição ou agindo diretamente sobre a grandeza a medir.

Fatores internos são os inerentes à própria sistemática audiométrica, um teste subjetivo, e cujos resultados dependem da participação efetiva do indivíduo que é testado.

Os erros produzem uma distorção entre a medida de uma variável e o valor real da grandeza a estimar. Isso é denominado de viés. A introdução de um viés no cálculo estatístico pode estar ligada quer à imperfeição ou deformação da amostra que serve de base para a estimativa, quer ao próprio método de avaliação.

O resultado dessa sucessão de erros é o fato de que dependendo do momento em que se olham os testes a interpretação se altera. Essa evolução não segue assim a ordem lógica de um extrato bancário, como por exemplo: $5 + 5 = 10$; $10 - 4 = 6$.

Ao contrário, a evolução dos limiares auditivos apresenta um comportamento imprevisível, imponderável e aparentemente aleatório. Existem dois tipos de sistemas constituídos por equações diferenciais: as lineares, que se podem resolver explicitamente, e as não lineares, impossíveis (salvo raras exceções) de resolver. O conjunto das informações audiométricas se constitui num sistema dinâmico não-linear.

O estudo da evolução de sistemas dinâmicos não-lineares conduziu à concepção da Teoria do Caos. Um sistema não-linear não é determinista nem previsível, apresentando um comportamento aperiódico e longe do equilíbrio, e ao ser dinâmico, evolui no tempo, fazendo depender o seu estado futuro do estado atual. O mais interessante é verificar que este tipo de comportamento é o mais fre-

---

(3) Metrologia é a ciência da medição. Trata dos conceitos básicos, dos métodos, dos erros e sua propagação, das unidades e dos padrões envolvidos na quantificação de grandezas físicas.
(4) Instrumentação é o conjunto de técnicas e instrumentos usados para observar, medir e registrar fenômenos físicos. A instrumentação preocupa-se com o estudo, o desenvolvimento, a aplicação e a operação dos instrumentos.

quente em sistemas reais, tais como uma panela de água no fogo, o pingar de uma torneira, um sistema ecológico, a economia mundial ou a atmosfera.

Diante dessas outras realidades não é possível considerar o determinismo Laplaciano, pois para se fazer uma previsão perfeita dever-se-iam conhecer todas as variáveis com uma precisão infinita. Para analisar uma variável com precisão infinita, é preciso uma memória infinita. Sendo impossível dispor de tal memória, é impossível a previsão determinista.

Por isso, é preciso assumir que os limiares auditivos têm uma seqüência imprevisível, instável e sensível a pequenas causas, o que obriga a uma reavaliação das práticas e conceitos fixos de análise seqüencial, e a um desbravar de novos caminhos. Ou seja, não faz sentido manter obstinadamente um rumo quando os próprios mapas do caminho já mudaram.

Uma forma alternativa de proceder à análise seqüencial audiométrica é através de linhas de tendência secular (LT). A tendência de uma variável constitui-se numa estatística derivada de sua série original relativa a um período longo de tempo. Indica a direção geral desta série. A utilização de gráficos com LT objetiva proporcionar uma visualização rápida e clara. São gráficos tipicamente expositivos, dispensando comentários explicativos adicionais.

Normalmente podemos encontrar três situações de tendência secular: (a) Decréscimo; (b) Incremento; (c) Estabilidade (Figura 1).

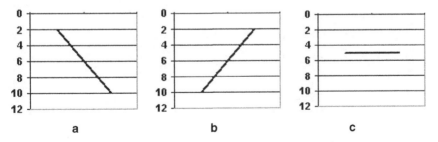

Figura 1. Situações de tendência secular

Um aspecto importante é o do número de pontos de toque, ou seja, do número de pontos que sustentam a LT e aqui a regra é simples: quanto mais pontos, mais consistente e representativa é a LT. Assim sendo, dois pontos apresentam uma validade mínima (e muito discutível). Três pontos e temos um nível mínimo de coincidência — regra geral considera-se que três pontos confirmam a existência de uma LT válida. Quatro pontos e a LT é claramente válida e de grande consistência e assim sucessivamente. Observe-se ainda que se deva exigir um tão maior número de pontos quanto maior o período em consideração pelo simples fato de que se alargarmos o período aumentamos a probabilidade de ocorrerem coincidências.

O Quadro 1 mostra os limiares da orelha direita, nas freqüências de 3.0 a 8.0 kHz, desde 1992 a 2003. Os Quadros 2 a 5 mostram esses limiares em formato de LT.

Se a análise dos limiares segundo os parâmetros adotados pela Portaria 19 são insuficientes ou podem originar dificuldades para definir alguma conclusão, os LTs indicam claramente que há uma tendência de agravamento nas freqüências de 3.0 e 4.0 kHz.

Essa sistemática poderia ser adotada para analisar as audiometrias seqüências, e obter informações quanto ao seu comportamento temporal. Dessa forma, muitas das variáveis que "corrompem" os limiares poderiam ser minimizadas.

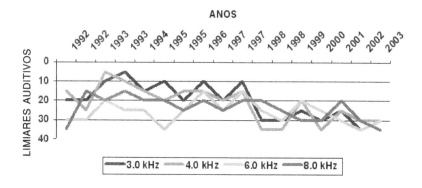

Quadro 1. Limiares auditivos seqüenciais de 1992 a 2003, em 3.0, 4.0 e 6.0 kHz.

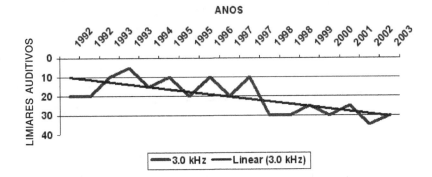

Quadro 2. Tendência dos limiares auditivos seqüenciais de 1992 a 2003 em 3.0 kHz.

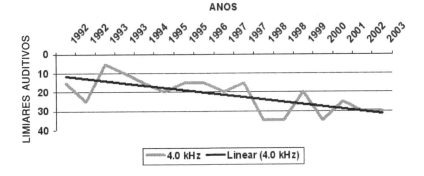

Quadro 3. Tendência dos limiares auditivos seqüenciais de 1992 a 2003 em 4.0 kHz.

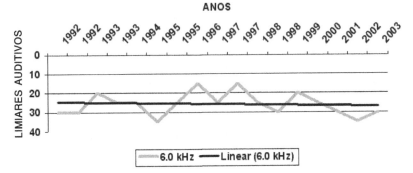

Quadro 4. Tendência dos limiares auditivos seqüenciais de 1992 a 2003 em 6.0 kHz.

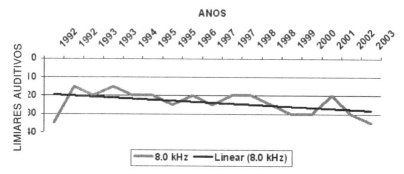

Quadro 5. Tendência dos limiares auditivos seqüenciais de 1992 a 2003 em 8.0 kHz.

1